地表超载作用下
既有盾构隧道受荷变形特性研究

黄大维　著

西南交通大学出版社
·成　都·

图书在版编目（CIP）数据

地表超载作用下既有盾构隧道受荷变形特性研究 / 黄大维著. -- 成都：西南交通大学出版社，2024.3
ISBN 978-7-5643-9779-1

Ⅰ. ①地… Ⅱ. ①黄… Ⅲ. ①地铁隧道 - 盾构法 - 变形 - 特性 - 研究 Ⅳ. ①U231.3

中国国家版本馆 CIP 数据核字（2024）第 066107 号

Dibiao Chaozai Zuoyong Xia Jiyou Dungou Suidao Shouhe Bianxing Texing Yanjiu
地表超载作用下既有盾构隧道受荷变形特性研究

黄大维 著

责任编辑	王同晓
助理编辑	赵思琪
封面设计	原谋书装
出版发行	西南交通大学出版社 （四川省成都市金牛区二环路北一段 111 号 西南交通大学创新大厦 21 楼）
营销部电话	028-87600564　028-87600533
邮政编码	610031
网址	http://www.xnjdcbs.com
印刷	成都蜀通印务有限责任公司
成品尺寸	170 mm × 230 mm
印张	17.25
字数	246 千
版次	2024 年 3 月第 1 版
印次	2024 年 3 月第 1 次
书号	ISBN 978-7-5643-9779-1
定价	88.00 元

前言

对软土地区地铁运营期盾构隧道结构变形与服役状态的调研与分析可知，盾构隧道在地表超载作用下极易发生横断面变形超限，并由此引发隧道结构破损与渗漏水问题。由软土地区盾构隧道竖向土压力的现有计算理论及其对地表超载的考虑方法分析可知，区间盾构隧道是在隧道土压力的现有计算理论允许的地表超载作用下发生了结构变形超限，导致隧道结构无法满足设计使用要求，而盾构隧道在地表超载作用下发生的附加变形，主要是由地表超载导致的附加隧道竖向土压力所致。由此可见，软土地区盾构隧道在地表超载作用下，现有计算方法所得到的附加竖向土压力与工程实际不符。本书首先对软土地区盾构隧道竖向土压力作用模式与影响因素进行分析，并针对地表超载作用导致的盾构隧道附加竖向土压力开展了试验研究与理论分析，然后提出相应的计算理论与方法，最后针对地表超载易导致盾构隧道横断面变形超限的问题，提出相应的地表超载影响分析方法与控制技术。主要研究内容与结论如下：

（1）通过与盾构隧道竖向土压力的现有计算理论比较，对地表超载导致的隧道竖向土压力及其影响因素进行了分析。结果表明：在地表均布超载作用下，当隧道竖向压缩变形小于隧道穿越土层的竖向压缩量时，隧道上部土体的沉降量将小于其两侧土体的沉降量，隧道上部土体受到其两侧土体转移的竖向土压力，因此由地表超载导致的隧道竖向土压力将大于地表超载；地表超载导致的隧道竖向土压力大小不仅与隧道结构的横向变形刚度有关，同时还与隧道穿越土层、上覆土层及下卧土层的力学性能有关。

（2）设计了几何相似比为 1∶10 的模型试验，通过模拟隧道位于不同压缩性能的穿越土层，得到了上部堆载作用下隧道收敛变形、土压力及土层竖向位移。试验结果分析表明：上部堆载作用下，隧道竖向压缩变形与穿越土层的竖向压缩量不一致，直接导致隧道上覆土层的土体间发生竖向相对位移；在上部堆载作用下，隧道穿越土层的压缩模量越小，隧道竖向压缩变形与穿越土层的竖向压缩量之差越大，隧道上覆土层的土体间竖向相对位移越大，隧道竖向土压力也越大。

（3）根据模型试验实测结果，得到了地表超载作用下隧道结构变形、隧道穿越土层压缩量及隧道上覆土层的竖向位移之间的关系，并在此基础上对地表超载作用下隧道结构与周围土体的相互作用进行了理论分析。在地表超载作用下，通过均匀地层中“被标记土圈”与隧道外边界的比较，提出了隧道结构对周围土体的“竖向相对挤压”概念，并得到了竖向相对挤压量与水平向相对挤压量的计算方法。

（4）根据隧道结构与周围土体的相互作用关系，对地表超载导致的隧道竖向土压力计算方法进行了理论分析。计算理论综合考虑了隧道结构的横向变形刚度、隧道穿越土层、上覆土层及下卧土层的物理力学性能。由计算理论可知，在其他条件保持不变的情况下，隧道结构的横向变形刚度越大，地表超载导致的隧道竖向土压力越大；穿越土层的压缩模量越大，地表超载导致的隧道竖向土压力越小；上覆土层与下卧土层的压缩模量越大，地表超载导致的隧道竖向土压力越大。

（5）对地表超载导致的盾构隧道竖向土压力计算方法进行了简化分析，并得到了相应的工程实用计算方法。分析表明，地表超载作用下隧道结构受到的水平地层抗力可简化为三角形，水平地层抗力的取值范围对应的中心角为 72°；地表超载导致的隧道竖向土压力可简化为由矩形与直角三角形组成。结合理论分析过程，给出了地表超载导致的隧道竖向土压力与隧道结构变形计算流程图。

（6）利用地表超载导致的隧道竖向土压力工程实用计算方法，以某软土地层盾构隧道在地表堆土作用下发生结构变形超限作为工程案例进行了计算。通过对隧道收敛变形、隧道结构上的竖向土压力及隧道上覆土层不同深度位置的竖向土压力的计算结果分析表明，所提出的地表超载导致的隧道竖向土压力计算理论与工程实际相符，工程实用计算方法的相关简化合理。

（7）从地表超载作用下圆管结构与周围土体的变形协调角度提出了刚性管与柔性管的判断准则。针对地表超载易导致盾构隧道发生横断面变形超限的问题，在上部修筑路基时提出采用桩板路基结构，而为了避免桩基施工对紧邻盾构隧道的影响，采用钢管护壁钻孔灌注桩施工，护壁钢管旋压入土，并形成了钢管护壁钻孔灌注桩微扰动施工技术。

本书的研究成果得到了本人博士生导师周顺华教授的悉心指导，并给予了大量的科研经费支持；后续得到了国家自然科学基金项目“地表超载作用下既有盾构隧道附加土压力计算方法研究”（51608200）的经费支持，在此表示感谢。

黄大维

2023 年 12 月于华东交通大学

目录

【第1章】>>>>
绪 论

1.1 研究背景及意义

我国沿海众多城市为软土地层，如上海、天津、宁波、佛山等，由于软土地层土体的软弱性，地层不符合成拱条件，因此盾构隧道的竖向土压力直接取上覆土重（即按土柱理论进行计算）。对于地表均布超载（盾构隧道完成施工后进行地面堆土、堆放材料设备或其他工程活动导致的荷载均称之为地表超载[1]），现有分析计算理论认为可直接换算为对应厚度的隧道上覆土层予以考虑。因此，若按现有分析计算理论考虑地表超载，则由地表均布超载导致的隧道附加竖向土压力要等于地表超载。如在某软土地区，盾构隧道设计时一般按浅埋、中埋、深埋、超深埋进行设计，考虑的最大顶部埋深分别为 10 m、15 m、25 m、40 m。而地铁盾构隧道设计过程中，考虑盾构隧道在施工完成后允许的全部地表超载约为 2 m 的堆土重量。由此可见，对于浅埋、中埋、深埋、超深埋的盾构隧道，理论上允许的最大上覆土厚度依次为 12 m、17 m、27 m、42 m。根据上述关系，可计算出不同埋深盾构隧道的理论所允许的地表堆土厚度，不同埋深隧道的理论允许上覆土厚度见表 1.1。

表 1.1 不同埋深隧道的理论允许上覆土厚度

隧道埋深分类	浅埋	中埋	深埋	超深埋
顶部覆土厚度范围/m	≤10	(10,15]	(15,25]	(25,40]
原覆土与地表超载堆土之和允许值/m	12	17	27	42
允许的地表堆土厚度 h/m	$h=12-H_0$ $H_0\leq 10$	$h=17-H_0$ $H_0\in(10,15]$	$h=27-H_0$ $H_0\in(15,25]$	$h=42-H_0$ $H_0\in(25,40]$

注：H_0 为原覆土厚度。

然而，该城市多条地铁线路的区间盾构隧道在现有分析计算理论允许的地表堆土荷载作用下，隧道发生了明显的结构变形超限问题，并引发了结构破损与渗漏水[2]。如某区间盾构隧道顶部最大埋深约为 16.6 m，按深埋隧道设计，若按现有分析计算理论，则允许的最小堆土厚度为 10.4 m。然而，在约 7 m 高的地表堆土荷载作用下，隧道顶部纵缝张开过大而螺栓露出明显，混凝土块脱落，隧道结构内侧腰部纵缝处混凝土挤压开裂，结构渗漏水明显，如图 1.1 所示，隧道结构的水平向直径差最大可达 194 mm，竖向直径差最大可达 147 mm。某区间的盾构隧道顶部最大覆土厚度约为 15.5 m，按深埋隧道设计，若按现有分析计算理论，则允许的最小堆土厚度为 11.5 m。然而，盾构隧道施工完成后且线路未投入运营，因 5 ~ 6 m 的地表堆土荷载作用下，导致隧道结构发生了较大的横椭圆变形，最大累计椭圆度为 103.8 mm，明显大于盾构隧道完成施工后的对椭圆度的要求（施工验收规范规定的椭圆度为 $5D‰$，D 为隧道外径，因此对应为 31 mm），并引发了较为严重的结构破损与渗漏水。

（a）纵缝张开螺栓外露

（b）隧道发生渗漏水

图 1.1　区间隧道顶部纵缝张开与拱腰部结构渗漏水

某线路的下行区间隧道 340 环附近因地表堆土厚度约 4.1 m 而发生了较大的结构收敛变形（累计的最大直径变形达到 12.8 cm），并导致管片接缝渗漏水，出现漏泥漏砂和管片碎裂现象，如图 1.2 所示，且有继续恶化的趋势。在地表堆载作用下，线路同时发生了约 15 mm 的竖向沉降。

（a）隧道侧向结构渗漏水

（b）隧道拱顶部发生结构破损

图 1.2 地表堆载引起的隧道结构渗漏水与拱顶块破损

某线路区间盾构隧道穿越土层为淤泥质黏土，紧邻隧道的下卧土层总体为粉质黏土，紧邻隧道的上覆土层为淤泥质黏土与淤泥质粉质黏土，隧道顶部埋深在 8 ~ 12 m。在地表堆土作用下，隧道结构发生了严重的变形，并导致盾构隧道发生了破损，如图 1.3 所示。

（a）隧道侧向结构渗漏水

（b）拱顶块管片结构破损与渗漏水

图 1.3 区间盾构隧道破损

某区间地铁盾构隧道施工完成后，且线路未投入运营，因地表堆土厚度为 5 ~ 6 m（堆土范围为线路方向约 86.4 m，垂直线路方向约 50 m），导致隧道结构发生了较大的横椭圆变形，堆土段的下行线新增渗漏点 9 处，管片碎裂 4 处；上行线新增渗漏点 3 处，无管片碎裂，如图 1.4 所示。隧道的最大椭圆度变形为下行线 170 环处，累计椭圆度为 103.8 mm，明显大于盾构隧道完成施工后的对椭圆度的要求（施工验收规范规定为 31 mm[3]）。

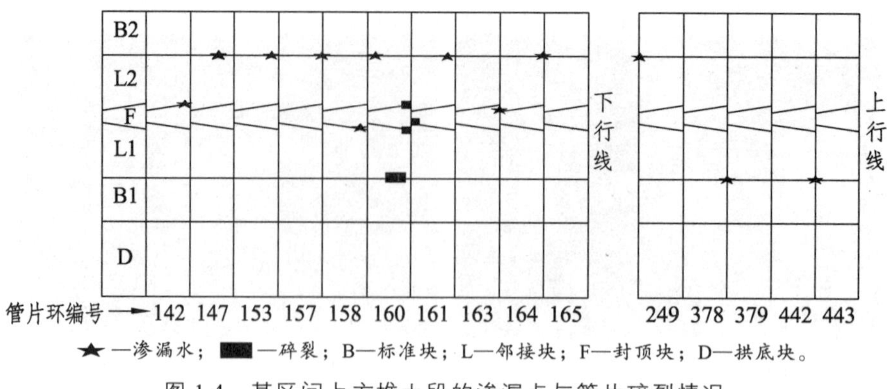

图 1.4 某区间上方堆土段的渗漏点与管片碎裂情况

从相关资料分析来看，类似的问题在上海、南京、杭州、天津、佛山等地区的地铁区间盾构隧道均已出现。软土地区盾构隧道在合理的施工控制下，结构变形可满足规范要求与设计使用要求。然而，既有盾构隧道在地表超载作用下，即使是现有分析计算理论所允许的地表超载，隧道也极易发生结构变形超限，从而导致隧道无法满足设计使用要求。既有盾构隧道在地表超载作用下发生的附加变形，是由超载作用下隧道周围的附加土压力所致。由此可见，对于地表超载作用下既有盾构隧道附加土压力的计算问题，现有的分析计算理论与工程实际不符。地表超载作为盾构隧道设计过程中需要考虑的一项重要荷载，在运营期间盾构隧道受到频繁的工程活动影响时，不可避免地会遭受地表超载的影响，因此，地表超载对既有盾构隧道的影响不可忽视。当隧道结构扁平变形达到一定量值后，将影响结构安全及线路正常运营，由此带来的结构安全问题若不及时、科学地解决，将严重影响地铁隧道的服役质量与运营安全，并进一步增加地铁的运营与养护维修成本，当变形过大时，结构存在承载能力完全丧失的风险。对于结构变形严重超限的盾构隧道不得不采取相应的整治措施，如地表卸载、侧向注浆、内设钢环加固（图 1.5）等。然而，盾构隧道的病害整治成本高昂，且整治效果不佳。因此有必要对地表超载作用下盾构隧道与地层的相互作用机理进行分析，从而提出地表超载作用下盾构隧道周围附加土压力的计算方法，并提出相应的地表超载影响防控措施，该成果对盾构隧道的结构设计与运营期周边环境管控具有重要理论意义与工程意义。

（a）钢板安装

（b）钢板固定

图 1.5 变形超限的盾构隧道进行内加钢环加固施工

1.2 国内外研究现状

地铁设计规范[1]在考虑地下结构的可变荷载时，地面车辆荷载可按 10 kPa 的均布荷载进行取值，地面堆载宜取为 20 kPa，盾构井处不应小于 30 kPa，而地表施工机具荷载不宜超过 10 kPa。上述地表超载都按均布荷载予以考虑。对于盾构隧道完成施工后的地表超载，现有设计中建议换算为隧道施工前对应的上覆土厚度或地表均布荷载进行考虑。对软土地层中的盾构隧道与浅埋隧道，因不考虑地层的土拱效应，隧道顶部的竖向土压力按土柱理论进行计算，因此，地表均布超载导致的隧道竖向土压力刚好等于地表超载。由此可见，在盾构隧道设计时，将地表超载考虑为盾构隧道施工前已存在的地面荷载,即将地表超载按类似隧道上覆土层予以考虑。

然而，刘建航、侯学渊[4]从应力场与位移场角度对盾构隧道周围土压力状态进行了分析，认为隧道施工前的隧道上覆土层与隧道施工后的地表超载对隧道上覆土层的位移与应力影响完全不同；但该文献并未分析地表超载对既有盾构隧道的影响，对于饱和软土地层中的盾构隧道，文献建议直接将地面超载累加到盾构隧道竖向土压力中。侯学渊[5]通过在长、宽、高分别为 60 cm、30 cm、60 cm 的模型槽内埋设不同刚度的铜管、铝管及白铁管（管径为 10 cm），进行模型试验，对隧道结构刚度与周围地层的关系进行定性分析，试验数据分析表明，隧道周围的土压力的分布与隧道衬砌和周围地层的刚度比关系密切，刚度比越小，隧道周围的土压力分布越均匀；但该文献对隧道上覆土层与完成隧道施工后的地表超载并未严格区分，也未对地表超载作用下隧道与周围地层相互作用机理与影响因素进行系统分析。小泉淳[6]、张厚美[7]在盾构隧道的设计中均指出，对于地面超载导致的隧道附加土压力，建议根据土中的应力传播特性来考虑，按弹性理论的应力计算方法进行计算，如布辛尼斯克（Boussinesq）与威斯特卡德（Westerguard）等理论方法。然而，小泉淳[6]指出，在易发生地层沉降的软弱地层中修建盾构隧道时，有必要验算隧道完成后地层沉降对隧道的影响。在软弱地层中，当地层发生固结沉降时，导致隧道上覆土层的土体间产生相对位移，隧道上部土体受到竖向剪切应力，从而导致隧道的竖向土压力增加；但其仅给出了上述问题的示意图，并未涉及具体的理论分析与计算方法。从现有研究来看，学者们在分析盾构隧道土压力时，盾构隧道上覆土层及完成盾构施工后地表超载对盾构隧道的影响并未严格区分。

关于盾构隧道的土压力问题，现有研究主要集中在盾构隧道处于正常掘进施工状态下的土压力计算,隧道竖向土压力计算理论主要有土柱理论、太沙基理论与普氏理论（由普托雅科诺夫于 1909 年提出）[8-10]。由上述计算理论的假设条件与计算公式可知，盾构隧道在正常掘进施工状态下的土压力计算公式属于半经验半理论公式[11-14]。周小文[15-16]使用橡皮囊模拟地层损失，通过离心试验研究了盾构施工中因土拱效应导致的隧道土压力问题，分析表明，现有太沙基理论中，其剪切面的宽度取值过大，从而导致太沙基理论计算结果偏大。Bezuijen 等[17-19]对盾构施工过程中的同步注浆进行了分析，结果表明，同步注浆压力与同步注浆材料的固结特性对隧道周围土压力影响明显。钟小春等[20]根据实测管片的变形结果对隧道受到的土压力进行了反分析，认为当隧道的埋深大于隧道外径的 2 倍且隧道所处地层良好时，盾构施工过程中能形成明显的土拱效应，此时作用于管片上的土压力必须进行折减；对于浅埋隧道，其竖向土压力接近上覆土重。杨秀仁[21]对北京地铁 5 号线的北新桥站—雍和宫站盾构区间的隧道土压力进行了实测，实测数据表明，在隧道刚脱出盾尾时，盾构隧道周围土压力受同步注浆影响较大，随着时间的增长，其土压力有所减小，但整个过程隧道顶部的竖向土压力均小于上覆土重。Eisenstein 等[22]通过现场实测结果分析表明，隧道结构上的土压力与施工速度、管片安装时间、管片结构刚度等有关。孙钧等[23]对上海软土地层中的土压力进行了实测，数据分析表明，隧道结构的最终竖向土压力稍小于土柱理论计算所得的土压力，但两者较为接近。周济民等[24]对西安地铁 2 号线盾构隧道土压力与结构内力进行了实测与分析，建议黄土隧道在上覆土厚度小于 2 倍直径时，隧道竖向土压力取为 1.5 倍直径的上覆土重是合理的。从模型试验与现场实测的研究成果分析可知，由于盾构隧道在施工过程中的地层损失受现场施工控制影响大，如土舱压力设置、同步注浆材料与注浆工艺等，且当发生地层损失导致地表发生沉降时，隧道上覆土层的土压力在竖向上的转移还受到土体力学性能的影响，因而难以准确计算盾构隧道在掘进施工后的土压力[25-26]。然而，从现有完成施工后的盾构隧道来看，在合理的施工控制下基本可满足设计使用要求。这是因为，在正常掘进施工中，由于地层损失，隧道上方土体总体向下发生位移，从而导致盾构隧道受到的竖向土压力总体要小于土柱理论土压力，如图 1.6（a）所示。但是，既有盾构隧道在地表超载作用下，当隧道的竖向压缩量小于隧道两侧穿越土层的竖向压缩量时，将导致隧道上部土体承受其两侧土体传递的向下剪力，如图 1.6（b）所示。比较图 1.6 中（a）和（b）可知，地表超载对既有盾构隧道的影响方式与隧道原有上覆土层对盾构隧道的影响方式与影响因素截然不同，因此有必要对地表超载作用导致的盾构隧道附加土压力计算问题进行单独考虑。

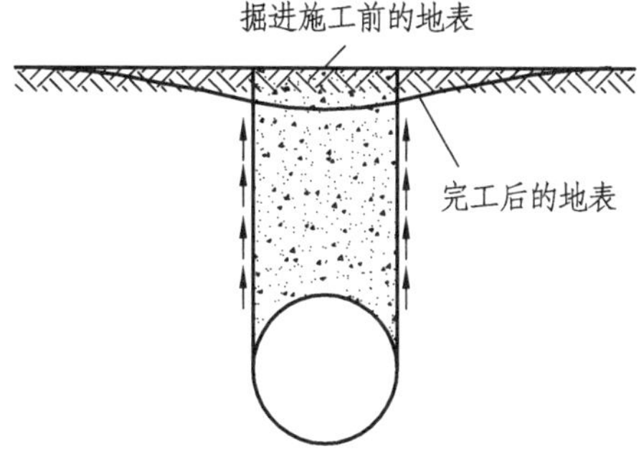

（a）盾构隧道掘进施工状态下的地表沉降

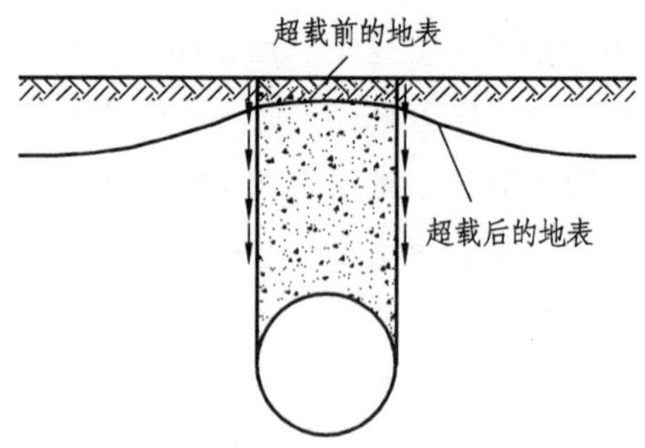

（b）地表超载状态下的地表沉降

图 1.6 不同状态下的地表沉降比较

注：箭头表示隧道正上方土体受到的剪应力，对应的应力面表示存在剪应力传递趋势，而不是剪切破坏面

从图 1.6（b）可以看出，在地表超载作用下，既有盾构隧道的受力状态与上埋式管道的受力状态相似，即隧道上部土体承受其两侧土体传递的向下剪力。然而，上埋式管道的马斯顿土压力计算方法的理论假设与太沙基土压力计算方法的理论假设类似，也是基于极限状态所做的假设，其土压力计算公式也是半经验半理论公式，且盾构隧道原有上覆土层对盾构隧道的影响与上埋式管道上覆层对管道的影响完全不同，由于盾构隧道原有上覆土的存在，采用马斯顿土压力计算公式计算地表超载导致的隧道附加土压力明显不合理（所得到的竖向土压力偏大）。但在地表超载作用下，盾构隧道与周围土体的相互作用趋势与上埋式管道与土体的相互作用趋势是相似的。对于上埋式管道土压力影响分析方面，田文铎[27]通过室内模型试验实测上埋式管道周围的土压力，分析结果认为，管道周围土压力和管道与土体的相对刚度有关，并提出柔性管的垂直土压力计算方法，即在刚性管垂直土压力计算的基础上乘以管土相对刚度系数，且刚性管的土压力计算仍采用极限平衡法，管顶的竖向土压力仅与管侧回填土的模量有关，而与管道底部及顶部的土体力学性能无关，计算时也未考虑管道结构的变形，仅将管道视为刚体结构。顾安全[28]在分析上埋式管道顶部的竖向土压力时，将管道的竖向土体称为内土柱，而将管道的侧向土体称为外土柱，最后通过内、外土柱位移差来分析管道顶部的竖向土压力；其对管道顶部土压力集中现象进行了解释，并指

出了隧道掘进开挖时因地层损失而形成主动土拱；埋地管道在填土时形成被动土拱；但管道顶部竖向土压力计算的相关假设与实际情况差别较大，如计算管道顶部竖向土压力时将管道上部视为倒置的条形基础，将顶部视为均质弹性半无限体，这与实际情况完全不符，即管道上覆土层在地表位置为竖向位移自由边界，并不符合半无限体的条件。龚晓南[29]、金浏等[30]在分析地表超载对埋地管道的影响时表明，管道的刚度越小，管道与土体的变形协调能力越好，管道竖向土压力集中现象越不明显。随着软土地区盾构隧道在地表超载作用下导致的结构变形、破损及渗漏水问题越来越突出，近年来也开展了相关专题研究，如吴庆等[31-32]针对地面堆载导致上海饱和软土地层既有盾构隧道过大变形问题，采用室内模拟试验和数值分析方法，分析了既有隧道埋深、超载大小、超载位置等参数对盾构隧道变形的影响，取得了一些成果；但文献中的室内试验并不是按相似关系进行设计，只分析了隧道结构的变形，未分析导致隧道变形的诱因（即土压力），且所得结果均为定性上的规律，未分析地表超载过程中隧道与地层的相互作用机理以及地层的土体力学性能对隧道变形的影响。王如路等[33]采用数值模拟方法研究了地表超载、土体侧向压力系数和土体抗力系数对隧道横向变形发展的影响，研究了隧道横向变形随压载的变化发展规律。由研究分析可知，既有盾构隧道在地表超载作用下，其附加土压力大小与隧道结构有关，同时与隧道周围土体的力学性能有关[34-36]。但现有的研究分析主要为个别或部分影响因素的定性分析，或采用数值模拟[37]进行分析，无法从地下结构与地层的相互作用机理出发，在地表超载导致的隧道周围附加土压力计算方面更无法同时考虑盾构隧道结构与隧道周围土体力学性能两大方面的影响因素。

分析地表超载对软土地区既有盾构隧道的影响时，不管是将地表均布超载换算为相应的上覆土厚度予以考虑，还是按弹性理论的应力计算方法计算出地表超载传递到隧道顶部的荷载予以考虑，均人为地将地表荷载视为作用于完全土质的地层［完全土质的地层是指不存在盾构隧道的地层，盾构存在时对应的空间为其穿越土层的土体填充，如图 1.7（b）所示］。然而，盾构隧道结构属于以弯曲变形为主的曲梁结构，地表超载作用下隧道的变形特性与土体的变形明显不同。因此，地表荷载作用时，图 1.7（a）中的盾构隧道外边界周围土体的位移与图 1.7（b）盾构隧道外边界对应的土体的位移明显不同［图 1.7（b）中盾构隧道外边界对应的土体是指与图 1.7（a）相比较时，图 1.7（a）的盾构隧道外边界相对图 1.7（b）中完全土质的地层中对应空间位置的土体］。由此可见，现有理论在分析地表超载对盾构隧道影响时，并未考虑地层中因盾构隧道存在导致的隧道与地层相互作用问题，因而所得到的土压力与工程实际不符。

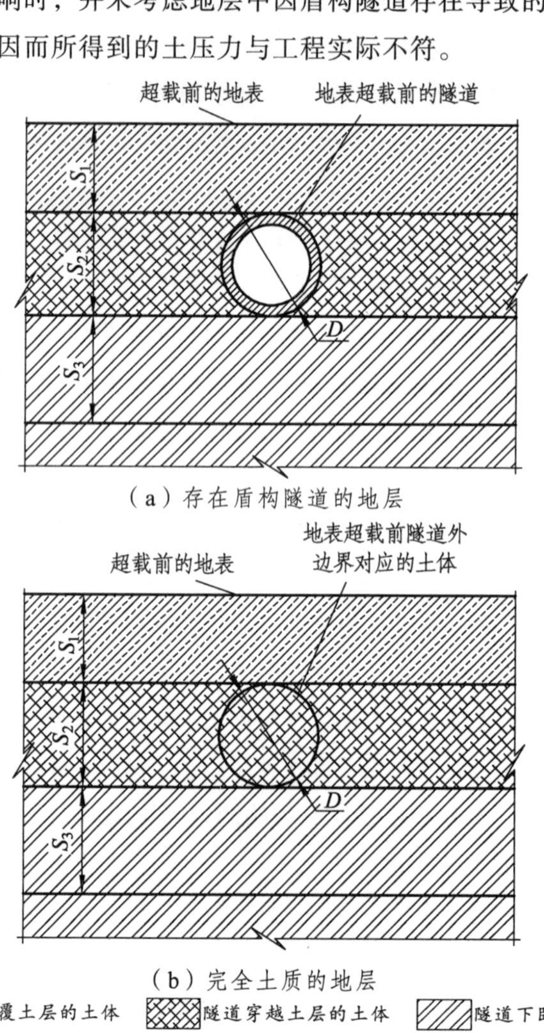

图 1.7　两种不同的地层

综上所述，在分析地表超载对既有盾构隧道的影响时，现有的计算理论主要存在以下问题：

（1）地表超载与隧道上覆土层对盾构隧道的影响方式及影响因素截然不同，但现有分析计算理论并未区别对待，近似地将地表超载换算为隧道上覆土层，因而低估了地表超载导致的隧道附加土压力。因此，按现有理论计算既有盾构隧道的允许地表超载时，理论允许超载量往往大于实际容许超载量，因而是偏危险的。

（2）地表超载作用下既有盾构隧道的附加土压力分析时，将存在盾构隧道的地层视为了完全土质的地层［图 1.7（b）］，忽略了地表超载过程中隧道与地层的相互作用对地层中土压力的影响，因而所得到的土压力与实际不符。

因此有必要将地表超载对既有盾构隧道的影响予以单独考虑，从超载作用过程中隧道与地层的相互作用机理出发，提出隧道附加土压力的解析计算方法。研究成果可用于分析盾构隧道结构的内力与变形，对盾构隧道设计与运营期周边环境管控具有重要意义。

1.3 主要研究内容

通过对现有盾构隧道竖向土压力计算理论的分析，并结合软土地区盾构隧道的相关工程调研成果，对软土地区盾构隧道竖向土压力作用模式进行分析。拟采用模型试验与理论分析，并结合工程实例，对地表超载导致的盾构隧道附加土压力计算方法展开研究。主要研究内容如下：

（1）在无地表超载作用下与有地表超载作用下，分别对盾构隧道周围土压力作用模式及其影响因素进行分析。

根据隧道上覆土层的土体间竖向相对位移关系及土体间竖向土压力转移现象，对盾构掘进施工状态下（无地表超载作用）的隧道周围土压力及盾构隧道完成施工后地表超载导致的隧道周围土压力进行分析，得到盾构隧道附加土压力的相关影响因素及影响方式。

（2）通过模型试验，从机理上分析地表超载作用对隧道竖向土压力的影响。

根据试验目的与要求，设计几何相似比为 1∶10 的模型试验，模拟盾构隧道位于不同穿越土层时地表超载对隧道竖向土压力与隧道变形的影响。通过模型试验实测结果分析，对地表超载对盾构隧道周围土压力的影响机理进行分析。

（3）对地表超载作用下盾构隧道结构与周围土体的相互作用进行理论分析。

在地表超载作用下，通过均匀地层中“被标记土圈”与隧道外边界的比较，对地表超载作用下盾构隧道结构与周围土体的相互作用进行分析。结合隧道结构的变形特点及相关理论假设，提出地表超载作用下盾构隧道结构对周围土体的竖向与水平相对挤压概念，并得到竖向相对挤压量及水平相对挤压量的计算方法。

（4）提出地表超载导致的盾构隧道附加土压力计算理论。

在盾构隧道结构与周围土体相互作用分析的基础上，综合考虑隧道结构的横向变形刚度及隧道穿越土层、上覆土层和下卧土层的力学性能等参数的影响，提出地表超载导致的盾构隧道附加土压力计算理论。

（5）对地表超载导致的盾构隧道附加土压力计算理论进行简化分析，得到相应的工程实用计算方法。

从工程实际与实用的角度出发，对提出的地表超载导致的隧道附加土压力计算理论进行简化分析，得到工程实用计算方法，使提出的地表超载导致的盾构隧道附加土压力模式与计算方法可方便地应用于工程实际中。

（6）地表超载导致的盾构隧道附加土压力计算方法的实例验证分析。

利用所提出的地表超载导致的隧道附加土压力计算方法，对某软土地区城市地铁的区间隧道在地表堆土作用下隧道结构变形超限的工程实例进行分析。通过计算结果，对提出的相关理论与方法的合理性与可行性进行验证分析。

（7）地表超载对既有盾构隧道的影响防控技术。

根据上述提出的地表超载作用下盾构隧道与地层相互作用关系，提出地表超载作用下判断盾构隧道是否发生竖向土压力集中的方法，并提出将上部地表超载通过桩基绕传至盾构隧道底部的微扰动施工分析理论与控制技术。

【第2章】>>>>
盾构隧道竖向土压力作用模式分析

从隧道周围的土压力设计计算方法分析可知，简化计算方法具有概念明确、计算方便的特点，因而得到了广泛应用，而简化计算方法的关键是确定隧道竖向土压力。本章分别对盾构施工状态下（无地表超载）及完成施工后在地表超载作用状态下的盾构隧道竖向土压力作用模式展开分析。

2.1 盾构掘进施工状态下盾构隧道竖向土压力

隧道结构的竖向土压力的现有理论计算方法主要分为两类，一是松弛土压力计算方法，二是土柱理论土压力计算方法。结合现有研究成果，对盾构施工掘进状态下（无地表超载）的盾构隧道竖向土压力进行分析。

2.1.1 松弛土压力计算方法分析

在松弛土压力计算方法中，考虑盾构隧道掘进施工导致的地层损失，从而使隧道上部一定范围内的土体向下发生位移，并在此基础上作出了相关假设。太沙基理论的竖向土压力计算示意如图 2.1 所示。在理论计算时，假设隧道顶部土层的竖向土压力在塌落区范围内相等，且假设作用在隧道结构上半圆结构上的竖向土压力即为隧道顶部的塌落区位置的竖向土压力，盾构隧道竖向土压力根据塌落区上的土柱单元受力平衡关系进行分析计算得到。

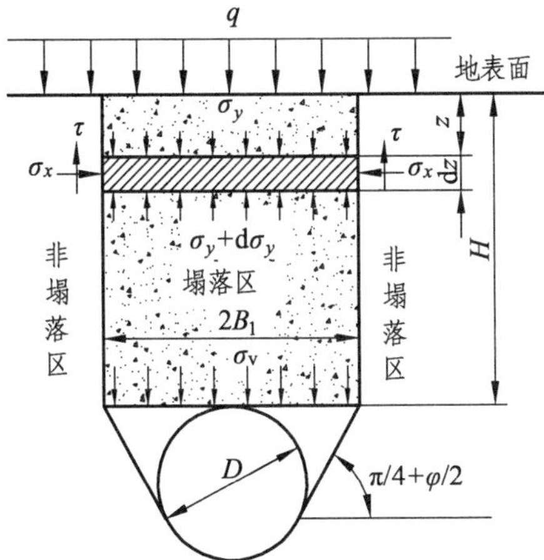

图 2.1 太沙基理论土压力计算示意

塌落区上的土柱单元受力平衡分析时，单元土柱所受到的向上切应力计算公式为

$$\tau = c + \sigma_x \tan\varphi = c + K_0 \sigma_y \tan\varphi \tag{2.1}$$

式中：c——隧道上覆土层土体的黏聚力；

φ——隧道上覆土层土体的内摩擦角；

K_0——水平土压力和垂直土压力之比。

最终计算得到的隧道顶部的松动土压力为[6]

$$\sigma_v = \frac{B_1(\gamma - c/B_1)}{K_0 \tan\varphi}(1 - e^{-K_0 \tan\varphi H/B_1}) + q e^{-K_0 \tan\varphi H/B_1} \tag{2.2}$$

式中：σ_v——隧道顶部的松动土压力；

B_1——隧道顶部塌落区的半跨宽度；

γ——隧道上覆土层土体的重度；

q——地面荷载；

H——隧道上覆土层厚度，即隧道顶部埋深。

其中，B_1 的计算公式为

$$B_1 = \frac{D}{2}\cot\left(\frac{\pi/4 + \varphi/2}{2}\right) \tag{2.3}$$

式中：D——隧道外径。

而文献[7,38]根据地表超载大小情况得到的公式稍有不同。当 $q/\gamma \geqslant H$ 时，隧道顶部的竖向土压力计算公式为式（2.2）；而当 $q/\gamma < H$ 时，隧道顶部的竖向土压力计算公式为

$$\sigma_{\mathrm{v}} = \frac{B_1(\gamma - c/B_1)}{K_0 \tan\varphi}(1 - \mathrm{e}^{-K_0 \tan\varphi H/B_1}) \tag{2.4}$$

从式（2.4）与式（2.2）比较可以看出，文献[7,38]认为：当地表超载换算为对应土层的厚度小于隧道上覆土层厚度时，地表超载对隧道结构上产生的竖向土压力可忽略不计。

由太沙基松动土压力计算理论分析可知，计算理论认为在隧道施工过程中由于地层损失，隧道上部一定范围内的土体（塌落区）向下发生位移，且认为与隧道的水平距离一定范围以外的土体（非塌落区）未发生竖向位移。因塌落区土体与非塌落区的剪切力导致塌落区土体的竖向土压力减小，也即塌落区土体的竖向荷载向非塌落区发生转移，塌落区土体在剪切面上受到的全部向上剪切力即为塌落区向非塌落区上转移的竖向荷载总量。

太沙基松动土压力计算理论过于理想化，存在诸多不合理的理论假设，主要如下：

（1）塌落区与非塌落区之间剪切面的剪切力取值不合理。

塌落区与非塌落区之间剪切面的剪切力取为剪切强度，即剪切面的最大剪切力。而实际中，剪切面上的剪切力并不一定发挥到最大程度，在剪切面发生剪切破坏前，竖向剪切力的发挥程度要取决于土体间竖向相对位移的大小、土体的剪切模量等因素。因此，当土体的黏聚力较大时，将导致计算所得的隧道竖向土压力很小，甚至变为负值[38]。若其他条件合理，剪切面上的剪切力取值偏大将导致隧道竖向土压力计算结果偏小。

（2）剪切面上的水平土压力与垂直土压力之比 K_0 取值并不合理。

从塌落区与非塌落区之间剪切面的剪切力计算公式可知，剪切面上的水平土压力与垂直土压力之比 K_0 直接影响剪切面的剪切强度，进而影响塌落区向非塌落区的竖向土压力转移量。因此，在其他条件不变时，K_0 取值

越大，塌落区向非塌落区转移的竖向荷载越多，隧道顶部竖向土压力计算结果越小。在太沙基理论中，通过大量试验研究后建议 K_0 取为 1[39]，这与实际的水平土压力与垂直土压力之比明显不符。

（3）塌落区的宽度取值并不合理。

从现有研究中的实测结果来看[40-41]，当按式（2.3）计算塌落区的宽度时其结果偏大。计算理论假设塌落区在隧道顶部土层中的竖向土压力均匀分布，而塌落区土柱剪切面上受到的向上剪切力是确定的，即塌落区向两侧非塌落区转移的竖向荷载是确定的。因此，在其他条件成立的情况下，塌落区宽度越大，隧道竖向土压力计算结果越大。实际盾构隧道在施工过程中，当施工控制较好时，并不一定能形成明显的塌落区，因而剪切面并不真实存在，因此，人为地假设塌落区宽度并不合理。

由以上分析可知，太沙基土压力计算理论是一种理想状态下的土压力计算模型，存在诸多不合理的假设，而理论计算参数是通过试验分析获取。如周小文等[40]通过离心试验分析表明，现有太沙基理论中，其剪切面的宽度取值过大，从而导致太沙基理论土压力计算结果偏大，并建议剪切面之间的宽度取为隧道结构的直径，剪切面上的侧土压力系数取为 0.5 左右，略大于静止土压力系数，但要小于 1.0。加瑞等[41]进行了室内挡板试验，试验结果分析表明，太沙基计算模型的宽度取值与挡板相同且侧土压力系数取值为 1.0 时，其计算结果与实测结果接近，当按太沙基理论模型考虑剪切面之间的宽度时，其竖向土压力结果偏大，活动门中心线上的土压力较小，为此，提出采用太沙基公式时建议其侧向土压力系数可取为 5.0。张云等[42]通过离心试验，对衬砌上的土压力进行了量测，结果表明，其实测土压力要大于太沙基理论计算的土压力，并认为太沙基理论土压力偏小与太沙基理论计算时其侧土压力系数取值偏大有关。陈若曦等[43]通过对剪切面上的应力状态进行分析，提出了对侧土压力系数进行修正，结果表明，在土体发生剪切破坏时，剪切面上的主应力轴发生旋转，从而导致侧土压力系数大于 1.0。Adachi 等[44]通过试验研究后建议侧土压力系数取为 2.0。

从现有研究分析可知，在符合成拱条件的地层中进行盾构隧道施工时，隧道顶部的竖向土压力均小于土柱理论土压力[45-46]，但具体数值的确定难度大[42]。为了使试验结果与太沙基理论计算结果吻合，学者们要么通过调整侧土压力系数 K_0 对太沙基计算理论进行修正，有时甚至将 K_0 调整到一个完全偏离实际的数值；要么通过调整剪切面之间的宽度对太沙基计算理论进行修正，在计算参数取值问题上至今未取得一致的结论。因此，从某种意义上说，太沙基土压力计算公式是一个半经验半理论的土压力计算公式。

尽管太沙基土压力计算理论存在诸多并不合理的假设，但从计算公式推导过程及已有实测结果分析可知，在盾构隧道施工时由于地层损失，隧道上覆土层的土体之间存在竖向相对位移趋势，从而导致隧道正上方一定范围内土体的竖向土压力有向其两侧土体转移的趋势，即太沙基提出的土拱现象[39]。竖向荷载的转移量与隧道上覆土层的土体间竖向相对位移差、影响范围、土体力学性能等因素有关。两个土体单元之间存在竖向相对位移时，土体单元间的竖向荷载将发生转移，而在上覆土层出现剪切破坏前，隧道上覆土层的竖向相对位移并非存在于某一个理想的竖直剪切面上。

从太沙基松弛土压力计算方法的理论假设可知，松弛土压力计算结果为极限状态的土压力计算结果，即在隧道施工时地层损失足够大，使塌落区与非塌落区之间发生剪切破坏。但实际并非处于上述极限状态，为使计算理论与实际相符，现有研究进行了大量的实测，并得到了不同计算参数的取值方法[47-50]。从现有相关研究分析可知，太沙基松弛土压力计算公式是极限状态下的半经验半理论的隧道竖向土压力计算公式。

2.1.2 土柱理论计算方法分析

为了方便衬砌结构的内力计算，隧道顶部的竖向土压力处理为均布荷载。土柱理论土压力计算时（图 2.2），隧道上覆土厚度取为地表到衬砌顶部的距离，土压力大小即为上覆土层的重量。因此，土柱理论土压力计算公式为

$$\sigma_{\mathrm{v}} = \gamma H \tag{2.5}$$

式中：σ_v——隧道结构上部的竖向土压力；

γ——隧道上覆土层的重度；

H——隧道上覆土层厚度，也即隧道顶部埋深；

q——地表均布超载。

盾构隧道完成施工后，在地表施加均布超载 q 时，将地表超载换算为对应的上覆土层重量。因此，当地表施加均布超载 q 时，隧道顶部的竖向土压力计算公式为

$$\sigma_v = \gamma H + q \tag{2.6}$$

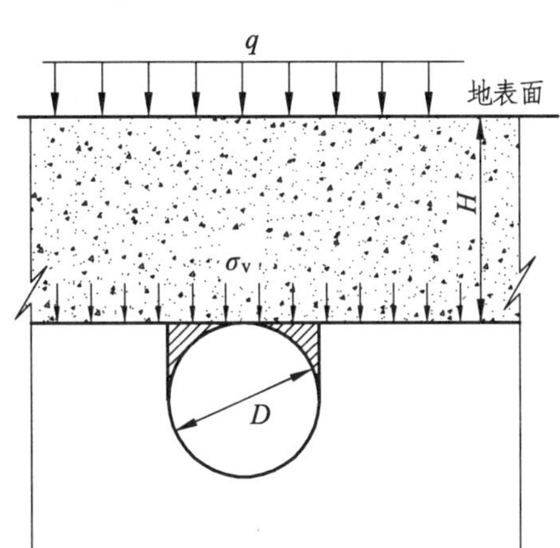

图 2.2 土柱理论土压力计算示意

从计算公式中可以看出，地表超载导致的隧道顶部附加竖向土压力与地表超载的大小相等。土柱理论完全忽略了隧道上覆土层的土体间竖向土压力转移问题，当隧道上覆土层的土体间不存在任何竖向相对位移或隧道上覆土层不传递剪力时（如流体介质），土柱理论才严格成立，因此，土柱理论计算所得的竖向土压力也是一种理想极限状态下的竖向土压力。当土柱理论应用于圆形盾构土压力计算时，作用在隧道结构上部的竖向土压力均为隧道顶部的竖向土压力 γH，由此可见，在上部土压力中忽略了图 2.2 中隧道上部阴影部分土体产生的重力。但相对已考虑的部分土压力而言，

忽略部分土体的重力对隧道结构的变形与弯矩计算结果影响不大。

孙钧等[23]对某海水取水隧道上部竖向土压力进行了现场实测，该隧道采用闭胸挤压盾构施工，其外径为 4.14 m，埋深为 12 m 以上，位于淤泥质亚黏土和粉砂层土层中，结果表明，在隧道刚脱出盾尾时，隧道上部的竖向土压力约为 1.04 γH，在完成施工 20 d 后，实测竖向土压力约为(0.93 ~ 0.96) γH；对采用半挤压盾构施工的某通行隧道的竖向土压力进行了现场实测，其外径为 2.9 m，位于淤泥质亚黏土中，结果表明，在埋深为 19.5 m 的盾构隧道中，完成施工后第 1 d 实测土压力为(0.51 ~ 0.71) γH，17 d 后实测土压力为(0.64 ~ 0.76) γH；还对另两个埋深与隧道直径接近的隧道的竖向土压力进行了实测，埋深为 6 m 时的实测竖向土压力约为 0.6 γH，埋深为 10 m 时的实测竖向土压力为(0.68 ~ 1.08) γH。通过分析后孙钧建议上海软土地层中的隧道竖向土压力设计值取为 γH；当隧道顶部埋深与隧道外径的比值大于 5 ~ 6 时，隧道结构竖向土压力取为 0.8 γH。

从现有研究来看，软土地区盾构隧道施工或浅埋盾构隧道施工一般均会引起地表局部沉降[51-61]。由此推断，一般情况下盾构施工将导致隧道上覆土层的土体间存在竖向相对位移。因此，盾构施工将导致上覆土层的土体间出现竖向位移差，当隧道上部土体相对其两侧土体向下发生竖向相对位移时，必将导致隧道上部土体的竖向土压力向其两侧转移。在盾构施工时因同步注浆措施，导致隧道上覆土层的竖向位移差减小，因此，一般在刚完成施工时，隧道上部竖向土压力稍大。在盾构隧道完成施工后，隧道周围孔隙水压力消散将加大隧道上部土体的沉降，一般在完成盾构施工后，隧道结构竖向土压力有所减小。当注浆不足时，刚完成施工后，隧道上部土体与其两侧土体竖向剪力发挥到较大程度，但因软土地区土体具有软弱性与蠕变特性，在完成施工后，具有竖向相对位移的土体之间的剪力随着时间的增长而有所减小，导致隧道上部土体的竖向土压力转移量有所减小，因而随着时间的增长，隧道结构竖向土压力也可能有所增大。

对于地表沉降控制严格地段，为了减小地表沉降，在盾构隧道施工时通过加大同步注浆压力，必要时在完成施工后进行二次注浆，导致地表不但不发生沉降，甚至出现不同程度的地表隆起[62]。由隧道上覆土层的竖向相对位移与剪切应力的关系可知，在地表出现一定的隆起时，理论上隧道竖向土压力此时将大于土柱理论土压力，但从现有施工调研来看，出现地表隆起的工程并不多。

2.1.3 盾构掘进过程中的隧道竖向土压力影响因素分析

由以上分析可知，松弛土压力计算理论与土柱土压力计算理论均为某种极限状态下的土压力计算结果。隧道结构竖向土压力与隧道上覆土层的土体间竖向相对位移状态有关[63]，当盾构隧道施工导致隧道上部土体相对其两侧土体向下发生竖向位移时，土体间的剪切应力将导致隧道上部土体的重力向其两侧转移，因此，隧道竖向土压力将小于上覆土层的重力。在隧道上覆土层的土体间存在竖向相对位移时，竖向荷载的转移量与土体的剪切模量、剪切强度、土体间的竖向相对位移等因素有关。为此，接下来主要从隧道上覆土层的竖向相对位移影响因素分析隧道掘进过程中隧道竖向土压力的影响因素。

在盾构隧道掘进施工过程中，假设脱出盾尾的隧道结构不发生任何变形（假设为刚体），同时盾壳与隧道之间的间隙完全被同步注浆材料充填，且隧道周围土体与同步注浆材料不存在固结压缩。则在上述假设的理想状态下，盾构隧道掘进施工不存在任何地层损失，在地层开挖卸载状态下地表将发生一定程度的隆起，如图 2.3 所示为理想状态下的地表隆起。由隧道上覆土层的土体间竖向相对位移及土体间竖向土压力转移分析可知，隧道上部土体将相对其两侧土体向上发生位移时，其两侧土体的重力有向隧道上部土体转移的趋势，此时隧道竖向土压力将大于 γH 。

然而在实际中，隧道结构完成拼装后在脱出盾尾时，隧道结构开始承受土压力，在竖向土压力与水平土压力不一致状态下将导致隧道发生一定程度的横椭圆变形；盾构机刀盘开挖的直径要大于隧道结构的外径，开挖外径与隧道结构外径之差所形成的空隙必须通过注浆材料来填充。隧道上覆土层的竖向相对位移状态与盾构掘进过程中导致的地层损失相关[64-65]，因而与隧道结构的刚度[66]、同步注浆量[67]、完成盾构施工后隧道周围孔隙水压力消散导致的土体固结、隧道穿越土层的水平向地基系数、隧道下卧层土体的回弹模量等因素有关。在实际中，因地层损失导致隧道上部土体向下发生沉降，从而导致隧道上部土体的竖向荷载向其两侧土体转移，而隧道上部土体向其两侧土体转移的竖向荷载大小还要取决于隧道上覆土层土体的相关力学性能[68]。

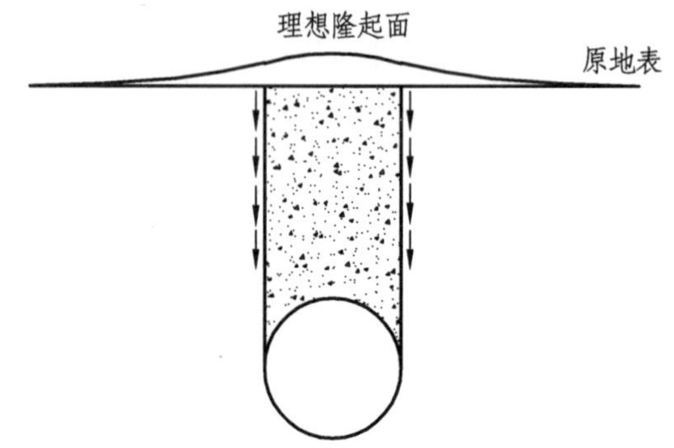

图 2.3 理想状态下的地表隆起示意

注：图中向下箭头表示隧道上部土体受到的剪力，剪切面为人为假设的，并不是土体的剪切破坏面。

从现有研究及观测结果可知[51,62,69]，软土地区盾构隧道施工基本表现为地表沉降。当盾构隧道施工形成地表沉降时，导致隧道上覆土层的土体之间形成竖向相对位移，隧道顶部一定范围内的土体受到向上的剪力，如图 2.4 中的箭头所示，图中受到向上剪力的面并不是剪切破坏面，由此导致隧道竖向土压力小于土柱理论计算的土压力。而在软土地区，由于隧道上覆土层土体的软弱性与蠕变性，软土地层盾构施工导致地表发生一定的沉降，但隧道竖向土压力减小值并不大，即隧道竖向土压力总体与上覆土重较为接近[23]。

在隧道顶部竖向荷载稍小于上覆土重时，说明隧道上部土体重力向两侧土体发生了转移，从竖向荷载守恒关系可知，必将导致其两侧一定范围内土体的竖向土压力要大于上覆土重，如图 2.5 所示，对于上述现象早已得到了证实[41,70]。因此，在隧道施工导致地层损失时，隧道正上方土体向下发生位移，将导致隧道侧部一定范围内土体的竖向土压力大于 γH 。由隧道结构侧部的水平土压力计算可知，此时隧道侧部的水平地层压力也将大于 $\lambda\gamma H$ （ λ 为侧土压力系数）。当软土地区盾构隧道竖向土压力按全覆土重进行考虑时[23,69,71]，其设计稍偏保守。

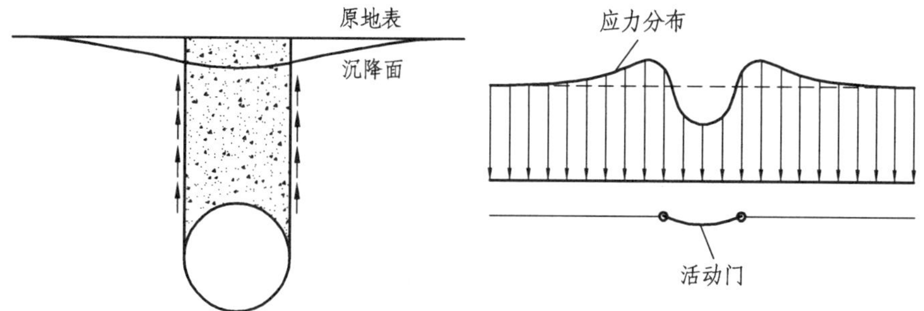

图 2.4　盾构施工引起的地表沉降示意　图 2.5　土压力转移导致的竖向土压力分布[70]

2.2　地表超载导致的盾构隧道竖向土压力

从软土地区的盾构隧道竖向土压力设计理论与施工调研分析可知，按现有理论所设计的盾构隧道在合理施工控制下，完成施工后隧道椭圆度总体可以满足规范设计使用要求，管片接头张开量与结构防水总体也满足使用要求。而盾构隧道完成施工后在理论允许的地表超载作用下，隧道结构的变形明显超出设计使用要求，甚至威胁到地铁行车安全。由此可见，在地表超载作用下，隧道结构受力状态明显与现有设计理论不符。

2.2.1　地表超载对隧道上覆土层的竖向位移影响

考虑到地表荷载施加与盾构隧道施工之间的先后顺序对隧道结构上的竖向土压力影响较大[72]，在盾构隧道竖向土压力设计计算时，地面荷载应从时间上进行区分，分为盾构隧道掘进施工前的地面荷载与盾构隧道施工后的地面荷载。

在盾构隧道掘进施工前施加地面荷载，盾构掘进施工时地层已完成压缩变形，盾构隧道掘进施工导致隧道上覆土层的竖向位移状态及影响因素与只有上覆土层时类似。对于地面荷载，现有设计中一般考虑为均布荷载，因此，地表发生一定沉降并不影响地面荷载的均匀分布状态。而隧道上覆土层当出现竖向位移差时应该考虑竖向荷载的转移问题，这是盾构隧道施工前施加的地面荷载与隧道上覆土层对隧道竖向土压力影响的区别。在太沙基土压力理论计算推导时，所考虑的地表荷载从严格意义上说，是盾构隧道掘进施工前所施加的地面荷载。

然而，与盾构掘进施工时隧道上覆土层的土体间竖向相对位移状态相比，在盾构隧道完成施工后施加地面荷载（地表超载）对隧道上覆土层的土体间竖向相对位移状态影响完全不同。由上埋式管道的竖向土压力分析可知，在盾构隧道完成施工后，地表超载将导致土层发生竖向压缩变形，当隧道结构的竖向压缩量小于同深度土层的竖向压缩量时，将导致隧道上覆土层的土体间出现竖向位移差，由此发生竖向荷载的转移现象。

在埋管土压力分析时，马斯顿（A · Marston）于 1913 年利用散粒体平衡条件分别对沟埋式与上埋式管道的竖向土压力进行了分析。对于沟埋式管道的竖向土压力，其计算公式与太沙基土压力计算公式基本相同，仅管道上覆土层的剪切面的宽度取值有所不同，即马斯顿在对沟埋式管道的竖向土压力计算时将两剪切面的宽度取为沟槽宽度。对于上埋式管道，在管道上部堆土的重力作用下，隧道两侧的填土发生压缩，且认为管道结构刚度较大而发生的竖向压缩量较小，由此导致管道上覆土层发生竖向相对位移，即管道上部土体相对其两侧土体向上发生位移。为此，马斯顿利用太沙基土压力理论类似的分析方法对上埋式管道的竖向土压力进行了推导，其计算模型如图 2.6（a）所示。从图 2.6（a）中可以看出，管道上部土体因受到了其两侧土体产生的向下剪力，管道竖向土压力将大于上覆土重。当管道上部填土较厚时，认为在一定高度后土层间不存在竖向相对位移，因而不再考虑土体的竖向土压力转移问题，其计算模型如图 2.6（b）所示。此时将等沉面以上的土

体重力按地面荷载 q 一样进行考虑。

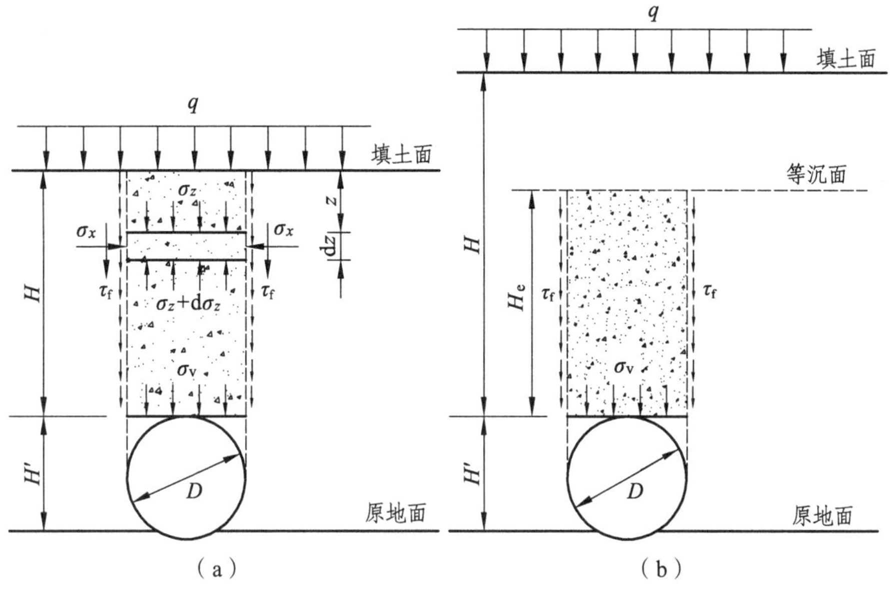

图 2.6　上埋式管道的土压力计算模型

与太沙基土压力计算理论类似，马斯顿所推导的上埋式管道的竖向土压力计算方法存在诸多不合理的地方，因此用马氏公式求得的土压力大小和分布规律与实际情况相差较大，一般要比实测值偏大[73]。但通过对马斯顿的上埋式管道竖向土压力计算理论的分析可知，完成施工后的盾构隧道在地表超载作用下，地层将发生压缩变形，当隧道穿越土层（隧道穿越土层的厚度与隧道外径相同，其顶部与底部分别和隧道的顶部与底部的高程相同）的竖向压缩量大于隧道的竖向压缩变形时，将导致隧道上覆土层的土体间发生竖向相对位移，并导致隧道上部土体承受其两侧土体所转移的竖向荷载，从而使地表超载导致的隧道竖向土压力增量要大于地表超载。

从隧道上覆土层的土体间竖向相对位移分析可知，在土层不存在任何竖向相对位移时，土层任意水平面上的竖向土压力分布如图 2.7 所示；当中间土层相对其两侧土层向上发生相对位移时，则土层和任意水平面上的竖向土压力分布模式如图 2.8 所示，即被动土压力模式[70]。

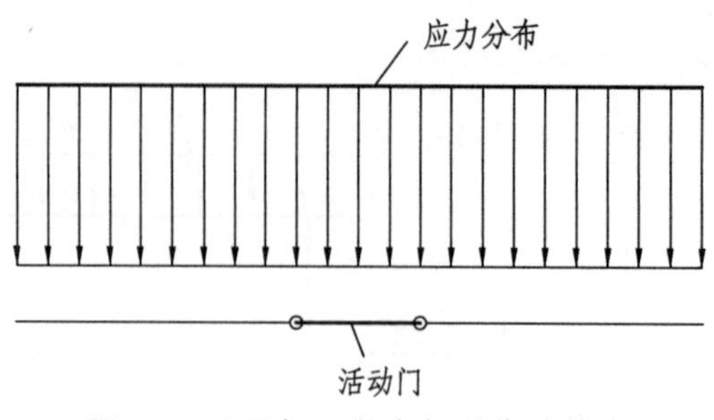

图 2.7　土层间无竖向相对位移状态

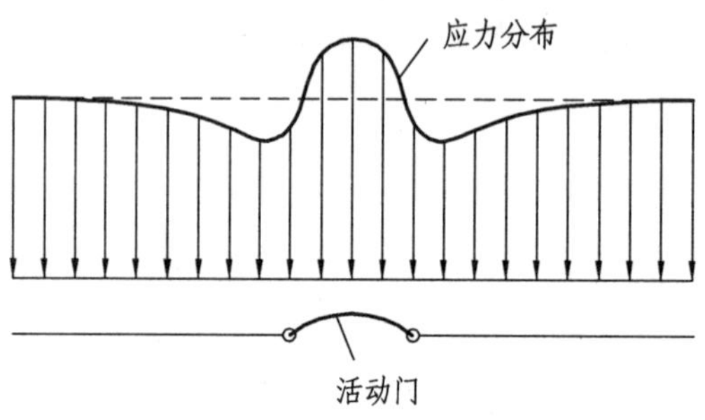

图 2.8　被动土拱的土压力模式

2.2.2　地表超载导致的隧道竖向土压力影响因素分析

结合太沙基土压力计算理论分析可知，马斯顿的上埋式管道竖向土压力计算理论也是一种极限状态的竖向土压力计算理论。若将其用于分析地表超载导致的盾构隧道竖向土压力明显不合理。剪切面上的总剪切力代表两侧土体向隧道上部土体的竖向土压力转移量，剪切力的发挥程度要取决于隧道上覆土层的土体间竖向相对位移及隧道上覆土层的力学性能，而相对位移量要取决于隧道结构的竖向压缩变形与隧道穿越土层的竖向压缩量之差。由此分析表明，隧道结构的横向变形刚度、隧道穿越土层的压缩性能、隧道上覆土层的力学性能等对地表超载导致的隧道竖向土压力均有影响。

侯学渊[5]通过在长、宽、高分别为 60 cm、30 cm、60 cm 模型槽内埋设不同刚度的铜管、铝管及白铁管（管径为 10 cm），并分别用砂与黏土模拟不同的地层，将金属管埋在 30 cm 厚的砂下，并在其表面施加不同的荷载，量测隧道周围各个方向的土压力，并随时观察圆管的变形。试验结果分析表明，隧道周围的土压力分布状态与隧道衬砌和周围地层二者的刚度比 α 关系密切，刚度比越小，隧道周围的土压力分布越均匀。其中刚度比的表示方法为

$$\alpha = \frac{EI}{r^4 E_s} \tag{2.7}$$

式中：E——圆形结构材料的弹性模量；

I——圆形结构的截面惯性矩，$I = \frac{bh^3}{12}$，其中 b 取 1 m，h 取结构壁厚；

r——圆形结构的平均半径（即内径与外径的平均值）；

E_s——土层在相应应力水平下的压缩模量。

从试验过程可以发现，上述试验实际模拟的是盾构隧道完成施工后地表超载对隧道结构周围土压力的影响。在地表超载时，其他条件保持不变，隧道结构的刚度越小，隧道结构竖向压缩变形越大，隧道上覆土层的竖向位移差越小，因而隧道上部土体承受其两侧土体所转移的竖向荷载越少。此外，隧道上部土体承受其两侧土体所转移的竖向荷载越少，隧道侧部的竖向土压力越大，对应侧土压力也越大（侧土压力等于侧土压力系数乘以竖向土压力，即 $\sigma_h = \lambda\sigma_v$）；隧道结构竖向压缩变形越大的同时，隧道结构水平直径变形也越大，隧道结构对侧部土体的挤压量也越大，对应产生的水平地层抗力也越大。因此，隧道结构的刚度对竖向土压力与水平土压力关系有所调整。

《给水排水工程管道结构设计规范》（GB 50332—2002）[74]针对上埋式管道，分别给出了管土刚度比 a_s 与管土相对刚度系数 ξ 的计算公式：

$$a_s = \frac{E_P}{E_d}\left(\frac{t}{r}\right)^3 \tag{2.8}$$

$$\xi = \sqrt[3]{a_s} = \sqrt[3]{\frac{E_P}{E_d}\left(\frac{t}{r}\right)^3} = \frac{t}{r}\sqrt[3]{\frac{E_P}{E_d}} \tag{2.9}$$

式中：a_s——管土刚度比；

E_p——管道材料的弹性模量；

E_d——管侧回填土的弹性模量；

t——管道的厚度；

r——管道的计算半径，即管道中心至管壁中心的距离；

ξ——管土相对刚度系数。

从式（2.7）与式（2.8）比较可以看出，两个表达地下圆形结构与土层刚度比的公式非常相似，两个公式的管土刚度比均与圆形管道的弹性模量成正比，与土体的弹性模量成反比。但两式表达的管土刚度比也稍有所不同，式（2.7）表示管土刚度比与管片环的宽度有关，但计算时说明了管片环宽度取为 1 m，因此式（2.7）的管土刚度比与结构厚度的三次方成正比，与结构半径的四次方成反比；而式（2.8）的管土刚度比与结构厚度的三次方成正比，与结构半径的三次方成反比。

为了分析地表超载作用下隧道竖向土压力，对隧道上覆土层进行分区，如图 2.9 所示。

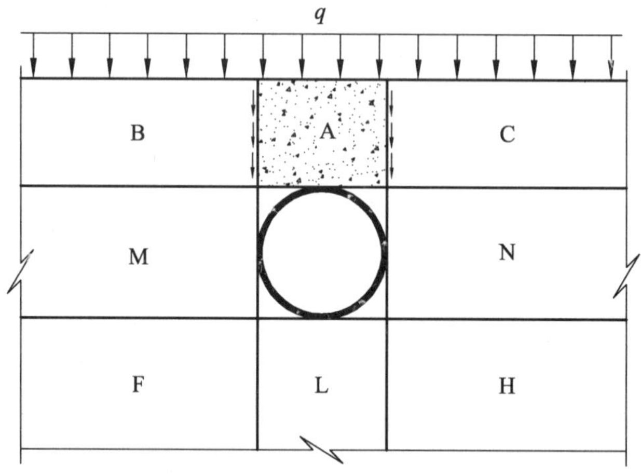

图 2.9　地表超载状态的隧道结构竖向土压力分析示意

注：A 区与 B、C 区之间的并不是剪切破坏面，仅表示隧道上覆土层存在竖向相对位移时在大体区域之间存在竖向土压力转移。

从隧道上覆土层的竖向相对位移角度分析来看，隧道结构刚度越大，地表超载作用下结构的竖向压缩变形越小，导致隧道上覆土层的竖向相对位移差越大，即图 2.9 中 B、C 区向 A 区转移的竖向荷载越多，从而导致隧道的竖向土压力越大。因此，隧道结构刚度越大，地表超载作用下隧道结构竖向压缩变形与其穿越土层的竖向压缩量相差越大，即隧道结构与周围土体越不协调[75-77]，由此导致隧道竖向土压力越大。

由隧道竖向压缩变形与其穿越土层的竖向压缩量分析可知，隧道穿越土层的压缩性能将影响隧道上覆土层的土体间竖向相对位移。当图 2.9 中 M、N 区的土体压缩模量越大，地表超载作用下其竖向压缩量越小时，在其他条件不变的情况下，隧道上覆土层的土体间竖向相对位移越小。因此，从隧道上覆土层的竖向相对位移差角度来看，隧道穿越土层的压缩模量越大，地表超载作用导致的隧道竖向土压力越小。

由圆形盾构隧道结构的变形特点可知，隧道竖向压缩变形必将导致水平直径的增大，从而对图 2.9 中 M、N 区一定范围内的土体产生水平向挤压。当水平地层抗力按温克尔（Winkler）局部变形理论进行计算时，穿越土层的压缩性能将直接影响水平地基系数[78]，从而影响隧道结构的变形。一般是压缩模量越大，水平地基系数越大，相同水平向挤压量产生的水平地层抗力越大，隧道结构竖向压缩变形越小。因此，从水平地层抗力角度来看，隧道穿越土层的压缩模量越大，地表超载作用导致的隧道结构竖向土压力越大。

隧道上覆土层的土体间竖向相对位移的大小直接影响剪切应力的发挥程度[79]。现有研究均假设出现理想剪切面，且认为剪切面上的剪切力发挥到最大值，这与实际明显有一定的偏差。在弹性范围内，当图 2.9 中的 A 区与 B、C 区的剪切变形确定时，上覆土层的剪切模量与 B、C 区向 A 区转移的竖向荷载有关，而由剪切模量计算公式 $G = E/2(1+\mu)$（其中，G 为剪切模量，E 为弹性模量，μ 为泊松比）可知，隧道上覆土层的弹性模量与泊松比对竖向土压力转移量均有影响，从而影响隧道结构上的竖向荷载大小。由此可见，在其他条件不变时，隧道上覆土层的弹性模量越大，地表超载作用导致的隧道结构竖向土压力越大。

在上埋式管道竖向土压力计算模型中，假设原地面为刚性地层，即不考虑管道下卧土层的压缩量。对于软土地区的盾构隧道而言，隧道下卧土层的压缩量是不可忽视的。在地表超载作用下，当图 2.9 中 B、C 区的竖向荷载向 A 区转移时，将导致 M、N 区的竖向土压力有所减小，因此在隧道下卧土层中 L 区的竖向土压力将大于 F 、H 区的竖向土压力，从而导致 L 区土体的压缩量大于 F 、H 区土体的压缩量，L 区的表面沉降量将大于 F 、H 区的表面沉降量。隧道下卧土层的沉降差在一定程度上可以减小隧道上覆土层的土体间竖向相对位移，因此，隧道下卧土层的压缩模量越大，L 区表面与 F 、H 区表面的沉降差越小，导致隧道上覆土层的土体间竖向相对位移越大，地表超载作用导致的隧道竖向土压力越大。

由以上分析可知，盾构隧道完成施工后在地表施加荷载（地表超载），当隧道的竖向压缩变形量小于隧道穿越土层的竖向压缩量时，将导致隧道上覆土层的土体间竖向相对位移状态与盾构施工时上覆土层的土体间竖向相对位移状态完全相反，即隧道上部土体将承受其两侧土体转移的竖向荷载，从而使地表超载导致的隧道竖向土压力大于地表超载。

通过地表超载作用下隧道结构的竖向土压力总体趋势进行分析，结果表明，地表超载作用导致的隧道竖向土压力不仅与隧道结构的横向变形刚度有关，同时还与隧道穿越土层、上覆土层及下卧土层的力学性能有关。

2.3 本章小结

（1）现有的盾构隧道竖向土压力计算方法分析表明，太沙基理论与土柱理论的隧道竖向土压力计算方法所得的土压力均为极限状态下的隧道竖向土压力。从已有研究成果来看，太沙基理论土压力计算公式的计算参数均是基于经验取值，其计算公式为半经验半理论计算公式。

（2）由隧道上覆土层的土体间竖向相对位移及其竖向土压力转移分析表明，当盾构掘进施工导致隧道上部土体将相对其两侧土体向下发生位移时，隧道竖向土压力将小于土柱理论土压力。

（3）隧道上覆土层的土体间竖向土压力转移影响因素分析表明，由于软土地区土体的软弱性，盾构隧道在掘进施工状态下的竖向土压力与土柱理论土压力较为接近。从地表超载作用导致的隧道竖向土压力分析与实际工程调研分析表明，有必要对地表超载作用导致的软土地区盾构隧道竖向土压力计算方法展开研究。

（4）对地表超载导致的隧道竖向土压力影响因素进行分析，结果表明，地表超载作用导致的隧道竖向土压力不仅与隧道结构的横向变形刚度有关，同时还与隧道穿越土层、上覆土层及下卧土层的土体力学性能有关。

【第3章】>>>> 地表超载模型试验设计

模型试验是工程研究中常用的手段之一，相比现场试验或室内足尺试验而言，模型试验通过减小试验规模，可改变试验条件进行模拟各种不同的试验状态。模型试验具有规模小、周期短、成本低的特点。为此，本章根据研究问题的性质，并结合试验目的与要求，设计室内模型试验，模拟地表超载作用对盾构隧道竖向土压力的影响。

模型试验原则上需要使所有的影响参数均满足相似关系。因此，模型试验所得到的现象或试验结果与对应原型的现象或结果满足相似关系[80-81]。然而，要使所有的影响参数均满足相似关系具有极大的难度，甚至不可实现[82]，为此，需要对模型试验所模拟的问题进行分析，进而以主要影响参数满足相似关系，必要时忽略次要影响参数。

3.1 试验相似设计

3.1.1 试验目的与要求

本次模型试验的目的是模拟地表超载作用对隧道竖向土压力的影响，为分析地表超载状态下的隧道竖向土压力提供理论依据。试验为地层-结构模型试验，而非荷载-结构模型试验。在本次试验中，模拟隧道穿越不同压缩性能的土层，分析在上部堆载作用下隧道结构的变形、穿越土层的压缩量、隧道上覆土层的竖向沉降量及隧道竖向土压力等。

模型试验可分为线弹性模型试验与结构破坏模型试验[82]。对于线弹性模型试验，则需要在满足几何相似与荷载相似的同时，还应满足弹性模量与泊松比相似。对于破坏模型试验，则在满足线弹性模型试验相似要求的同时，还有三个相似要求：①要求模型与原型的材料应变在全过程中保持相似。②要求模型和原型的材料应力在全过程中保持相似。③要求模型与原型的材料强度保持相似。

由此可见，对于模拟破坏的模型试验，其相似要求要比线弹性模型试验的相似要求高得多。由本次模型试验的目的及所研究的问题分析可知，本次模型试验可按线弹性模型试验进行设计，因此，模型试验的相似准则与相似比只需要按弹性力学问题进行推导。

3.1.2 模型试验相似常数

模型试验与原型工况在试验条件及影响参数均存在相似关系，因此，模型试验所得到的测试结果乘以相似常数（原型参数的量值与模型参数的量值之比）即为原型工况的结果。由此可见，当模型试验产生误差时，换算为对应原型工况的结果过程中，误差将被放大。因此，模型试验某个参数的相似比（模型参数的量值与原型参数的量值之比）越大，误差放大得越少。此外，当模型的几何尺寸越大时，测试元件的布设越方便。从上述角度考虑，室内模型试验的几何尺寸越大，测试结果的精度越高，试验操作越方便。但是，模型试验的几何尺寸越大，对应试验场地与模型隧道结构的尺寸越大，整个试验规模也越大，试验工况的改变难度也将越大[83]，且经济成本与时间成本均要相应地增加。在综合权衡以上利弊的基础上，结合试验场地条件，最终确定了本次室内模型试验的几何相似比为 1：10，即其几何相似常数 $C_l = 10$。

模型试验需要对所研究的问题进行定量的模拟，为此，绝对理想的模型试验要求所有的内部条件与外部条件均要与原型满足相似关系。但在模型试验设计时，往往难以使所有的条件均满足相似关系，为此，只能使影响研究问题的主要因素满足相似关系，而对于影响研究问题的次要因素难以满足相似关系时可以不满足相似关系。

分别以 p（prototype，原型）与 m（model，模型）作为下标表示原型与模型的相应物理量，以 C 加上相应的下标表示相关物理量的相似常数。模型试验以几何相似常数（$C_l = 10$）及容重相似常数（$C_\gamma = 1$）为设计基础，并根据相似第一定理（相似正定理）、相似第二定理（Π 定理）及相似第三定理，并按弹性力学问题推导模型试验的相似常数，可以得到室内模型试验的相似常数（表 3.1）。

表 3.1　室内模型试验所设计的相似常数

物理量	相似关系	相似常数	物理量	相似关系	相似常数
几何尺寸	基本量	10	弯矩	$C_M = C_\gamma \cdot C_l^4$	10 000
容重	基本量	1	轴力	$C_N = C_\gamma \cdot C_l^3$	1 000
应变	C_ε	1	弯曲刚度	$C_{EI} = C_l^4$	10 000
应力	$C_\sigma = C_l \cdot C_\gamma$	10	轴向刚度	$C_{EA} = C_l^3$	1 000
位移	$C_\delta = C_l$	10	剪切刚度	$C_{GA} = C_l^3$	1 000
弹性模量	$C_E = C_l$	10			

3.2　隧道模型设计

3.2.1　隧道原型简介

本次模型试验以上海地铁圆形盾构隧道作为研究对象，盾构隧道的外径为 6.2 m，管片厚度为 0.35 m，管片宽度为 1.2 m。管片采用高强混凝土模筑，其强度等级为 C55。单环隧道由 6 块管片拼接而成，其分块方式如图 3.1 所示，即拱底块的中心角为 84°，两块邻接块与两块标准块的中心角均为 65°，拱顶块的中心角为 16°，拱顶块采用轴向插入方式。管片环的环向与纵向均采用 M30 直螺栓连接，其机械性能等级为 5.8 级。

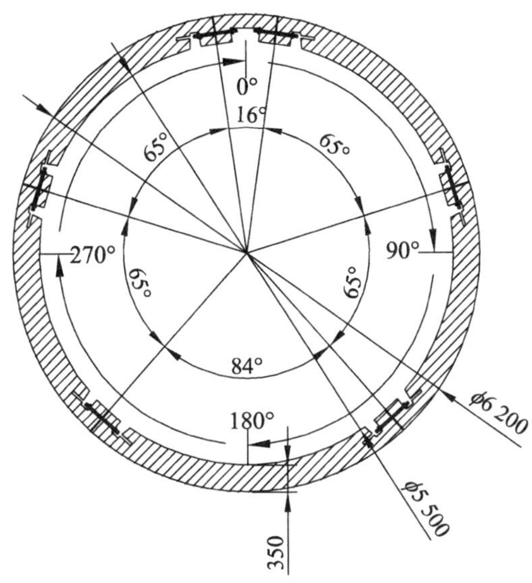

图 3.1 上海地铁单圆盾构隧道分块

3.2.2 隧道模型的材料选取与管片厚度

本次模型试验是模拟隧道结构与地层的相互作用，而隧道结构的变形直接影响结构与地层的相互作用力。因此，在模型隧道设计时，应以模型隧道结构与原型隧道结构在相似的荷载条件下产生相似的变形作为模型隧道设计的重点[84]。

由模型试验相似设计可知，弹性模量相似常数为 10（ $C_E = C_l = 10$ ），若将原型隧道的材料的弹性模量取为 C55 混凝土对应的弹性模量（常规计算时基本不考虑管片配筋对管片整体材料弹性模量的提高），即为 35.5 GPa，则模型隧道的材料弹性模量应为 3.55 GPa。但在模型隧道加工材料选取时，要找到弹性模量刚好为 3.55 GPa 的材料的难度较大。在地表超载过程中，为了使模型隧道的变形与原型隧道的变形保持相似，可以通过调整模型隧道管片的厚度，最终使模型隧道与原型隧道在相似的外部荷载或结构内力作用下产生相似的变形。

在调整模型隧道的管片厚度时，既可以通过改变隧道的内径进行调整，也可以通过改变隧道的外径进行调整。隧道结构的变形主要与隧道受到的土压力有关，而隧道结构承受的土压力面积与隧道的外径直接相关。为此，在模型隧道设计时，应使模型隧道的外径与原型隧道的外径保持几何相似，通过调整模型管片环的内径来调整模型管片的厚度。本次模型试验的几何相似常数为 10（ $C_l=10$ ），即将原型隧道的外径缩小 10 倍作为模型隧道的外径，模型隧道在满足几何相似要求时，其外径为 620 mm，管片环宽度为 120 mm。

此外，要使模型隧道材料与原型隧道材料满足容重相似关系（其相似常数 $C_\gamma=1$ ）也具有一定的难度，因此，模型隧道结构自重难以满足相似要求。本次模型隧道主要模拟地表超载过程中隧道结构与地层的相互作用，而隧道自重仅对隧道完成施工后的底部地基反力有影响，对地表超载导致的隧道结构与土相互作用的影响几乎可以忽略。因此，在模型隧道加工材料选取时，材料的容重相似性可不作为模型隧道设计所考虑的条件。

作为曲梁结构的管片环在外力作用下的变形包括弯曲变形、轴向变形及剪切变形。因此，最佳的设计方案是使梁结构弯曲变形、轴向变形及剪切变形均满足相似关系，但在无法同时都满足时，则应使三种变形中主要的变形能满足相似关系作为设计目标，其他两种变形则尽量接近相似关系即可。

在此主要分析地表超载导致的隧道结构与地层的相互作用，考虑隧道结构在纵向上的长度远大于横向宽度，在分析隧道结构的横向变形时可以将隧道简化为曲梁结构。由结构力学知识可知，对于长度远大于厚度的梁，在荷载作用下，梁结构变形中以弯矩作用导致的结构弯曲变形为主。因此，在变形相似设计时，应以弯曲变形满足相似作为主要的变形相似条件进行设计。

梁结构的轴向变形刚度、弯曲变形刚度及剪切变形刚度（以下分别简称为轴向刚度、弯曲刚度及剪切刚度）分别为 EA 、 EI 及 GA ，其中 G 为剪切模量，其计算公式为 $G=E/2(1+\mu)$ 。由此可见，模型隧道材料的泊松比主要影响模型隧道的剪切变形，当模型隧道材料的泊松比不能满足相似关系（ $C_\mu=1$ ）时，将影响模型隧道的剪切变形相似性，因此，模型隧道的泊松比也可以不满足相似关系。

弯曲应变表达式为

$$\kappa = \frac{M}{EI} \tag{3.1}$$

式中：EI——单环管片宽度的抗弯刚度；

I——截面惯性矩，计算公式为

$$I = b_s t^3 / 12$$

其中：b_s——管片的宽度；

t——管片的厚度。

为了保持模型隧道与原型隧道保持变形相似，则模型隧道结构与原型隧道结构在满足相似要求的弯矩作用下，结构应具有相同的转角，转角位移相似常数 $C_\theta = 1$，即 $\theta_p = \theta_m$。因此有

$$\frac{l_p \cdot M_p}{E_p \cdot I_p} = \frac{l_m \cdot M_m}{E_m \cdot I_m} \tag{3.2}$$

$$C_\theta = \frac{C_l \cdot C_M}{C_E \cdot C_I} \tag{3.3}$$

式中：C_l——几何相似常数，$C_l = 10$；

C_M——弯矩相似常数，$C_M = 10\ 000$；

C_I——截面惯性矩相似常数，计算公式为

$$C_I = C_b \cdot C_t^3$$

其中：C_b——管片环的宽度相似常数，$C_b = C_l = 10$；

C_t——管片的厚度相似常数，即原型管片厚度与模型管片厚度的比值。

因此，对于模型隧道结构，当 C_E 不满足相似关系时，通过调整 C_t，最终使 $C_\theta = 1$ 即可保证结构满足弯曲变形相似要求。通过原型隧道与模型隧道的弹性模量之比 C_E，可以计算得到原型隧道与模型隧道的管片厚度之比 C_t，即

$$C_t = \sqrt[3]{\frac{C_l \cdot C_M}{C_E \cdot C_b}} = \sqrt[3]{\frac{C_l^4}{C_E}} \tag{3.4}$$

式（3.4）表述的是模型隧道与原型隧道在满足弯曲变形相似时 C_t 与 C_E 所需要满足的关系。

轴向应变表达式为

$$\varepsilon=\frac{N}{EA} \tag{3.5}$$

式中：A——矩形截面面积，$A=b_s\cdot t$；

N——轴力。

因轴力 N 为集中力，因此，其相似常数为 $C_N=1000$。由此可得到 $C_\varepsilon=C_N/C_E C_A$。根据 $C_\varepsilon=1$，得到 $C_E\cdot C_A=C_l^3$，即 $C_E\cdot C_b\cdot C_t=C_l^3$，由此得

$$C_t=C_l^3/(C_E\cdot C_b)=C_l^2/C_E \tag{3.6}$$

式（3.6）表述是的模型隧道与原型隧道在满足轴向变形相似时 C_t 与 C_E 所需要满足的关系。

剪切应变表达式为

$$\gamma_0=k_Q\frac{Q}{GA} \tag{3.7}$$

式中：k_Q——修正系数，与截面形状有关，矩形截面取为 1.2；

Q——剪力；

G——剪切模量。

因剪力 Q 为集中力，其相似常数满足 $C_Q=C_l^3$。则 $C_G\cdot C_A=C_l^3$，即 $C_G\cdot C_b\cdot C_t=C_l^3$，$C_t$ 可以表示为

$$C_t=C_l^3/(C_G\cdot C_b)=C_l^2/C_G \tag{3.8}$$

式（3.8）表述的是模型隧道与原型隧道在满足剪切变形相似时 C_t 与 C_G 所需要满足的关系。因 $G=E/2(1+\mu)$，式（3.8）也可以认为模型隧道与原型隧道在满足轴向变形相似时 C_t 与 C_E、C_μ 所需要满足的关系。

由式（3.4）、式（3.6）及式（3.8）可知，只有当 $C_E=C_l$ 且 $C_\mu=1$ 时，从弯曲变形相似、轴向变形相似及剪切变形相似条件考虑，模型隧道与原型隧道的厚度相似常数均满足 $C_t=C_l$。

原型盾构隧道采用 C55 混凝土，其弹性模量为 35.5 GPa，泊松比为 0.16～0.18。当模型隧道材料满足“$C_E=C_l$、$C_\mu=1$”时，则模型隧道材

料的弹性模量应为 3.55 GPa，泊松比应为 0.16 ~ 0.18。然而，在模型隧道制作材料选取时，要找到完全满足“弹性模量为 3.55 GPa、泊松比为 0.16 ~ 0.18”的材料的难度极大。因此，模型隧道加工材料选取时，在综合考虑材料适用性的基础上，选取的材料所设计的模型隧道在满足弯曲变形相似时，其轴向变形及剪切变形应较为接近相似要求。

在模型隧道管片加工材料选取时，进行了大量的调研与分析，其中高分子材料不仅要求材料的弹性模量与泊松比（尤其是弹性模量）满足设计要求，同时还需要保证材料蠕变变形速率不能过大，因为一次模型试验需要约 10 d 才能完成，若蠕变变形速率过大，则无法合理评价材料的弹性模量。

部分高分子材料，如聚乙烯（PE）与聚氯乙烯（PVC），其蠕变变形速率过大，难以应用，且实测其弹性模量分别约为 0.8 GPa 与 1.3 GPa，室内实测如图 3.2 与图 3.3 所示。而有的高分子材料通过实测发现，其弯曲弹性模量与理想弹性模量（3.55 GPa）相差较大，如聚甲醛（POM）材料，其弯曲弹性模量约为 6 ~ 6.5 GPa，室内实测如图 3.4 所示。在调研与实测中发现，尼龙材料的弹性模量为 2.7 ~ 3.6 GPa，且其蠕变速率不大，室内实测如图 3.5 所示。市场走访过程中发现，尼龙材料定做方便、加工性能良好，图 3.6 ~ 图 3.9 为走访中看到的各种尼龙棒材与板材。

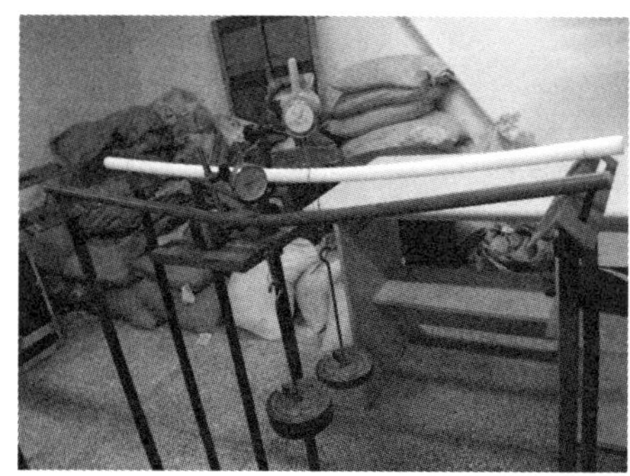

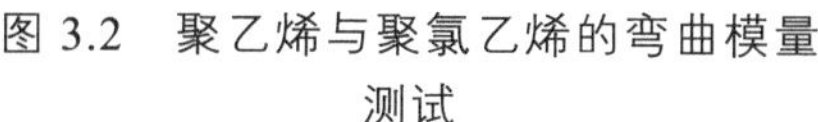

图 3.2 聚乙烯与聚氯乙烯的弯曲模量测试

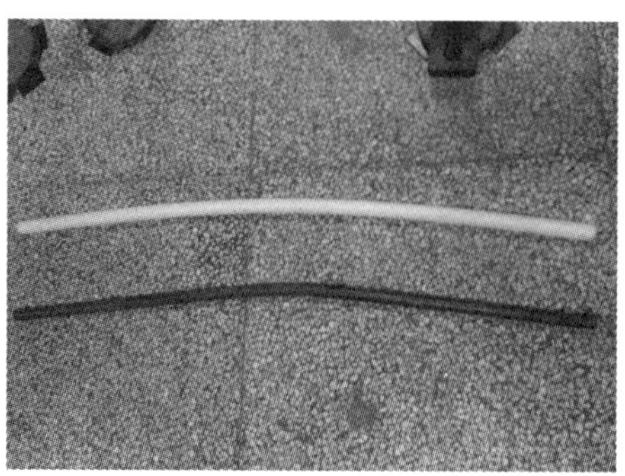

图 3.3 测试结束后发生塑性变形

图 3.4 聚甲醛的弯曲模量测试

图 3.5 尼龙板的弯曲模量测试

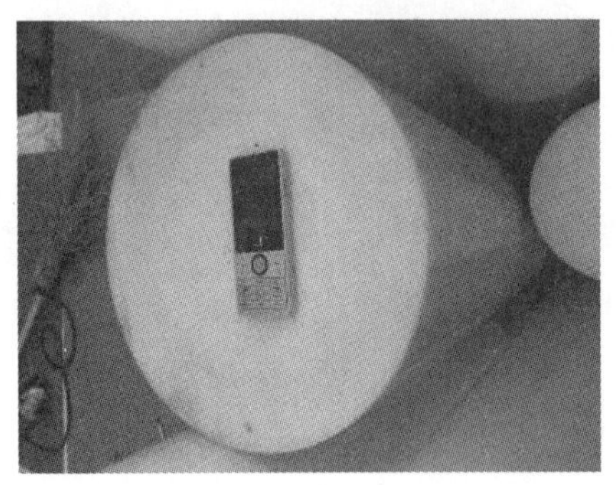
图 3.6 大直径尼龙棒

图 3.7 大直径尼龙管

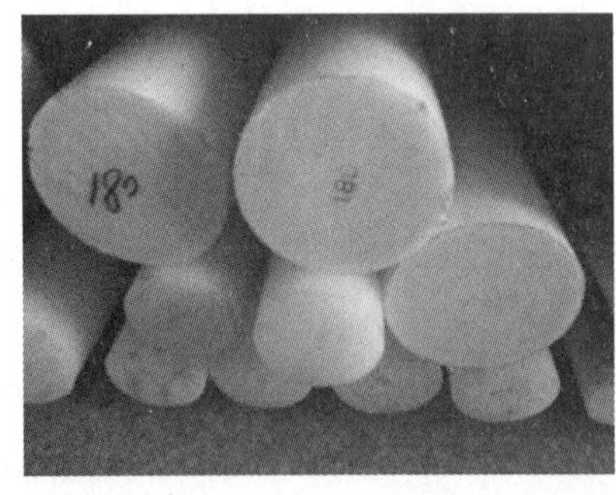

图 3.8 小直径尼龙棒

图 3.9 尼龙材料板材

此外，对于金属材料也进行了调研与分析，分析后发现铝合金 6061 也是相对较好的加工模型隧道的材料之一。为此，将铝合金 6061 与尼龙 66 进行了比选分析（表 3.2）。其中，铝合金 6061 的弹性模量为 68.9 GPa，泊松比为 0.33，密度为 2.9 g/cm^3；尼龙 66 的弯曲模量为 2.9 GPa，泊松比为 0.4，密度为 1.14 g/cm^3。

原型隧道管片弯曲变形模量取值为 35.5 GPa，泊松比取值为 0.17，剪切变形模量为 15.17 GPa，管片厚度取值为 0.35 m，铝合金 6061 与尼龙 66 分别按不同的变形相似计算所得的管片厚度见表 3.2。从表 3.2 中可以看出，铝合金 6061 按不同变形相似计算所得的管片厚度相似常数相差较大，而尼龙 66 按不同的变形相似计算所得的管片厚度相似常数相对铝合金 6061 更为接近几何相似常数（ $C_l=10$ ），且不同的变形相似计算所得的管片厚度也较为接近。由此可见，当采用尼龙 66 加工模型隧道时，管片厚度按弯曲变形相似进行取值，对应的轴向变形与剪切变形导致的误差相比铝合金 6061 要小得多。为此，最终确定尼龙 66 为加工模型隧道的材料。

表 3.2　模型隧道材料对比分析

材料	弯曲变形模量/GPa	泊松比	剪切变形模量/GPa	变形相似参考依据	厚度相似常数	管片厚度/mm
铝合金 6061	68.9	0.33	25.902 3	弯曲变形	26.874	13.02
				轴向变形	194.085	1.80
				剪切变形	170.736	2.05
尼龙 66	2.9	0.4	1.035 7	弯曲变形	9.348	37.44
				轴向变形	8.169	42.84
				剪切变形	6.827	51.27

考虑到加工模型隧道的尼龙管需要定做（图 3.10），各批次的尼龙材料力学性能与生产的原料及相关配比稍有区别，为此，模型隧道管片环加工前采用特制的装置并采用对压法对圆环结构进行了弹性模量测试，如图 3.11 所示（具体内容可参考专利 CN201410134466.0）。最终测得本次订制的尼龙管材料的弹性模量约为 2.7 GPa，在满足弯曲变形相似的条件下，模型隧道管片环的厚度为 38.34 mm。原型隧道与模型隧道的管片参数见表 3.3。根据相似设计，位移相似常数 $C_\delta=10$ ，即结构的变形相似常数应为

10。从表中可以看出，当模型隧道的管片厚度为 38.34 mm 时，结构的弯曲变形完全满足相似要求，同时两种次要的变形（轴向变形与剪切变形）也较为接近相似要求。

表 3.3　原型隧道与模型隧道的管片参数

管片	弹性模量 E/GPa	泊松比 μ	厚度 /mm	宽度 /mm	弯曲变形相似常数	轴向变形相似常数	剪切变形相似常数
原型	35.5	0.17	350	1 200	10	8.33	7.02
模型	2.7	0.4	38.34	120			

图 3.10　尼龙管

图 3.11　对压法测试材料的弹性模量

3.2.3　隧道模型管片纵缝接头

拼装管片环的纵缝接头位置抗弯刚度削弱，导致其结构力学性能与惯用法的均质圆环不同。管片接头刚度对结构内力与变形分析极其关键[85-86]，其研究手段的多样性、假设条件的多变性及研究成果的差异性足以说明影响管片接头刚度的因素是复杂多变的[87-89]。文献[90]设计了几何相似比为 1：38.75 的聚乙烯材料的模型隧道，将均质聚乙烯管在接头位置切开，内、外侧再用两片塑料片连接进行组装。采用该方法虽达到了抗弯刚度削减的效果，但所形成的模型接头的抗弯刚度难以得到精确的定量计算公式，且内、外侧塑料片及模型管片的螺栓孔大小、连接时螺丝的拧紧程度及连接质量等直接影响模型接头的抗弯刚度。而为了模拟地表超载对盾构隧道横向变形的影响，必须对模型隧道纵缝接头的抗弯刚度进行定量化模拟。本次模型隧道几何相似比较大，将管片加工为具有螺栓孔的模型管片是可行的，如图 3.12 所示。但模型隧道管片接头抗弯刚度的影响因素较多，如管片材料、连接螺栓、弹性衬垫、防水密封垫、连接螺栓的预紧力等[91-93]。为了确保模型接头与原型接头的抗弯刚度具有良好的相似性，则必须保证各影响因素都具有良好的相似性。由此可见，保证缩尺的螺栓连接管片接头与原型管片接头的抗弯刚度相似的难度极大。在模型隧道设计过程中，对拼装模型管片环的接头抗弯刚度进行了试验研究与分析（图 3.12 ~ 图 3.15），结果表明，接头抗弯刚度与所使用的连接螺栓材料、螺栓的预紧力、有无弹性衬垫等因素有关，且控制难度大。

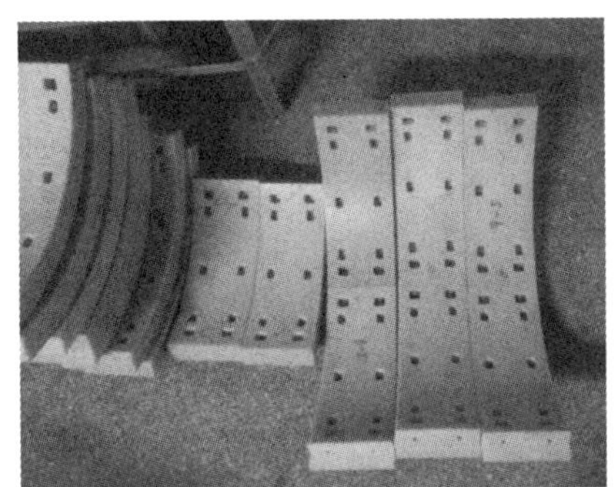

图 3.12 分块式模型管片

图 3.13 内张接头的抗弯刚度试验

图 3.14 外张接头的抗弯刚度试验

图 3.15 拼装管片环的对压试验

然而，当采用开槽的方式模拟管片纵缝接头时，所模拟的接头抗弯刚度稳定，影响因素（开槽深度与开槽宽度）简单明确，为此，本次模型试验采用开槽法模拟管片纵缝接头。唐志成[94]设计了几何相似比为 1∶12 的特种石膏材料模型隧道，管片环的纵缝接头采用开槽模型接头，即在接头位置开一定深度的槽以弱化该部位的抗弯刚度；但文献所涉及的开槽模型接头设计方法复杂，并需要利用有限元法进行反复计算以得到开槽深度，对开槽模型接头的设计方法并无明确的分析，也并未得到明确的开槽宽度与开槽深度的设计计算方法，以及与所模拟的原型接头抗弯刚度之间无定量关系表达。由此可见，尽管管片开槽模型接头已得到了应用[95-96]，但采用开槽法模拟管片纵缝接头时缺乏相关理论依据，且开槽接头模型的设计暂无解析计算方法。为此，对开槽模型接头的设计方法进行理论分析[97]。

1. 开槽模型接头设计计算

管片纵缝接头刚度分为轴向刚度、剪切刚度和转动刚度，由已有的研究可知，轴向刚度与剪切刚度对结构的内力与变形计算结果影响不大[98]，因此，在模型隧道设计时，纵缝接头刚度只考虑转动刚度（抗弯刚度）是可行的。在模型接头位置进行开槽，目的就是减小开槽段曲梁的抗弯刚度，以此代替螺栓连接的管片接头导致的抗弯刚度削弱。但开槽段的曲梁与螺栓连接的管片接头有所不同：开槽段为曲梁结构，本身具有一定长度；而螺栓连接接头近似为转动弹簧结构，本身是没有长度的。

（1）两侧等深度开槽分析。

为了阐述开槽模型接头的设计方法，在此假设模型管片环的内、外径与实际管片环相同，分析开槽模型接头与螺栓连接的管片接头的等效性。开槽范围内对应的管片环中心角为 α_g（rad），开槽模型接头的内、外开槽面为与管片环具有相同中心轴的圆柱面。假设在开槽模型接头的开槽段曲梁两端作用纯弯矩 M，同时在具有相同中心角 α_g 且含有螺栓连接接头的对应管片环曲梁的两端作用相同的纯弯矩 M，两种受弯曲梁（以下分别简称为开槽段曲梁与接头曲梁）的长度均以其弯曲时的中性轴弧长进行计算，

分别为 L_1 与 L_0，如图 3.16 所示。在此，以纯弯矩 M 作用下两种曲梁两端截面的相对转角相等作为开槽模型接头与螺栓连接的管片接头等效理论假设。

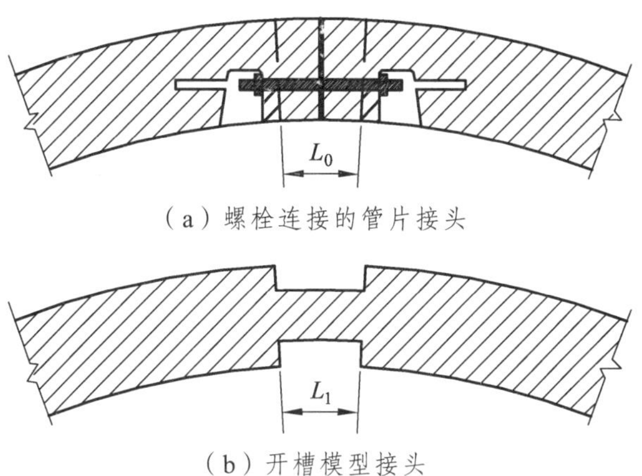

（a）螺栓连接的管片接头

（b）开槽模型接头

图 3.16　螺栓连接管片接头与开槽模型接头

假设模型接头采用内、外侧同时开槽［图 3.16（b）］，且两侧开槽深度相同，则开槽段曲梁在开槽前后弯曲中性轴不变，开槽段曲梁长度与接头曲梁长度相等，即为式（3.9）。由胡克定律可知，在纯弯矩 M 作用下，开槽段曲梁两端的相对转角为式（3.10）。

$$L_1 = L_0 = \frac{D + D_i}{2}\alpha_g \tag{3.9}$$

$$\theta_g = \kappa L_1 = \frac{ML_1}{EI_g} \tag{3.10}$$

式中：D——管片环的外径；

D_i——管片环的内径；

E——管片材料的弹性模量；

EI_g——开槽模型接头的开槽段截面抗弯刚度；

I_g——开槽模型接头的开槽段的截面惯性矩；

L_0——接头曲梁的长度；

L_1——采用两侧等深度开槽时开槽曲梁的长度；

M——作用在曲梁两端截面上的纯弯矩；

α_g——开槽模型接头的开槽段对应的管片环中心角；

κ——弯曲应变，即单位长度所产生的转角；

θ_g——开槽段曲梁两端在纯弯矩作用下的两端截面相对转角。

接头曲梁在纯弯矩 M 作用下两端截面产生的相对转角由两部分导致：一部分是由螺栓连接部位管片接缝张开导致；另一部分是由接头曲梁弯曲导致。设管片接头刚度为 k_j，由螺栓连接部位管片接缝张开以及由接头曲梁弯曲导致的转角可分别表达为式（3.11）与式（3.12），接头曲梁两端截面产生的相对转角 θ_j 可用式（3.13）表示：

$$\theta_{j1} = \frac{M}{k_j} \tag{3.11}$$

$$\theta_{j2} = \frac{ML_0}{EI_s} \tag{3.12}$$

$$\theta_j = \theta_{j1} + \theta_{j2} = \frac{M}{k_j} + \frac{ML_0}{EI_s} \tag{3.13}$$

式中：EI_s——管片环横向截面抗弯刚度；

I_s——管片环横向截面惯性矩；

k_j——管片环的纵缝接头的抗弯刚度；

θ_j——接头曲梁在纯弯矩作用下两端截面产生的相对转角；

θ_{j1}——由螺栓连接部位管片接缝张开导致接头曲梁两端截面产生的相对转角；

θ_{j2}——由接头曲梁弯曲变形导致接头曲梁两端截面产生的相对转角。

因此，开槽模型接头与螺栓连接的管片接头等效理论假设可表达为式（3.14），把式（3.10）与式（3.13）代入后得到等效理论假设方程为

$$\theta_j = \theta_g \tag{3.14}$$

$$\frac{M}{k_j} + \frac{ML_0}{EI_s} = \frac{ML_1}{EI_g} \tag{3.15}$$

得到开槽段截面的抗弯刚度 EI_g 为

$$EI_{\mathrm{g}}=\frac{EI_{\mathrm{s}}k_{\mathrm{j}}L_{1}}{EI_{\mathrm{s}}+k_{\mathrm{j}}L_{0}} \tag{3.16}$$

设开槽模型接头的开槽段厚度为t'，$I_{\mathrm{g}}=\frac{b_{\mathrm{s}}t'^{3}}{12}$，得

$$t'^{3}=\frac{12I_{\mathrm{g}}}{b_{\mathrm{s}}}=\frac{12k_{\mathrm{j}}I_{\mathrm{s}}L_{1}}{b_{\mathrm{s}}(EI_{\mathrm{s}}+k_{\mathrm{j}}L_{0})} \tag{3.17}$$

式中：b_{s}——管片环的纵向宽度；

t——管片的厚度；

t'——开槽模型接头的开槽段厚度。

解得

$$t'=\sqrt[3]{\frac{12L_{1}k_{\mathrm{j}}I_{\mathrm{s}}}{b_{\mathrm{s}}(EI_{\mathrm{s}}+k_{\mathrm{j}}L_{0})}}=\sqrt[3]{\frac{12I_{\mathrm{s}}k_{\mathrm{j}}\alpha_{\mathrm{g}}(D+D_{\mathrm{i}})}{2b_{\mathrm{s}}EI_{\mathrm{s}}+b_{\mathrm{s}}k_{\mathrm{j}}\alpha_{\mathrm{g}}(D+D_{\mathrm{i}})}} \tag{3.18}$$

（2）单侧开槽分析。

以上分析开槽模型接头设计时采用两侧等深度开槽，然而，在模型试验过程中，有时为了方便布设测试元件或其他目的，也可以选择在管片环的内侧或外侧开槽进行开槽模型接头设计，如图3.17所示。因在开槽段曲梁长度应以开槽后的开槽段曲梁的弯曲中性轴弧长进行计算，管片环的内侧或外侧进行开槽时开槽后的曲梁长度分别按式（3.19）与式（3.20）计算：

$$L_{2}=\frac{D-t'}{2}\alpha_{\mathrm{g}} \tag{3.19}$$

$$L_{3}=\frac{D_{\mathrm{i}}+t'}{2}\alpha_{\mathrm{g}} \tag{3.20}$$

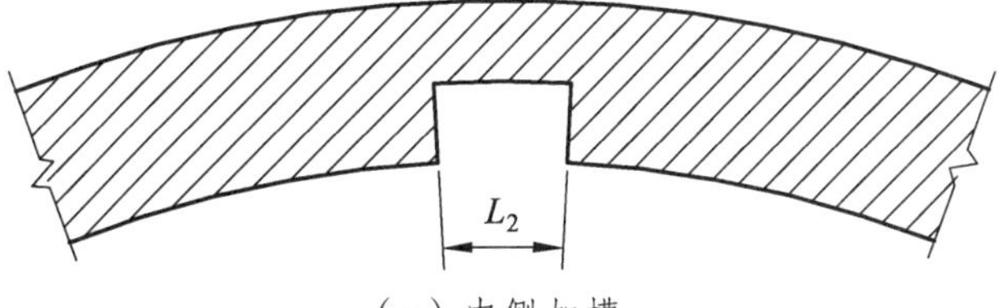

（a）内侧加槽

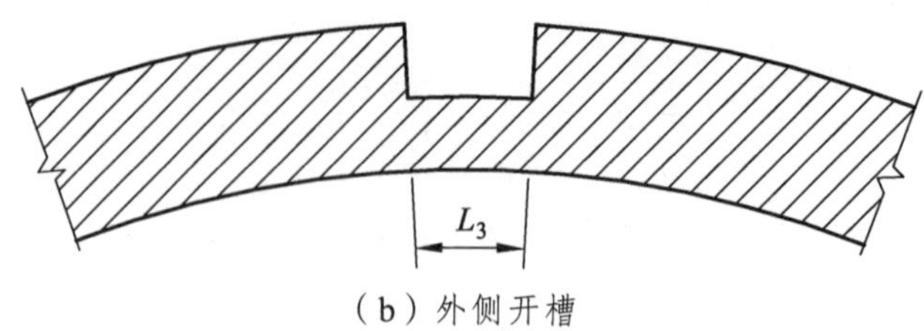

（b）外侧开槽

图 3.17　单侧开槽的模型接头

将式（3.19）与式（3.20）分别代入式（3.15），即可得到采用内侧或外侧开槽时开槽段曲梁厚度的一元三次方程，如式（3.21）与式（3.22）所示。从式（3.21）、式（3.22）中可以看出，方程中二次项系数为 0，开槽段曲梁厚度 t' 的有理解是唯一的。

$$(EI_s + k_j L_0) b_s t'^3 + 6 k_j I_s \alpha_g t' - 6 D k_j I_s \alpha_g = 0 \tag{3.21}$$

$$(EI_s + k_j L_0) b_s t'^3 - 6 k_j I_s \alpha_g t' - 6 D_i k_j I_s \alpha_g = 0 \tag{3.22}$$

式中：L_2——采用内侧开槽时开槽曲梁的长度；

L_3——采用外侧开槽时开槽曲梁的长度。

（3）局部刚度折减理论在数值建模中的应用。

梁-弹簧模型因其结构内力与变形的计算结果与工程实际更为接近而得到了广泛应用[99-100]。但在数值计算时考虑到梁-弹簧模型建模相对复杂[101-103]，学者们也意识到通过对惯用法均质圆环进行局部刚度折减来模拟管片接头的可行性[104-106]。如葛世平等[104]提出在数值计算中采用的局部抗弯刚度修正法模拟管片纵缝接头，即对刚度修正区域的材料弹性模量乘以修正系数；但文献提出的修正系数需要通过室内足尺试验的实测相关参数方可计算得到，且文献并未分析修正区域范围对数值结果的影响，也未建立修正系数与管片接头刚度及修正范围等参数的关系。侯公羽等[105]提出的在惯用法的均质圆环模型基础上对接头部位的抗弯刚度进行折减用于数值计算；但文献并未分析刚度折减区的范围以及折减系数的取值依据，仅对折减系数进行了试算并给出了对应的结构内力与变形结果。

基于开槽模型接头的设计理论，在此对局部刚度折减法模拟管片纵缝接头在数值建模中的应用进行分析。接头位置采用开槽法进行抗弯刚度折减，在减小抗弯刚度 EI_s 时通过减小开槽模型接头的厚度来减小 I_s ，即 $I_g < I_s$。然而，在数值模拟计算时，为了方便建模，也可以通过减小 E 来减小 EI_s ，即 $E' < E$ ，其中 E' 为抗弯刚度折减区的材料弹性模量。因此式（3.23）变换为式（3.24），则抗弯刚度折减区的材料弹性模量可按式（3.25）计算：

$$\frac{M}{k_j} + \frac{ML_0}{EI_s} = \frac{ML_1}{E'I_s} \tag{3.23}$$

$$E' = \frac{Ek_jL_1}{EI_s + k_jL_0} \tag{3.24}$$

$$E' = \frac{Ek_j(D + D_i)\alpha_g}{2EI_s + k_j(D + D_i)\alpha_g} \tag{3.25}$$

式中： E'——刚度折减区的材料弹性模量。

2. 开槽模型接头设计理论的验证分析

（1）验证实例的选取。

为了得到管片的接头刚度，通过某结构荷载足尺试验进行反演分析[107-108]。足尺试验通过在 24 个均匀分布的加载点施加集中荷载来模拟盾构隧道周围土体的分布荷载，所有集中荷载分成 3 组，分别为 P_1（6 个加载点）、P_2（10 个加载点）与 P_3（8 个加载点），如图 3.18 所示[108-110]。反演分析时选取了试验的四个不同加载工况下的位移实测结果作为参考依据，具体见表 3.4[107-108]（位移值以该点向外侧移动为正，反之为负）。

反演分析时在 ANSYS 有限元模拟软件中建立梁-弹簧模型（建立了节点 366 个，曲梁单元 360 个，弹簧单元 6 个，其中弹簧单元只考虑转动刚度），如图 3.19 所示。考虑到隧道结构与荷载的对称性，设 8°与 352°位置的管片纵缝接头刚度为 k_{j1} ,73°与 287°位置的管片纵缝接头刚度为 k_{j2} ,138°与 222°位置的管片纵缝接头刚度为 k_{j3} ；在 0°与 180°位置（顶部与底部）加水平向约束，在 90°与 270°位置加竖向约束（如图 3.19）。反演分析所得的管片环接头刚度在不同加载工况下的结果见表 3.5。

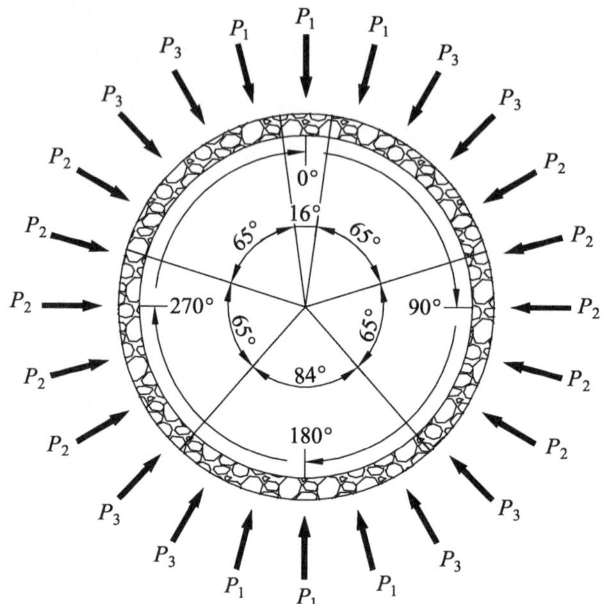

图 3.18 集中荷载分布与管片环分块方式[107-109]

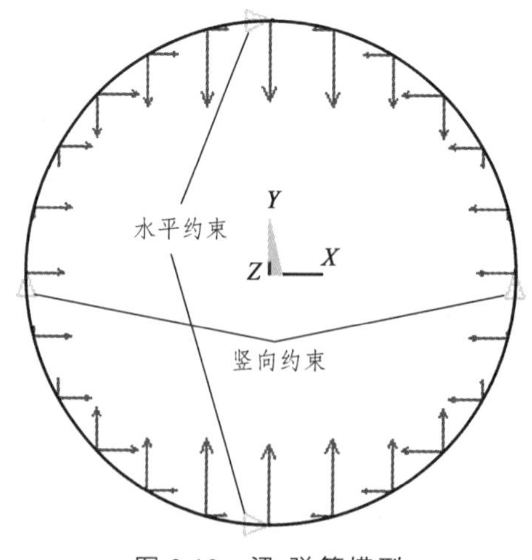

图 3.19 梁-弹簧模型

表 3.4　足尺试验位移实测结果[107-108]

加载工况	实测 P_1/kN	实测 P_2/kN	实测 P_3/kN	不同测点位置对应的位移/mm					
				0°	74°	105°	180°	255°	286°
1	95.32	45.98	71.49	−6.44	6.45	3.93	−2.48	2.03	4.78
2	163.15	76.83	122.36	−22.18	21.51	12.48	−7.30	8.66	18.54
3	213.02	99.97	159.76	−63.09	55.66	32.18	−18.79	28.72	55.21
4	248.92	119.24	186.69	−107.89	94.36	55.21	−31.54	48.01	92.55

表 3.5　反演分析得到不同加载工况下的纵缝接头刚度

加载工况	k_{j1}/（$MN\cdot m\cdot rad^{-1}$）	k_{j2}/（$MN\cdot m\cdot rad^{-1}$）	k_{j3}/（$MN\cdot m\cdot rad^{-1}$）
1	34	28	50
2	13	10	21
3	6	4	9
4	4.2	2.5	7

（2）模型接头设计方法的验证结果分析。

为了验证本文提出的开槽模型接头设计计算方法的可行性，通过在 ANSYS 有限元软件中建立开槽模型接头的管片环模型，建模方法与反演分析时的梁-弹簧模型类似，但未设置弹簧单元。其中开槽模型接头的开槽段对应管片环中心角为 4°，采用内、外侧等深度开槽方式设计。不同加载工况下的各模型接头所模拟的接头刚度根据表 3.5 进行取值，开槽段厚度按式（3.18）计算，结果见表 3.6。当各开槽模型接头的管片环施加表 3.4 中的不同加载工况下的荷载时，得到相应的结构弯矩与变形，并与反演分析时的梁-弹簧模型的对应计算的结果进行比较，如图 3.20 与图 3.21 所示（文中所有的弯矩值以隧道内侧受拉为正，反之为负）。

表 3.6　中心角为 4°时不同加载工况下各模型接头开槽段的厚度

加载工况	k_{j1} 对应的模型接头/mm	k_{j2} 对应的模型接头/mm	k_{j3} 对应的模型接头/mm
1	123.21	115.79	139.17
2	90.24	82.80	105.52
3	69.96	61.17	79.98
4	62.17	52.33	73.61

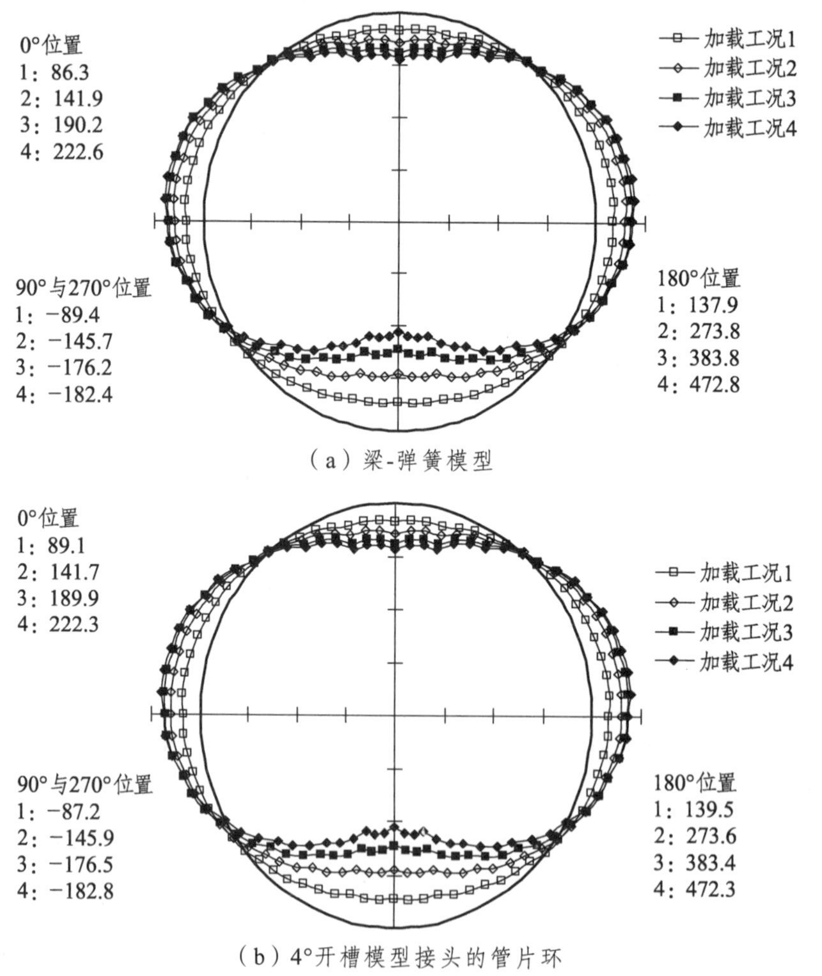

（a）梁-弹簧模型

（b）4°开槽模型接头的管片环

图 3.20　不同加载工况下管片环的弯矩（单位：kN·m）

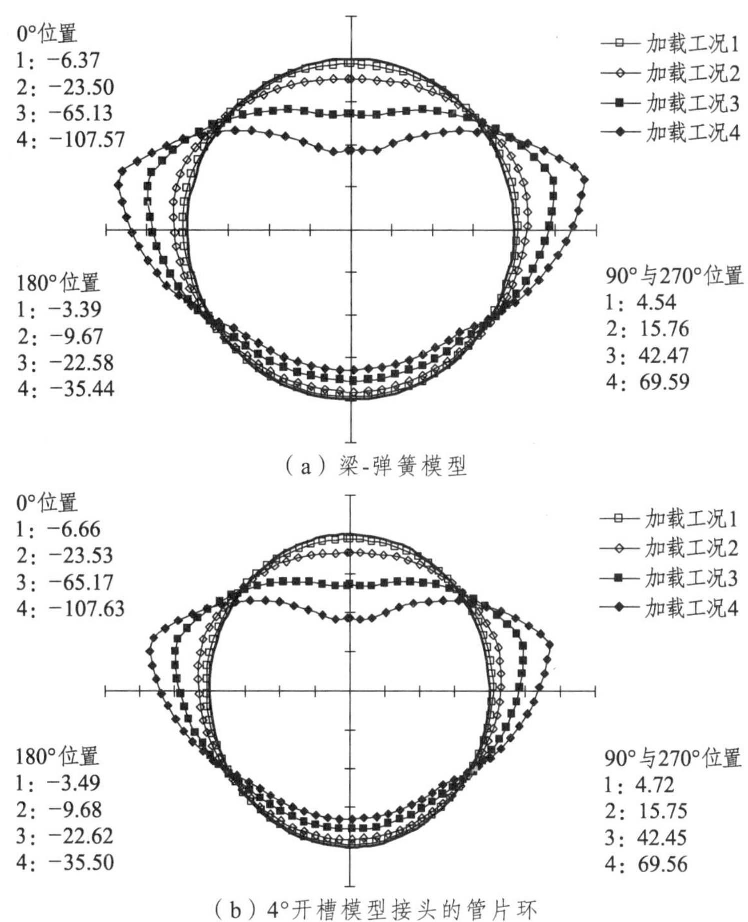

（a）梁-弹簧模型

（b）4°开槽模型接头的管片环

图 3.21　不同加载工况下管片环的变形（单位：mm）

从图 3.20 可以看出，两种管片环模型在 4 个不同加载工况下 0°、90°、180°及 270°位置的弯矩数值结果极其接近。图 3.21 为对应的变形结果，为了更明显地看到结构变形形状，将变形结果相对隧道的实际尺寸放大了 15 倍。考虑到数值模型节点的约束特点，竖向位移以 90°与 270°位置为参考点，水平位移以 0°与 180°位置为参考点。从图 3.21 可以看出，两种管片环模型的变形结果也极其接近。

对单侧开槽接头模型设计方法也进行了验证分析，其他计算结果与两侧等深度开槽结果基本相同，仅在开槽部位的弯矩有突变。开槽部位的弯矩突变与开槽段的中性轴与未开槽段的中性轴不在同一半径圆内有关，结构的轴力在开槽段产生了附加弯矩，但开槽段的附加弯矩不影响其他主截面的内力与结构变形。因此，当采用单侧开槽时，开槽段的弯矩结果要进行适当修正或不考虑开槽段的弯矩结果。此外，对减小抗弯刚度折减区的材料弹性模量的方法也进行了验证，其中抗弯刚度折减区的材料弹性模量 E' 通过式（3.24）计算，其计算结果与两侧等深度开槽法的计算结果相同。由此说明，为了模拟管片拼装时接头导致的抗弯刚度削弱，对与管片等厚度的均质圆环在接头的位置进行局部开槽或局部弹性模量折减，并采用本书提出的相关局部刚度折减理论计算方法是可行的。

3. 模型接头的开槽宽度影响分析

由式（3.18）可知，在其他参数不变时，开槽模型接头对应的管片环中心角 α_g 越小，开槽段的厚度也越小。为了确定合理的开槽宽度，需要分析开槽宽度对结构内力与变形的影响。为此，设计几何尺寸与原型管片环相同的开槽模型接头的管片环模型，选择开槽模型接头对应的管片环中心角为 4°、8°、12°及 16°，并选择足尺试验的加载工况 3 时的荷载及其对应的管片接头刚度，对应的开槽段厚度见表 3.7，管片环数值模型如图 3.22 所示。最后将各种不同开槽宽度的开槽模型接头的管片环模型与反演分析时的梁-弹簧模型的计算结果进行比较，如图 3.23 所示。

表 3.7　加载工况 3 时不同中心角对应的各模型接头开槽段厚度

开槽段中心角	k_{j1} 对应的模型接头/mm	k_{j2} 对应的模型接头/mm	k_{j3} 对应的模型接头/mm
4°	69.96	61.17	79.98
8°	87.91	76.93	100.36
12°	100.36	87.91	114.44
16°	110.18	96.59	125.47

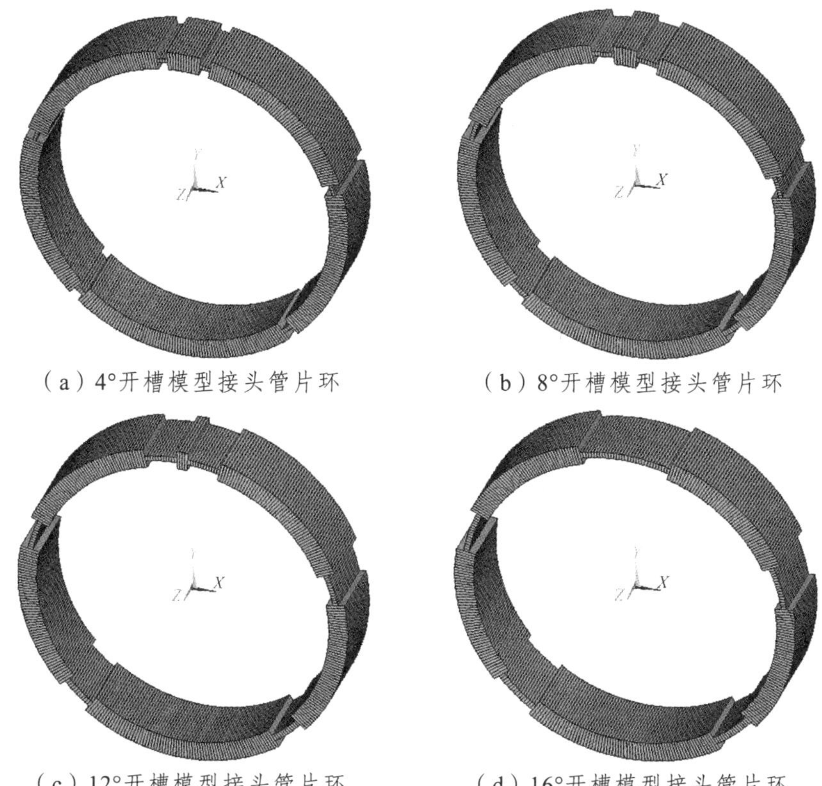

(a) 4°开槽模型接头管片环
(b) 8°开槽模型接头管片环
(c) 12°开槽模型接头管片环
(d) 16°开槽模型接头管片环

图 3.22 不同管片环中心角的开槽模型接头的管片环

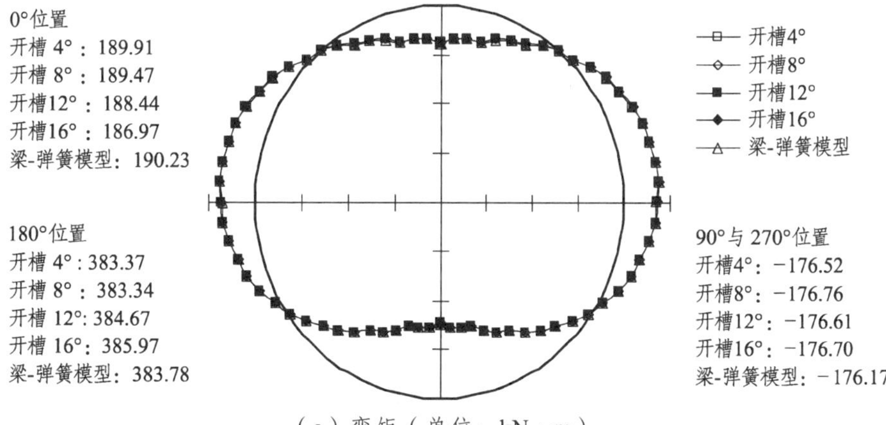

(a) 弯矩（单位：kN · m）

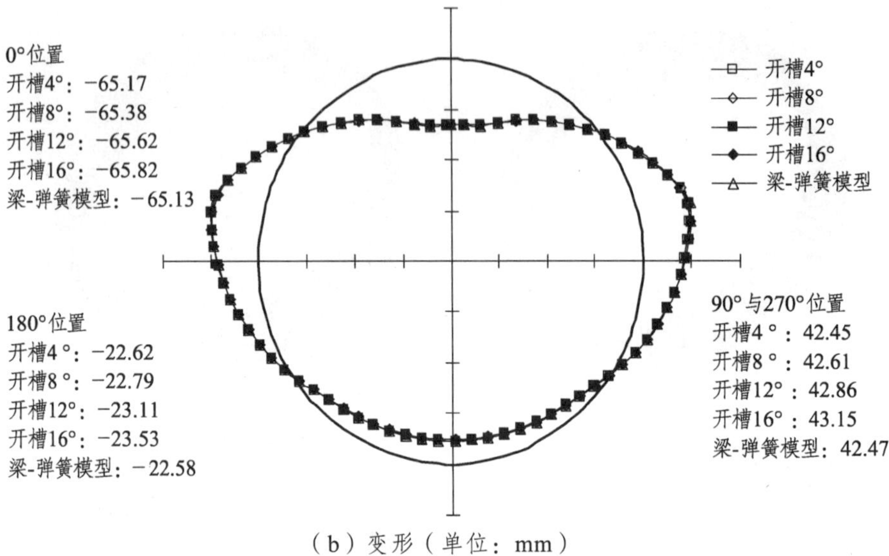

（b）变形（单位：mm）

图 3.23 不同中心角的开槽模型接头的管片环与梁-弹簧模型的弯矩与变形

从图 3.23 可看出，不同开槽宽度的开槽模型接头的管片环模型与梁-弹簧模型的弯矩与结构变形计算结果接近，由此可见，开槽模型接头的开槽宽度对内力与变形计算结果总体影响很小。但从具体数值看，开槽宽度越大，内力与变形计算结果与梁-弹簧模型计算结果相差越大。由此可见，在开槽模型接头设计时，开槽宽度不宜过大，但也不宜过小，否则在开槽段无法满足材料的强度要求，且在开槽模型接头加工时不方便操作。当数值计算中采用局部材料弹性模量折减时，折减区的宽度一样不宜过小，否则建模时不方便操作。通过综合比较分析可知，当开槽模型接头对应的管片环中心角为 3°～5°时，材料强度完全可满足要求，实际加工与数值建模时都方便操作，且结构变形与内力的计算结果偏差值完全可控制在 0.2%以内。

以上开槽模型接头的设计计算方法是以原型管片环为例进行分析的，对于缩尺的模型隧道管片环的开槽模型接头设计计算，其原理完全相同，仅需要通过缩尺后的螺栓连接接头与开槽模型接头之间进行等效计算即可，其中接头刚度要采用通过相似关系减小后的模型管片环的接头抗弯刚度。考虑到本次缩尺模型隧道中采用开槽模型接头，为此，对缩尺模型隧道的纵缝接头进行设计分析。

4. 缩尺模型隧道管片纵缝接头设计

由以上分析可知，当采用开槽法模拟管片纵缝接头时，所需要模拟的接头刚度的可控性好。考虑到在模型隧道内侧需要布设位移计，为此，选择在管片的外侧进行开槽，开槽位置所对应的管片环中心角为4°。

模型隧道通过开槽达到减小接头抗弯刚度的目的，因此，开槽深度与宽度最终决定其所模拟的接头弯曲刚度。由相似比的换算关系可知，弯矩相似常数 $C_M=10\,000$，设原型管片接头的转角刚度为 $(k_\mathrm{j})_\mathrm{p}$，模型管片接头的转角刚度为 $(k_\mathrm{j})_\mathrm{m}$，转角刚度相似常数为 $C_\mathrm{k}=(k_\mathrm{j})_\mathrm{p}/(k_\mathrm{j})_\mathrm{m}$。为了使模型隧道与原型隧道在变形过程中始终保持几何相似，则必须保证原型管片接头与模型管片接头在相似的弯矩作用下产生相同的转角，因此，其转角相似常数 $C_\theta=1$。

由“$(\theta)_\mathrm{p}=M_\mathrm{p}/(k_\mathrm{j})_\mathrm{p}$；$(\theta)_\mathrm{m}=M_\mathrm{m}/(k_\mathrm{j})_\mathrm{m}$；$C_\theta=C_M/C_k=1$”，可再得到 $C_M=C_k=(k_\mathrm{j})_\mathrm{p}/(k_\mathrm{j})_\mathrm{m}$，由此得出模型隧道的抗弯刚度为

$$(k_\mathrm{j})_\mathrm{m}=(k_\mathrm{j})_\mathrm{p}/C_M \tag{3.26}$$

由反演分析结果可知，管片接头刚度随着变形的增加呈现逐渐递减的趋势，但对于开槽模型接头，其所能模拟的接头刚度是一个恒定值。为此，在开槽模型接头设计中，以管片环在初始变形阶段的接头刚度进行设计。从地铁盾构隧道施工验收规范可知，在盾构隧道完成施工后，其允许的椭圆变形控制在±5D‰（D 为隧道外径），即为 31 mm，而从现场施工情况来看，一般完成施工后的管片椭圆度变形为 15 ~ 25 mm，因此，取足尺试验的第 1 级荷载所对应的各管片接头刚度作为本次室内模型试验所用模型隧道设计的管片纵缝接头刚度。因此，模型隧道的开槽模型接头的抗弯刚度 k_j1、k_j2 及 k_j3 分别设计为 3.4 kN · m · rad^{-1}、2.8 kN · m · rad^{-1}、5.0 kN · m · rad^{-1}。根据文献[97]提出的开槽模型接头设计计算方法，得到了模型隧道管片环开槽型接头的参数如表 3.8 所示。

表 3.8 模型隧道管片环纵缝开槽模型接头参数

模型管片接头	接头刚度/（kN·m·rad^{-1}）	开槽段对应的中心角/（°）	开槽段厚度/mm
k_{j1}	3.4	4	13.28
k_{j2}	2.8	4	12.02
k_{j3}	5.0	4	15.01

模型隧道管片环开槽后如图 3.24 所示。为了确保开槽模型接头设计合理，完成开槽后进行了对压试验，如图 3.25 所示。

图 3.24 开槽模型接头管片环

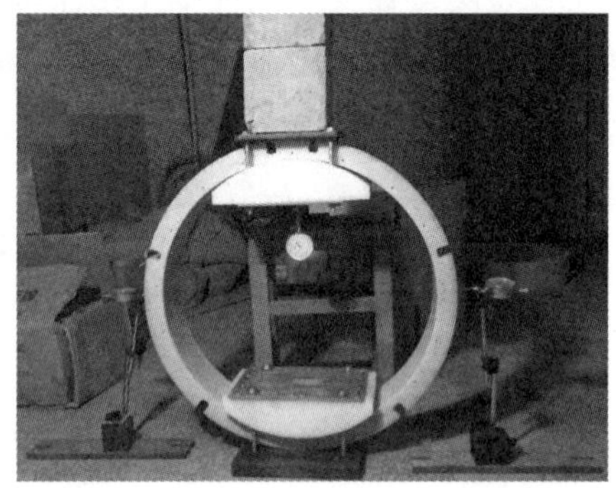

图 3.25 开槽模型接头管片环对压试验

3.2.4 隧道模型管片环缝接头

本次模型试验的管片环之间采用通缝拼装方式，且只模拟横向变形，不考虑纵向管片环间的影响,因此可近似地认为各环管片的横向变形一致，相邻管片环之间无弯矩传递。在不考虑隧道纵向不均匀沉降时，管片环与管片环之间的纵向连接螺栓不承受拉力，所以纵向连接螺栓无须拧螺母。为此，本次模型隧道的管片环之间的连接螺栓采钢棒代替，且无须与原型管片环之间的连接螺栓保持相似关系。钢棒的直径约为 4 mm，钢棒的长度约为 40 mm，如图 3.26 所示。

图 3.26 环间钢棒安装后的模型管片环

3.3 模型土配制

由相似设计可知，模型试验的应力相似常数 $C_\sigma = 10$，重度相似常数 $C_\gamma = 1$。而对于模型土，还包括压缩模量、黏聚力、内摩擦角、泊松比，对应的理论相似常数分别为 $C_E = 10$、$C_c = 10$、$C_\varphi = 1$、$C_\mu = 1$。因黏聚力与内摩擦角主要影响土体的强度，当在弹性范围内进行试验时，对试验结果影响不大，因此，黏聚力与内摩擦角可以不满足相似要求。但内摩擦角与土体的泊松比对侧土压力系数有所影响，而内摩擦角与泊松比的相似常数均为 1，当模型土采用真实的土体或其他类似散粒体材料模拟时，其内摩擦角与泊松比相差不大。因此，需要重点考虑的是模型土的压缩模量。此外，土体同时也是隧道结构荷载的来源，因此，土体的重度相似也是极其关键的。

模型试验所用的模型土有三种，分别为细砂、橡胶粒及细砂与橡胶粒的混合土，其中橡胶粒与混合土只用于模拟隧道穿越土层，各模型土如图 3.27 所示。对细砂、橡胶粒与混合土进行了直剪试验，试验时细砂的密度控制在 1.68 ~ 1.72 g/cm^3，含水量控制在 5% ~ 8%；橡胶粒的密度控制在 0.78 ~ 0.82 g/cm^3，含水量控制在 1% ~ 2%；混合土的密度控制在 1.38 ~ 1.42 g/cm^3，含水量控制在 3% ~ 5%。试验时模型土的密度与含水量均控制在上述范围。直剪试验结果见表 3.9。

（a）细砂

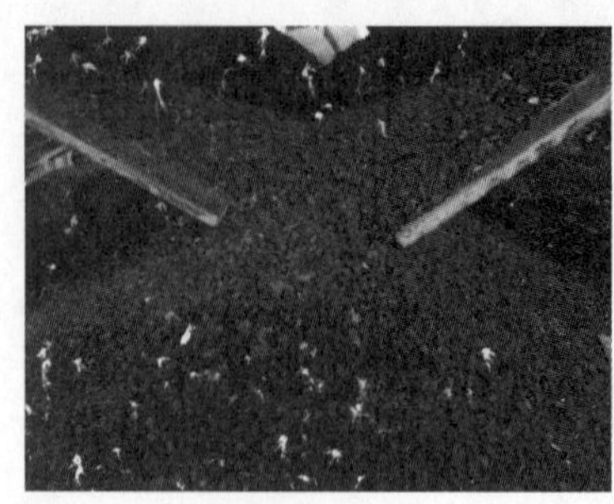
（b）橡胶粒

（c）混合土

图 3.27 模型土

表 3.9 模型土直剪试验结果

模型土	黏聚力/kPa	内摩擦角/（°）
细砂（含水量 11.3%）	1.092	31.35
细砂（含水量 7.0%）	10.137	29.20
细砂（含水量 0.74%）	16.107	28.95
橡胶粒	14.57	28.63
混合土	13.25	29.4

因实际的土体压缩模量是在压力为 100 ~ 200 kPa 时对应的压缩模量，考虑到模型试验的相似比问题，理论上模型土应该取 10 ~ 20 kPa 的压缩模量以保持相似关系。为此，通过改变压缩试验时每级加载的质量，即每级

加载为原正常试验加载的1/10。分别对细砂、橡胶粒、混合土进行了压缩试验，其结果如图3.28所示。从图中可以看出，在10～20 kPa时，细砂的压缩模量约为2.65 MPa，橡胶粒的压缩模量约为0.35 MPa，混合土的压缩模量约为 0.85 MPa，对应代表的原型土的压缩模量分别为26.5 MPa、3.5 MPa、8.5 MPa。

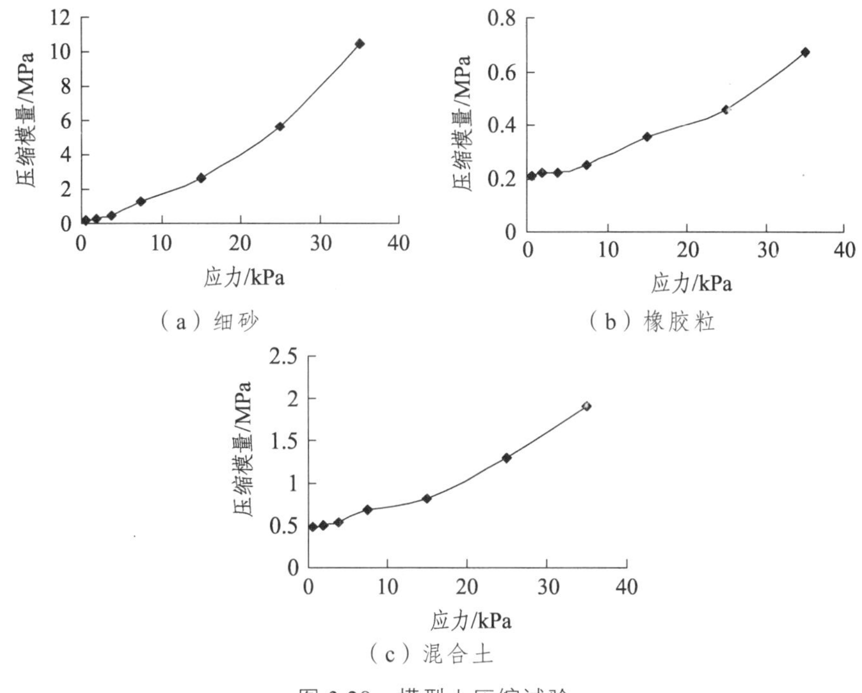

图3.28 模型土压缩试验

本次模型试验的重度相似常数为1，但为了分析地表超载作用下，隧道穿越土层对隧道顶部竖向土压力的影响，试验时通过橡胶粒、混合土及细砂模拟不同压缩性能的隧道穿越土层。使用橡胶粒与混合土模拟隧道穿越土层时，其压缩模量接近软土相似比的要求，但其重度不满足相似比的要求，即重度偏小。因本次试验的目的是分析地表超载导致的隧道竖向土压力增量，因此，穿越土层的重度不满足相似比对分析地表超载导致的土压力影响很小。

3.4 模型槽设计

为了尽量减小边界效应，并结合试验场地条件，将模型槽长度设计为 5*D*（即 3.1 m，其中 *D* 为模型隧道的外径，为 620 mm），模型槽的宽度为 1.1 m（设计为 1.1 m 时，约有 2 cm 的缝隙，主要是考虑在加工时存在一定的加工误差，同时方便相关数据线从缝隙中引出），其宽度为 9 环模型隧道管片的宽度，高度为 2 m（约为 3*D*）。模型槽架采用型钢加工，如图 3.29 与图 3.30 所示，在模型隧道长度方向采用有机玻璃，方便在试验过程中查看隧道的变形及隧道内部的径向位移及工作情况。为方便卸土，在模型槽侧部设计有可拆卸式侧门，如图 3.31 所示。

图 3.29 模型槽

图 3.30 模型槽内部

图 3.31 模型槽侧部

如图 3.30 所示，在模型槽内部设置钢尺，以便在填土时控制每层填土的厚度，同时通过设计竖向位移刻度板可读取土层的竖向位移。此外，在模型槽上部设计了土箱架，如图 3.32 所示，即在填土时通过室内小吊车吊装进行填土。为防止砂箱内土体落下导致的冲击力对模型隧道的影响，在填土时在砂箱架底部设计了防冲击挡板，如图 3.33 所示。

图 3.32　模型槽顶部砂箱架

图 3.33　砂箱架下部的防冲击挡板

在模型试验时，通过上部堆载，土层因压缩必然发生竖向位移，而模型槽侧壁与土层的竖向摩擦将在一定程度上影响试验结果。因此，在模型槽边界一定范围内，其竖向土压力稍有减小。为了减小模型边界效应，尽管不考虑模型隧道的纵向不均匀沉降的影响，但在纵向上设置了 9 环模型管片环，且同时测试两环间隔的模型隧道的变形，以便分析影响边界效率的影响程度，并将土压力盒埋设在模型槽中部。

3.5　测试元件布置

3.5.1　隧道变形量测的位移计布置

模型隧道共由 9 环管片环组成，为了方便测试模型隧道的变形，在隧道内侧布设电感式位移计，如图 3.34 所示，选取两个测试断面，分别取在了第 5 环与第 7 环。每个断面布设 8 个位移计，即每 45°布设一个，如图 3.35 所示。位移数据采集使用 DH3816 静态应变数据采集仪。此外，为了保证在试验过程中不因断电等故障而影响测试结果，在模型隧道外侧布设两个百分表，如图 3.36 所示，这样可通过人工进行直接读取竖向收敛变形与水平收敛变形。隧道结构变形测量的位移计安装架固定在隧道底部，如图 3.37 所示。

图 3.34　电感式位移传感器

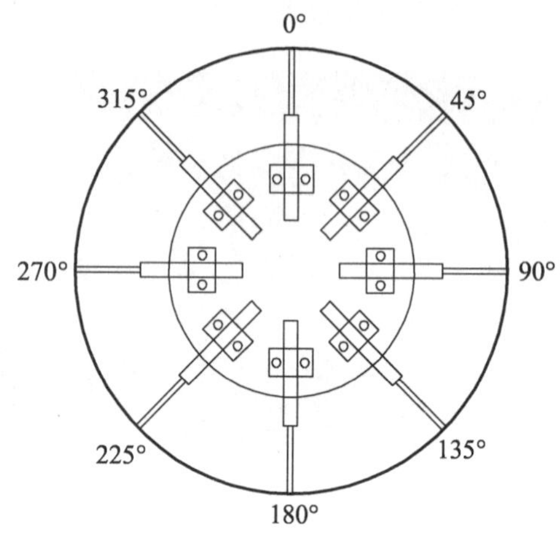

图 3.35　电感式位移传感器布设

图 3.36　百分表安装

图 3.37　电感式位移传感器安装

在位移计安装架刚安装时，其中心轴基本位于模型隧道的中心位置，但当隧道结构发生横椭圆变形时，位移计安装架的中心轴将相对隧道中心向上发生移动，90°与 270°的位移计的测试点也将相应地向上移动，由此导致模型隧道的水平收敛变形实测结果稍许偏大。经分析表明，在隧道结构的竖向收敛变形为 20 mm 时，因位移计安装架的中心轴相对隧道中心向上移动导致的水平收敛变形偏大，约为 0.74 mm，由此可见，该误差基本可以忽略。

3.5.2 土压力盒布置

根据试验目的与试验条件，试验过程中的土压力盒布置如图 3.38 所示。土压力盒为轴压应变式土压力盒，其直径为 110 mm，厚度为 2 cm，量程为 200 kPa。对于轴压式土压力盒，上部受力面的土压力最终通过中间的轴传递到下部受力面，因此，在土压力盒标定时，可通过上部堆载的方式进行标定，如图 3.39 所示。土压力盒标定结果分析表明：采用上述标定方法的数据准确，且土压力盒的数值与上部加载之间的线性良好，通过持续加载数天后，数据能保持稳定；卸载后，所有土压力盒基本都能归零，最大误差保持在 0.3 kPa 以内。不同深度位置的土压力盒埋设如图 3.40 ~ 图 3.42 所示。

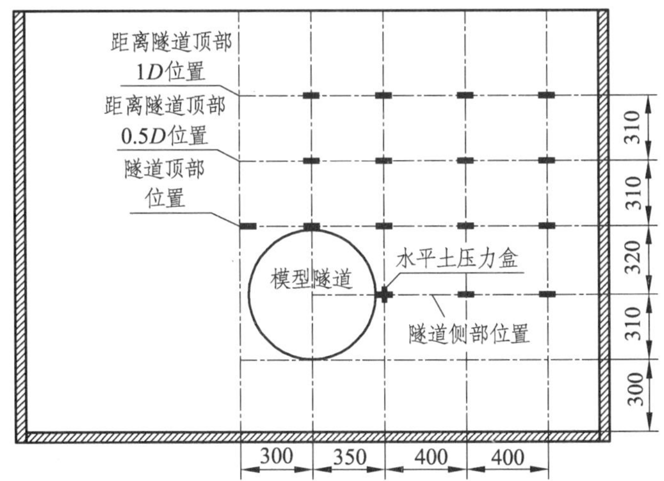

图 3.38 土压力盒布设示意（单位：mm）

图 3.39 土压力盒标定

图 3.40 隧道侧部的土压力盒

图 3.41 隧道顶部的土压力盒

图 3.42 距离隧道顶部 1*D* 位置的土压力盒

3.5.3 土层竖向位移量测的刻度板布置

为了分析试验时土层的竖向位移，填土时在土体中埋设土层竖向位移刻度板，如图 3.43 所示。土层竖向位移刻度板的镀锌钢板长度约为 18 cm，宽度约为 3 cm，厚度约为 3 mm。在镀锌钢板端部粘贴上塑料板，当土层发生竖向位移时，镀锌钢板同时发生位移，并带动塑料板向下发生位移。通过塑料板上的标记线在刻度尺上的读数，即可读出刻度板的竖向位移，如图 3.44 所示。

(a)

(b)

图 3.43 土层竖向位移刻度板

(a)

(b)

图 3.44 土层竖向位移刻度板读数

3.6 试验过程简介

模型试验时，考虑到模型槽的高度有限，将隧道下卧土层设为 0.3 m（约为 0.5D），再将模型隧道吊入模型槽内。在将模型隧道安装于模型槽内后，将位移计数据线从模型隧道与模型槽之间的缝隙中穿过，再将模型隧道与模型槽之间的缝隙打上膨胀剂，防止上部土体进入模型隧道内，如图 3.45 所示。所有的数据线（包括土压力盒的数据线）均从 PVC 管内通过，如图 3.46 所示，以尽量减小土层与模型槽侧壁的摩擦。

当土体填筑到模型槽顶部时（图 3.47），将底部土体用油布进行覆盖（图

3.48）以防止下部土体中的水分蒸发。同时为了防止顶部土层发生不均匀沉降而使油布受拉（尤其在隧道的横向），将油布表面放皱，并在表面放上一层约 5 cm 厚的橡胶粒，如图 3.49 所示，尽量减小表面堆载之间的相互影响。

（a）

（b）

图 3.45　模型隧道端部打上膨胀剂

图 3.46　模型隧道完成安装

图 3.47　填土至模型槽顶部

图 3.48　防砂土水分蒸发的油布

图 3.49　油布表面的橡胶粒

土压力盒在开始试验前全部归零。隧道顶部土体分层填筑，每层厚度约为 0.25D（约为 0.155 m），每填筑一层静置时间为 12 ~ 15 h，让变形充分发挥，同时考虑模型隧道材料蠕变性问题，也不宜静置时间过长。在土层加至模型槽顶部后，通过在顶部堆砂袋的形式模拟地表超载，如图 3.50 所示。

图 3.50　模型槽顶部通过砂袋进行堆载

3.7　本章小结

（1）根据试验目的与要求，设计了大比例模型试验，其几何相似比为 1∶10，并根据相似理论，得到了模型试验主要参数的相似常数。

（2）根据盾构隧道的结构特点及变形特点，从结构与土的相互作用出发，以隧道结构在相似荷载作用下发生相似的变形作为设计依据，对盾构隧道模型进行设计，主要包括隧道模型加工材料的比选、管片厚度设计、管片纵缝接头设计、管片环纵缝接头设计。

（3）提出了基于管片纵缝接头抗弯刚度的开槽模型接头设计方法与相关计算理论，同时给出数值模型中通过减小弹性模型进行局部抗弯刚度折减模拟管片纵缝接头的方法，并对提出的相关理论进行了验证分析。

（4）根据试验场地条件并综合考虑试验要求，设计了模型槽，其长度为 3.1 m，宽度为 1.1 m，高度为 2 m。从试验目的与要求出发，对模型土进行了设计与配制，包括使用细砂模拟隧道上覆土层与下卧土层，使用细砂、橡胶粒及细砂与橡胶粒的混合土模拟隧道穿越土层。

（5）为了获取试验结果，分别对试验过程中隧道结构的变形、隧道顶部土层的竖向土压力及隧道顶部土层的竖向位移进行测试，并给出相关测试元件的布置方法。

【第 4 章】>>>> 地表超载模型试验结果分析

结合室内模型试验的条件，开展地表超载对隧道竖向土压力影响的模型试验。根据所模拟的问题设计模型试验方案，试验方案之间尽可能地形成对比，以便说明研究问题。

结合各试验方案之间的试验条件的比较，对室内模型试验结果进行分析，得到相关结论。基于模型试验结果，对地表超载导致的隧道竖向土压力的特性与影响机理进行分析。

4.1 试验方案简介

室内模型试验时，若将模型隧道通过盾构隧道施工的方式放入模型槽内，其操作难度极大，且对于如此大比例的模型试验而言，其风险也极大。为此，本次模型试验过程中采用土体逐层填筑的方式将模型隧道埋入模型槽中。然而，在堆土过程中，每一层土体均类似于地表超载，即在上部堆土时，隧道结构的竖向压缩变形与隧道两侧土体的竖向压缩量不一致时，将导致隧道顶部土层的土体间存在竖向相对位移。但模型试验的目的是模拟地表超载导致的土压力增量及隧道结构变形增量，可将盾构隧道施工时的上覆土层导致的土压力与隧道变形忽略。结合试验目的，设计了四种不同的模型试验，其方案见表 4.1。

表 4.1 模型试验方案

编号	填土方式	隧道穿越土层	备注
1	均布堆土	橡胶粒	
2	隧道顶部 1*D* 内，先两侧堆土，后隧道顶部（0.7 m 宽）堆土	橡胶粒	与 1 号试验形成对比，分析逐层堆土用于分析地表超载的可行性
3	均布堆土	细砂与橡胶粒混合土	
4	均布堆土	细　砂	

1. 1 号试验

1 号试验的隧道穿越土层为橡胶粒，如图 4.1 所示，即以橡胶粒模拟软土层。其压缩模量小，按相似关系计算，其对应的原型土的压缩模量约为 3.5 MPa，属于高压缩性土层。在隧道下卧土层完成填筑后，将模型隧道吊入模型槽内。完成模型隧道安装后，再逐层填筑隧道穿越土层及隧道上覆土层，每次填筑厚度约为 0.25*D*（约为 0.155 m），并参照模型槽壁上的刻度尺按设计的填土密度进行压实。在下一个填筑层填筑时，将上一填筑层（已压实）的表面刮毛，如图 4.2 所示，以使两个填筑层间不出现明显的分层界面。

图 4.1 隧道穿越土层为橡胶粒

图 4.2　土层间刮毛搭接

2. 2 号试验

在模型试验时，隧道上覆土层采用逐层填筑，由第 2 章分析可知，这与实际盾构隧道施工时隧道上覆土层的土体间竖向相对位移状态不同，即在隧道上覆土层填筑时就将导致土体间发生竖向相对位移，且其状态与地表超载时的状态相似。为了适当地减小隧道上覆土层填筑时土体间的竖向相对位移，在隧道上覆厚度为 1*D* 范围内，采用两侧先填土，后在隧道上部填土（其宽度为 0.7 m）的方式。在隧道上覆土为 1*D* 后，将表面整平，再采用逐层填筑或逐层满布堆载的方式。为此，在完成隧道穿越土层填筑后（填筑至隧道顶部高度），在隧道正上方设置隔板，两隔板间的距离为 0.7 m，如图 4.3 与图 4.4 所示。隧道顶部的两侧填土到 1*D* 后，再填筑隧道顶部的土体，同时将隔板逐步向上提升，如图 4.5 ~ 图 4.8 所示，并在隔板向上提升时使用钢管进行侧向戳动，将隔板产生的空隙填实，并使先后填筑土体间的界面搭接良好。

图 4.3　隔板

图 4.4　隔板完成安装

图 4.5 隧道顶部封闭

图 4.6 两侧填土

图 4.7 隧道顶部填土

图 4.8 隔板吊出

3.3 号试验与 4 号试验

在地表超载作用下，隧道穿越土层的压缩性能直接影响隧道上覆土层的竖向位移差，为了分析隧道穿越土层对隧道上覆土层的竖向位移差的影响，以及对隧道竖向土压力与隧道结构变形的影响，将隧道穿越土层分别改为混合土（橡胶粒与细砂按质量比为 1：1 进行混合）与细砂进行试验，如图 4.9 与图 4.10 所示，对应的试验编号分别为 3、4。3、4 号试验的土层填筑方式与 1 号试验相同。

图 4.9 隧道穿越土层为混合土

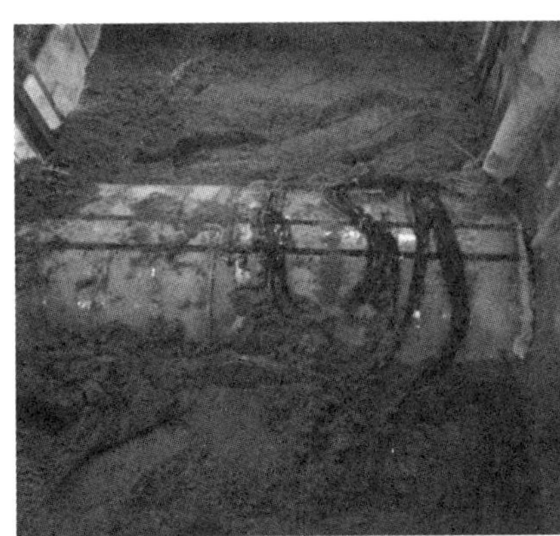

图 4.10 隧道穿越土层为细砂

4.2 试验结果分析

4.2.1 隧道变形分析

在 1 号试验过程中，分别对第 5 环（共 9 环，第 5 环即为中间一环）与第 7 环管片环的结构变形进行了实测，结果分析表明，第 7 环管片环的变形稍小于第 5 环管片环的变形，主要与模型槽的边界影响有关。两环管片环的结构变形相差在 3%范围以内，在隧道结构变形分析时，仅对第 5 环管片环的变形结果进行分析，且在 2～4 号试验时，仅对第 5 环管片环进行了变形测试。

在隧道结构变形测试时，每 45°布设一个位移计。为方便对各模型试验进行比较分析，在此仅对隧道结构的水平收敛变形（90°与 270°测点的位移差）与竖向收敛变形（0°与 180°测点的位移差）进行分析。在隧道顶部逐层堆土时，隧道结构发生横椭圆变形，因此，管片环的竖向直径减小，而管片环的横向直径增大。在此，将隧道结构的竖向收敛变形表示为负值，而水平收敛变形表示为正值。

图 4.11 为 1 号模型试验时土层填筑到不同位置对应的隧道结构变形结果，图中的水平坐标为隧道顶部覆土厚度，水平坐标为负值表示完成土体填筑后其表面位于隧道顶部以下，如隧道顶部覆土厚度为“－1*D*”表示刚完成隧道安装（*D* 为模型隧道外径），为“－0.5*D*”表示土层填筑高度与隧道管片环的中心的高度相同，为“0*D*”时表示土体填筑至隧道顶面。

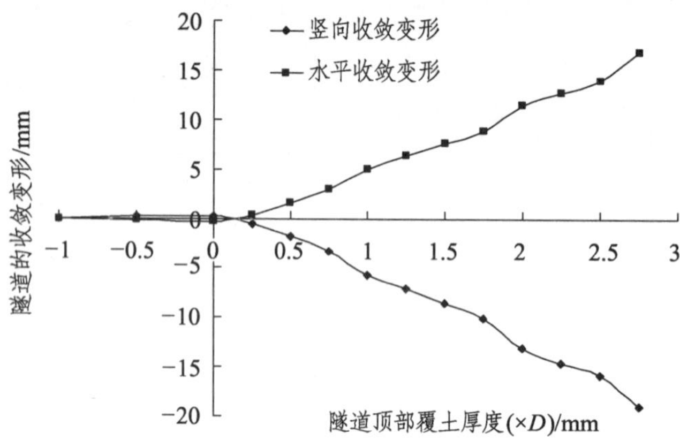

图 4.11　1 号模型试验实测隧道结构收敛变形结果

1 号试验过程中，当隧道上覆土厚度为“0*D*”时，隧道发生了微小的竖椭圆变形，即水平收敛变形为－0.375 mm，竖向收敛变形为 0.235 mm。在继续上部加载的过程中，隧道表现为横椭圆变形，在隧道上部覆土厚为 2.75*D* 时，水平收敛变形为 16.9 mm，竖向收敛变形为－19.1 mm，即竖向收敛变形要稍大于水平收敛变形。

图 4.12 为 2 号试验与 1 号试验在隧道顶部覆土厚度为 1*D* 后的隧道结构收敛变形结果，2 号试验在隧道顶部覆土厚度为 2.75*D* 时，水平收敛变

形为 14.2 mm，竖向收敛变形为 – 16.3 mm。与 1 号试验比较可知，在隧道顶部覆土 1*D* 范围内通过设置隔板可减小隧道上覆土层土体间的相互影响，在一定程度上减小了隧道结构的收敛变形。但在隧道顶部覆土 1*D* 后采用相同的上部加载方式时，1、2 号试验隧道结构的变形趋势与每层填土导致的结构收敛变形增量基本相同，且在隧道顶部覆土为 1*D* 时 1、2 号试验的竖向收敛变形相差约为 2.2 mm，水平收敛变形相差约为 2.3 mm；到顶部覆土为 2.75*D* 时 1、2 号试验的竖向收敛变形相差约为 2.8 mm，水平收敛变形相差约为 2.7 mm，即在隧道顶部覆土 1*D* 后 1、2 号试验的加载与变形关系曲线基本保持“平行”。

因本次模型试验的目的是模拟地表超载对隧道竖向土压力及隧道结构变形的影响，2 号试验与 1 号试验主要是在隧道上覆土层的填筑方式上有所不同，即 2 号试验通过设置隔板的方式，在一定程度上减小了隧道上覆土为 1*D* 时隧道上覆土层的土体间竖向相对位移的影响，即减小了土体间竖向荷载的转移量。从 1、2 号试验的隧道结构变形来看，隧道顶部覆土 1*D* 后继续加载导致的隧道结构变形基本相同。由此可见，隧道上覆土层采用逐层填筑是可行的，3、4 号模型试验继续采用逐层填筑方式。

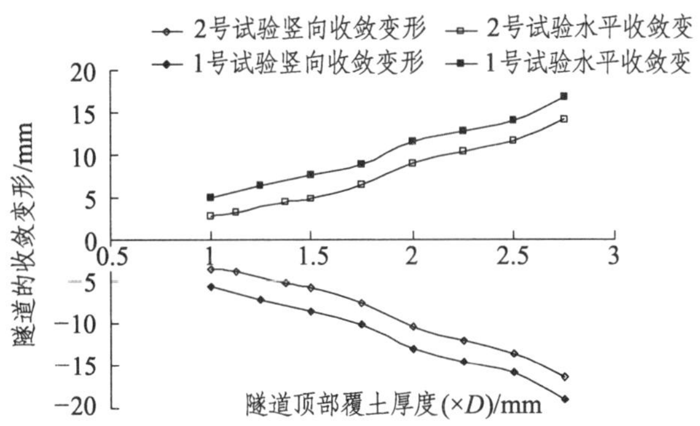

图 4.12　1、2 号模型试验实测隧道结构收敛变形结果

图 4.13 与图 4.14 分别为 3 号试验与 4 号试验的隧道收敛变形结果。从图 4.13 可以看出，3 号试验在隧道顶部覆土厚度为 2.75*D* 时，隧道的竖向收敛变形为 – 10.4 mm，水平收敛变形为 9.1 mm。从图 4.14 可以看出，

4 号试验在隧道顶部覆土厚度为 2.75D 时，隧道的竖向收敛变形为 – 3.6 mm，水平收敛变形为 3.0 mm。由此可见，盾构隧道穿越土层的压缩性能对地表超载作用下隧道结构的变形影响很大。由 1、3、4 号试验对比可知，在相同的上部填筑条件下，隧道穿越土层的压缩模量越小，隧道结构的变形越大。

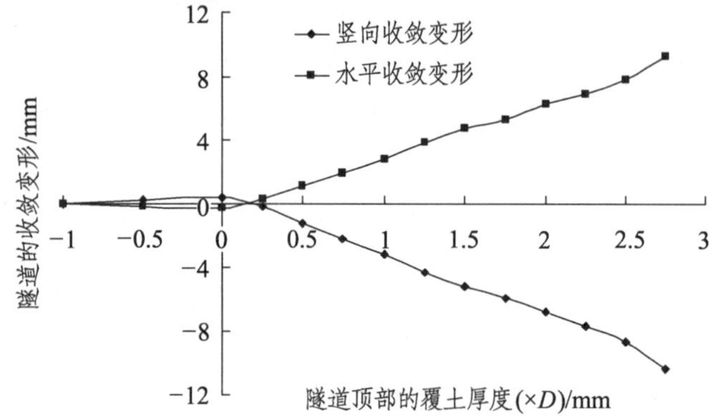

图 4.13　3 号模型试验实测隧道结构收敛变形结果

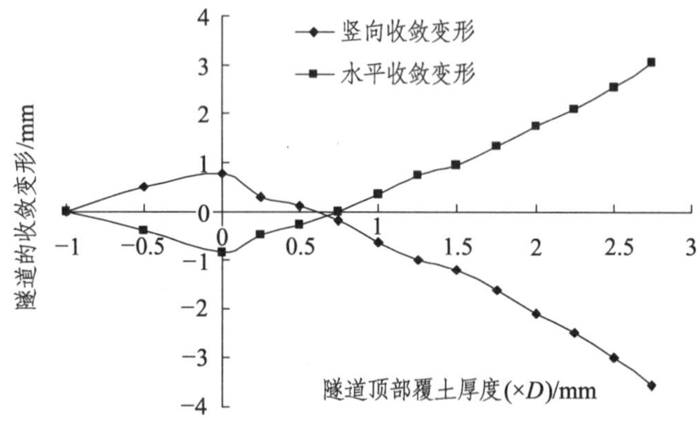

图 4.14　4 号模型试验实测隧道结构收敛变形结果

因模型槽的高度为 2 m，在超过模型顶部后采用砂袋堆载。当将隧道顶部 1.75D 的覆土视为隧道上覆土层时，采用砂袋堆载的 1D 土层（从隧道顶部覆土 1.75D 到隧道顶部覆土 2.75D）则为后期的地表超载，地表超载导致的变形为隧道顶部覆土 2.75D 时隧道的总变形与隧道顶部覆土厚度为 1.75D 时的总变形之差。四个模型试验在地表超载作用下导致的隧道结构收敛变形结果如图 4.15 所示。

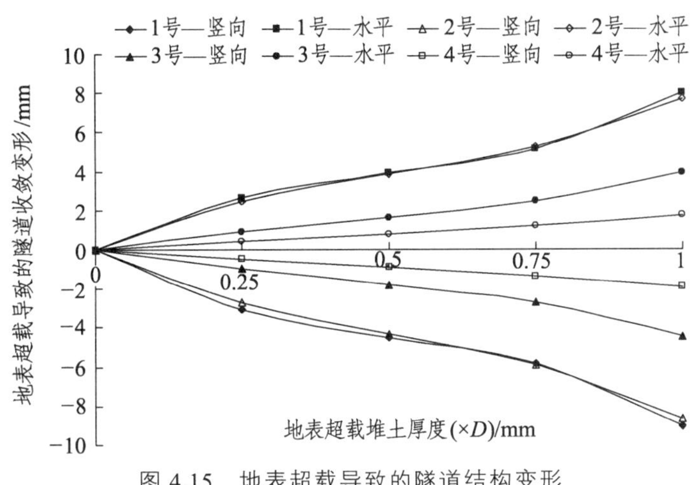

图 4.15 地表超载导致的隧道结构变形

1、2 号试验在模拟地表超载时工况近似，仅在前期的隧道顶部土层的填筑方式有所不同，从图 4.15 可以看出，两种工况下地表超载导致的隧道结构收敛变形非常接近。从 3、4 号试验与 1 号试验的隧道结构收敛变形结果比较可以看出,盾构隧道穿越土层的压缩性能对隧道结构变形影响较大。相同的地表超载作用下，隧道穿越土层的压缩模量越小，隧道结构的收敛变形越大。

4.2.2 土压力分析

2 号试验在隧道上覆土填筑过程中设置了隔板，分析表明，1、2 号试验在上部覆土厚度为 1D 后继续加载所导致的土压力增量接近。为了方便与 3、4 号试验进行比较，在此只分析 1、3、4 号试验的土压力实测结果。

1. 隧道顶层竖向土压力

图 4.16 ~ 图 4.18 分别为 1、3、4 号试验的隧道顶部土层在不同填土高度时的竖向土压力。各图的图（a）均为土压力盒布设位置示意，以便直观

地了解土压力测点位置。从图中可以看出，当隧道穿越土层为橡胶粒或混合土时，隧道正上方的土压力比其侧面的土压力要大；而当隧道穿越土层为细砂时，隧道正上方的土压力比其侧面的土压力要稍小。当隧道顶部及两侧均按土柱理论计算时其土压力约为 34 kPa，但从图 4.16 与图 4.17 可以看出，隧道正上部的土压力明显要大于 34 kPa，而侧面一定范围的土压力要稍小于 34 kPa。

图 4.18 为隧道穿越土层为细砂时隧道顶部土层的竖向土压力，从图中可看出，隧道顶部土层的竖向土压力稍小于侧部的竖向土压力，在距离隧道中心的水平距离为 115 cm 处的土压力最小。由此可见，在土层发生竖向压缩时，模型槽内的土体整体向下发生沉降，土体与模型槽的竖向相对摩擦力将导致一定范围内的竖向土压力减小。尽管土柱理论计算时土压力约为 34 kPa，但图 4.18 中隧道正上方的土压力仍大于 34 kPa。产生上述现象主要与土压力盒存在一定的厚度而导致土压力的集中有关。

图 4.16 ~ 图 4.18 中每个土压力测点对应的上部土层厚度是相同的，但在隧道穿越土层不同时，逐层堆载导致的隧道顶部位置的土压力出现的不同程度的分布不均匀现象，隧道穿越土层越软弱，隧道顶部的“竖向土压力集中”现象越明显。

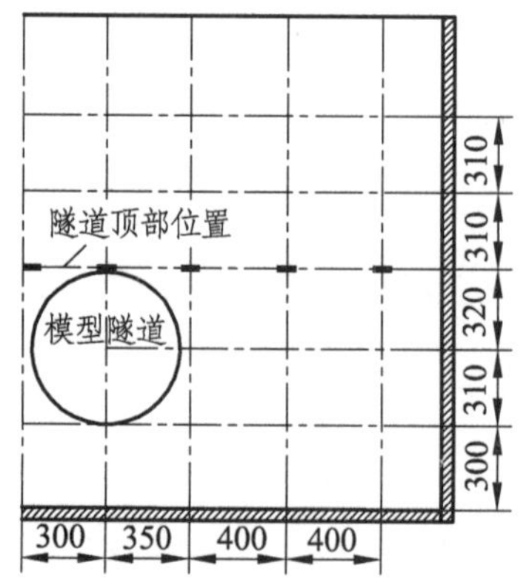

（a）土压力盒布设位置示意（单位：mm）

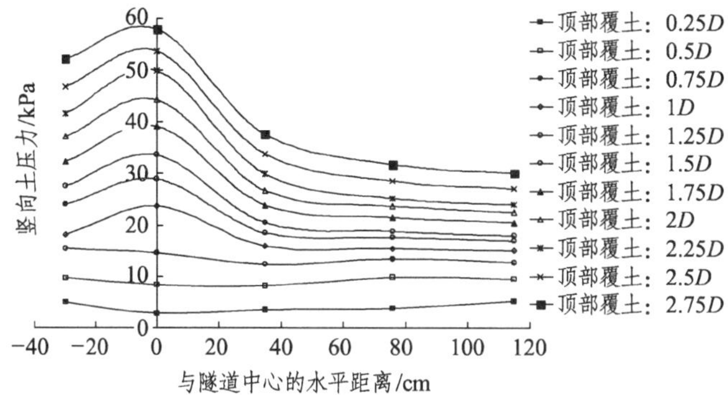

（b）不同填土高度时的实测竖向土压力

图 4.16　1号试验隧道顶部土层的竖向土压力

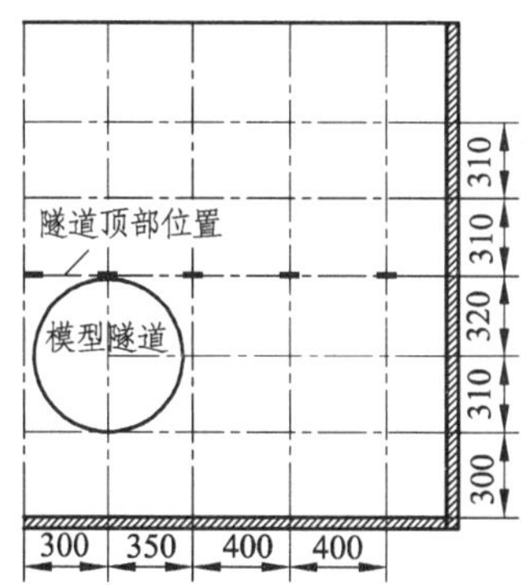

（a）土压力盒布设位置示意（单位：mm）

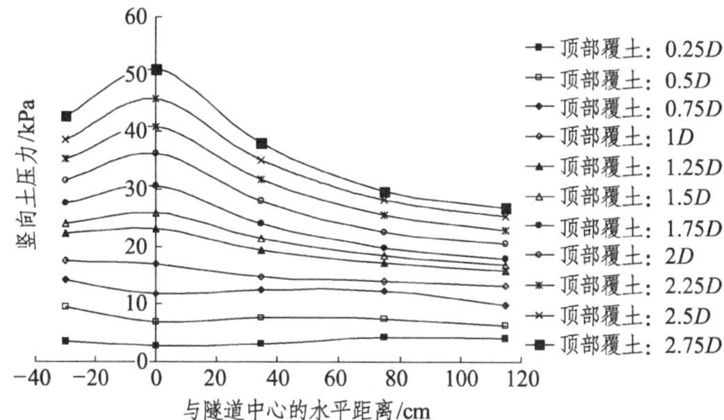

（b）不同填土高度时的实测竖向土压力

图 4.17　3号试验隧道顶部土层的竖向土压力

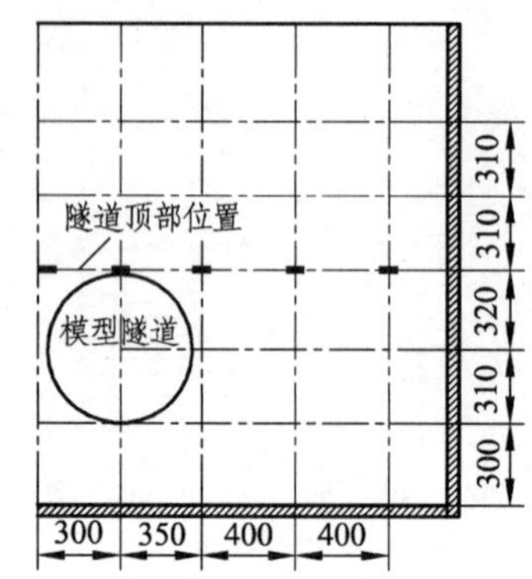

（a）土压力盒布设位置示意（单位：mm）

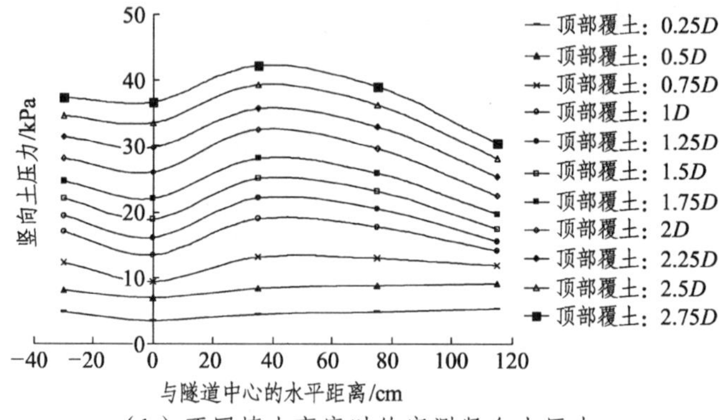

（b）不同填土高度时的实测竖向土压力

图 4.18 4 号试验隧道顶部土层的竖向土压力

从距离隧道顶部 0.5*D* 与距离隧道顶部 1*D* 位置的土压力实测结果看，距离隧道顶部距离越远，“竖向土压力集中”现象有所减弱，下面以 3 号试验的实测结果为例进行说明。

图 4.19 与图 4.20 为 3 号试验距离隧道顶部 0.5*D* 与 1*D* 位置的竖向土压力实测值。在隧道顶部覆土为 2.75*D* 时，图 4.17 中隧道正上方的竖向土压力大于与隧道中心水平距离分别为 35 cm 与 70 cm 处的竖向土压力分别为 12.1 kPa、21.2 kPa；图 4.19 中隧道正上方的竖向土压力大于与隧道中心水平距离分别为 35 cm 与 70 cm 处的竖向土压力分别为 10.4 kPa、14.2 kPa；图 4.20 中隧道正上方的竖向土压力大于与隧道中心水平距离分别为 35 cm 与 70 cm 处的竖向土压力分别为 0.8 kPa、4.9 kPa。由此可见，与隧道顶部的垂直距离越远，“竖向土压力集中”现象越不明显，上述现象

将结合隧道上覆土层的竖向相对位移进行综合分析与说明。

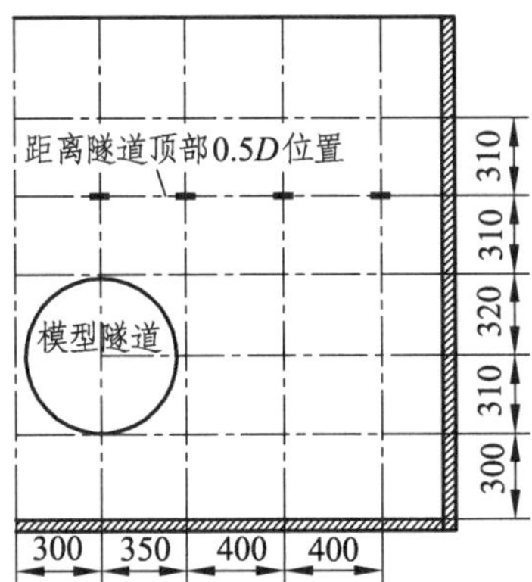

（a）土压力盒布设位置示意（单位：mm）

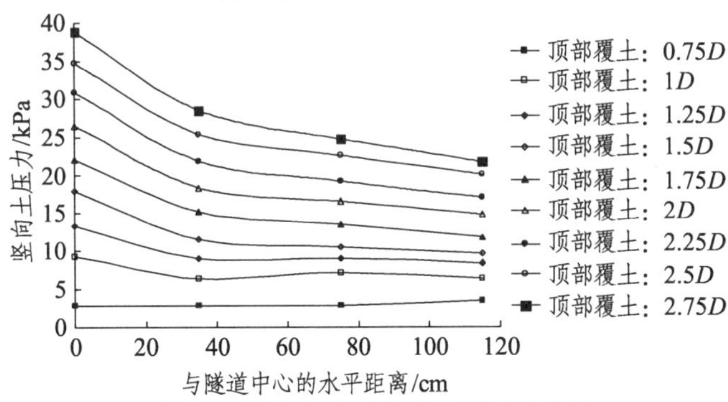

（b）不同填土高度时的实测竖向土压力

图 4.19　3 号试验距离隧道顶部 0.5D 位置的竖向土压力

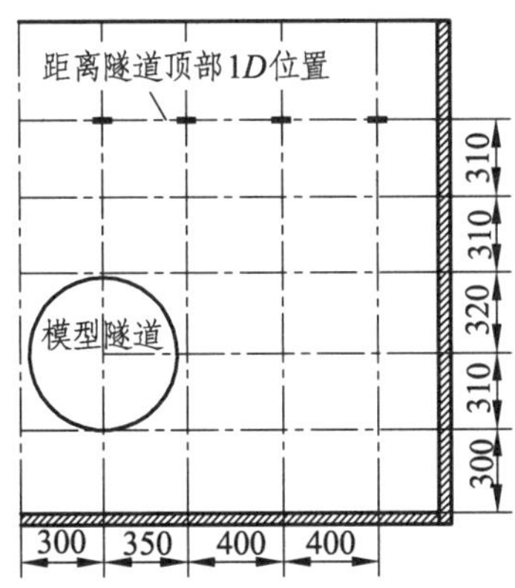

（a）土压力盒布设位置示意（单位：mm）

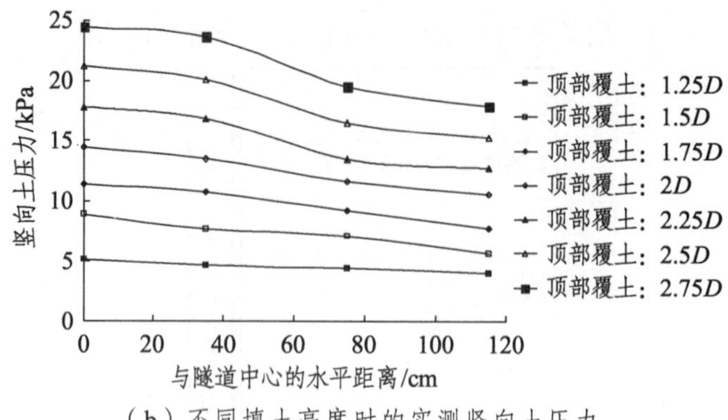

（b）不同填土高度时的实测竖向土压力

图 4.20　3 号试验距离隧道顶部 1D 位置的竖向土压力

2. 隧道侧部的竖向土压力

图 4.21 ~ 图 4.23 分别为 1、3、4 号试验的隧道侧部的竖向土压力（土压力盒布设在与隧道中心同高度位置），因隧道穿越土层的重度不同，当按土柱理论计算（上部各土层重度与对应土层厚度乘积之和）侧部的竖向土压力时，1、3、4 号试验的隧道侧部的竖向土压力分别为 35.7 kPa、37.3 kPa、39.1 kPa。图 4.21 与图 4.22 在距离隧道 35 cm 处的竖向土压力小于土柱土压力分别为 13.6 kPa、6.8 kPa，而图 4.23 在距离隧道中心 35 cm 处的竖向土压力大于土柱理论土压力为 3.2 kPa。

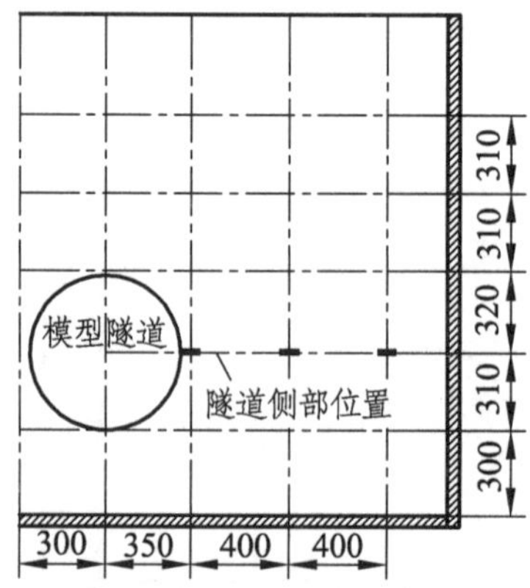

（a）土压力盒布设位置示意（单位：mm）

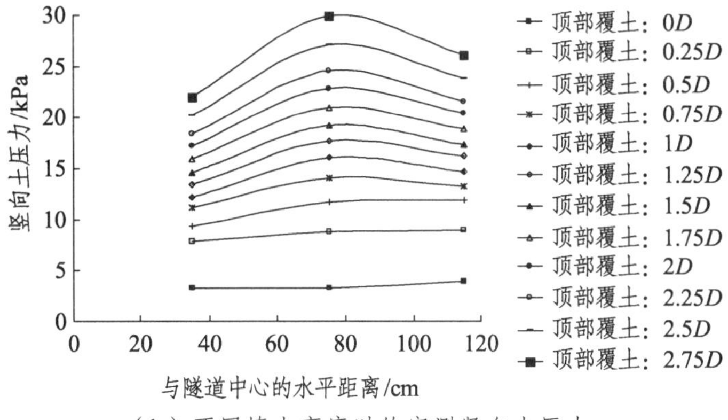

（b）不同填土高度时的实测竖向土压力

图 4.21　1 号试验隧道侧部土层竖向土压力

结合隧道顶部的竖向土压力可知，在上部逐层堆载过程中，当上部堆载产生的竖向土压力一部分被隧道分担时，对应隧道侧部的竖向土压力将小于土柱理论土压力，如 1、3 号试验；当上部堆载产生的竖向土压力被隧道所分担较少时，对应隧道侧部的竖向土压力将大于土柱理论土压力，如 4 号试验。

测点距离隧道越远，理论上受隧道的影响越小，其土压力应越接近土柱理论土压力。但从图 4.21 ~ 图 4.23 可以看出，在距离隧道中心水平距离为 115 cm 处的竖向土压力相比其他两个距离隧道更近测点的竖向土压力更小，且均小于土柱理论的土压力。该现象主要与土层竖向压缩时土体与模型槽边界的摩擦有关。

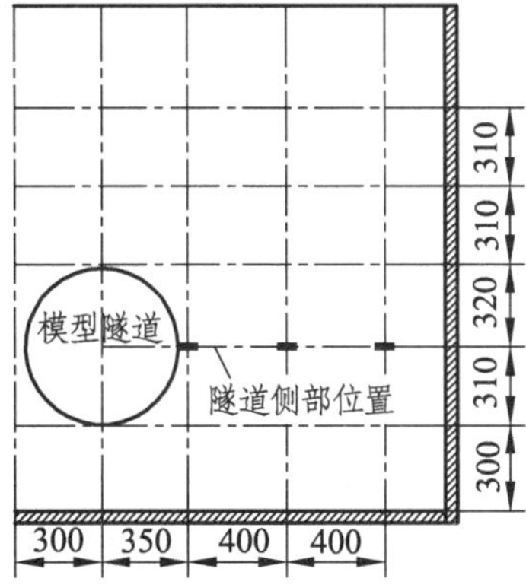

（a）土压力盒布设位置示意（单位：mm）

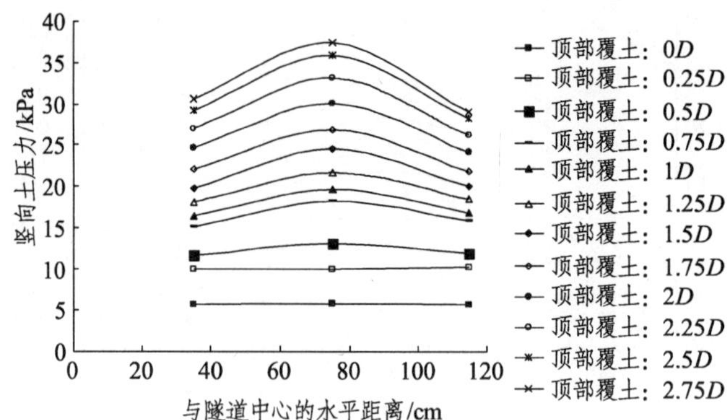

（b）不同填土高度时的实测竖向土压力

图 4.22 3 号试验隧道侧部土层竖向土压力

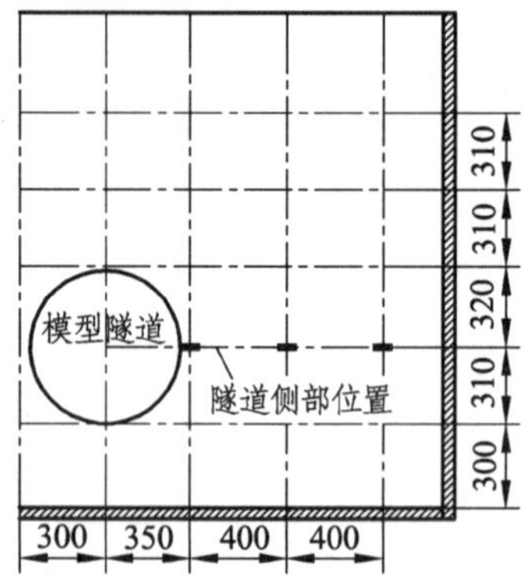

（a）土压力盒布设位置示意（单位：mm）

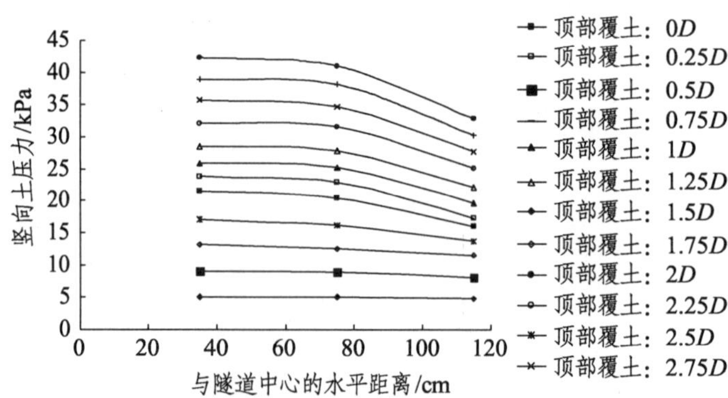

（b）不同填土高度时的实测竖向土压力

图 4.23 4 号试验隧道侧部土层竖向土压力

3. 隧道侧部的水平土压力

图 4.24 与图 4.25 分别为隧道 90°位置的实测竖向土压力与水平土压力，其中图 4.24 中的竖向土压力也是图 4.21 ~ 图 4.23 中距离隧道中心 35 cm 处的竖向土压力。从图 4.25 可以看出，4 号试验的水平土压力最大，其次分别为 3 号试验与 1 号试验。

由盾构隧道的土压力计算理论可知，隧道的水平土压力可以分为两部分，一是竖向土压力的所对应的侧向水平地层压力，另一部分是隧道发生横椭圆变形时对土体的水平向挤压导致的侧向土体抗力。对于侧向水平地层压力，其大小与竖向土压力成正比，竖向土压力与侧向水平地层压力的比值为侧土压力系数；对于侧向土体抗力，其大小与相应位置的水平向挤压量成正比，当按温克尔局部变形理论计算时，侧向土体抗力与水平向挤压量的比值为水平地基系数。

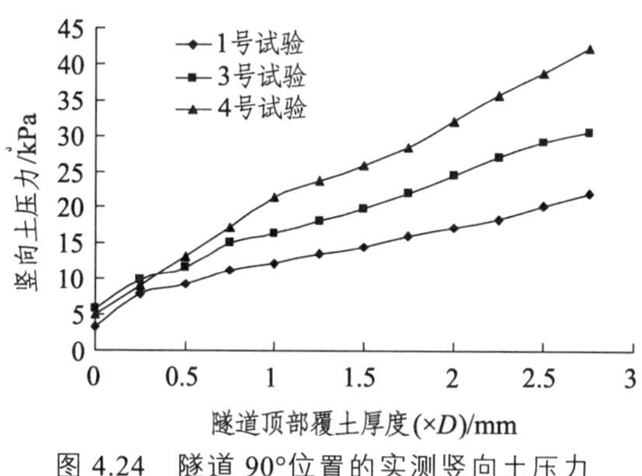

图 4.24 隧道 90°位置的实测竖向土压力

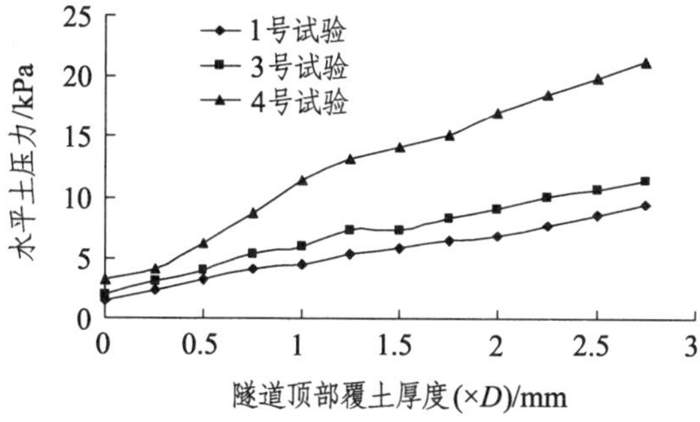

图 4.25 隧道 90°位置的实测水平土压力

在模型试验的堆载过程中，不可避免地存在误差因素，如上部砂袋堆载时模型槽表面存在一定的受力不均匀；土层向下发生竖向位移时，模型槽边界与土体之间存在一定的摩擦力；土压力盒因与其周围土体的变形不协调导致土压力测试结果存在一定的误差（一般稍偏大）。但从模型试验的实测土压力结果分析来看，总体误差均在可接受范围内。

结合隧道结构的变形结果可知，隧道穿越土层的压缩模量越小，上部堆载导致的隧道竖向土压力集中现象越明显，因隧道分担的上部堆载导致的竖向荷载越大，则隧道侧部一定范围内的土体分担上部堆载导致的竖向荷载越小，对应的侧向水平地层压力也越小。此外，隧道穿越土层越软弱，对应水平地基系数也越小，即在相同的水平收敛变形下产生的侧向土体抗力也越小。尽管 1 号试验的水平收敛变形最大（图 4.25），但在 90°位置的实测水平土压力最小（图 4.26），其原因既与 90°位置的竖向土压力有关，同时还与隧道穿越土层的水平地基系数有关。由此可见，隧道穿越土层越软弱，地表超载作用导致的隧道竖向土压力越大，且对应的水平土压力越小，对隧道结构抵抗变形越不利。

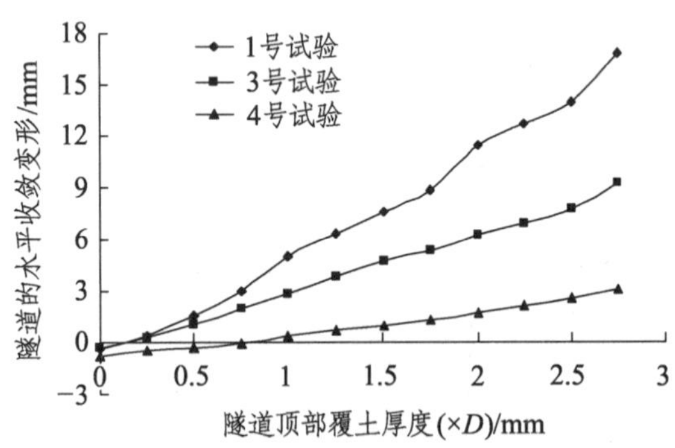

图 4.26 模型试验过程中隧道的水平收敛变形

4.2.3 土层竖向位移分析

图 4.27 ~ 图 4.29 分别为 1、3、4 号试验的隧道底部土层在隧道顶部不同覆土厚度时的竖向位移，各图的图（a）为土层竖向位移刻度板所在水平

面位置示意。因上部堆载时土层发生压缩，土层均向下发生位移，其数值取为负值。图中的水平坐标为土层竖向位移测点与隧道中心的水平距离，其中一侧取为正值，另一侧取为负值，方便在图中进行表示（下同）。从三个图的比较可以看出，图 4.27 与图 4.28 的总体趋势接近，即隧道正下部的竖向沉降量最大，而两侧的沉降量要小，因土层竖向移动时将受到模型槽的竖向摩擦力，因而两边的竖向位移稍小。而图 4.29 中的隧道底部土层的竖向位移有所不同，即总体表现为隧道正下方的沉降量稍小（隧道底部测点沉降量大于其两边测点的沉降量，主要与隧道底部土压力局部分布不均有关），而两侧的沉降量稍大。

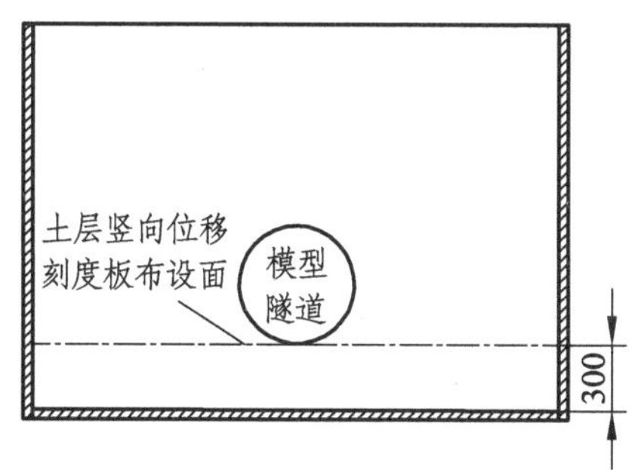

（a）竖向位移刻度板布设示意（单位：mm）

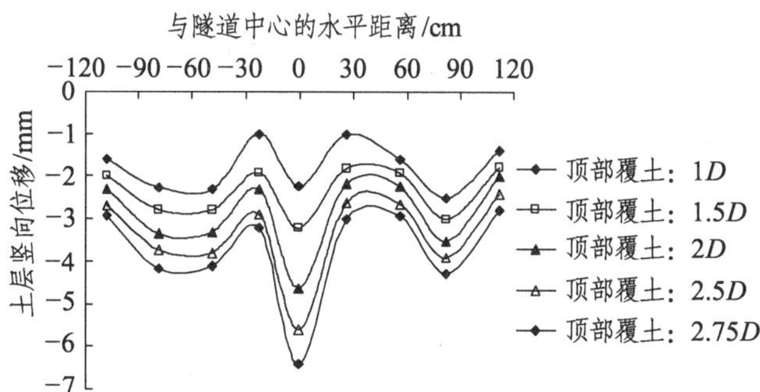

（b）不同填土高度时的实测竖向位移

图 4.27　1 号试验隧道底部的土层竖向位移

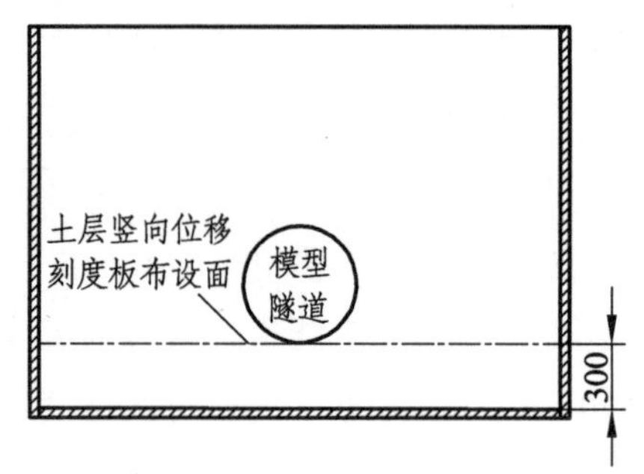

（a）竖向位移刻度板布设示意（单位：mm）

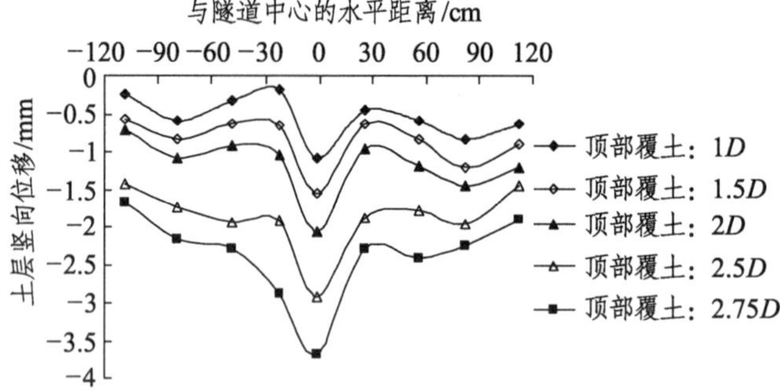

（b）不同填土高度时的实测竖向位移

图 4.28　3 号试验隧道底部的土层竖向位移

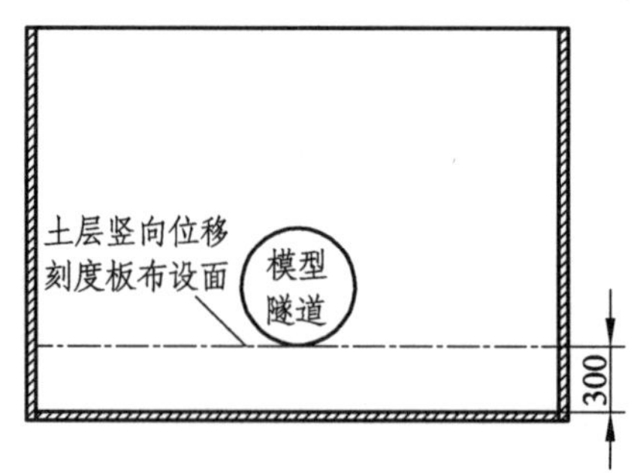

（a）竖向位移刻度板布设示意（单位：mm）

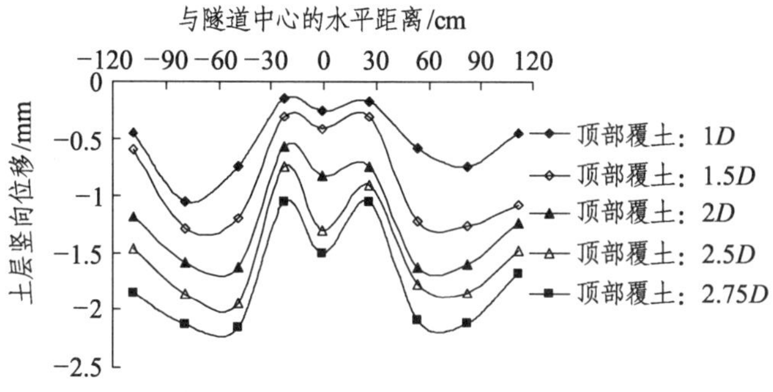

（b）不同填土高度时的实测竖向位移

图 4.29 4 号试验隧道底部的土层竖向位移

从隧道底部土层沉降趋势表明，隧道底部土层中的竖向土压力分布不均匀，1、3 号试验中隧道底部土压力将大于同深度位置的两侧土压力，而 4 号试验则是隧道底部土压力将小于同深度位置的两侧土压力。1 号试验在距离隧道中心约为 70 cm 处的竖向沉降量约为 4.2 mm，而 3、4 号试验在距离隧道中心约为 70 cm 处的竖向沉降量为 2 ~ 2.5 mm，稍小于 1 号试验。导致该现象主要是因为后一次试验是在前一次试验的基础上将隧道下卧土层的表层土进行了松动并压实，对最底部土层未进行再次松动，即后期试验的下卧土层稍密实。但整个试验过程中，隧道下卧土层的厚度总体不大，故对整体试验结果影响也不大。

图 4.30 ~ 图 4.32 分别为 1、3、4 号试验的隧道顶部土层在不同覆土厚度时的竖向位移。图 4.30 与图 4.31 可以看出，在上部逐层堆载时，隧道正上方的竖向沉降量要小于其两侧的竖向沉降量，且随着上部堆载的逐渐增加，隧道正上方与其两侧的竖向沉降差也在逐渐增长，如 1 号试验，在隧道顶部覆土为 1*D* 时，隧道正上方与距离隧道中心水平距离约为 80 cm 处的竖向沉降差约为 7.5 mm，而在隧道顶部覆土为 2.75*D* 时，其竖向沉降差约为 16.3 mm；3 号试验在隧道顶部覆土为 1*D* 时，隧道正上方位置与距离隧道中心水平距离约为 80 cm 处的竖向沉降差约为 4.5 mm；而在隧道顶部覆土为 2.75*D* 时，其竖向沉降差约为 8.6 mm。由此可见，对于 1、3 号试验，在上部堆载过程中，隧道上部土层的土体间出现了明显的竖向相对

位移，即隧道上部土体相对其两侧土体发生了向上的竖向相对位移，从土压力实测结果来看，1、3 号试验隧道顶部的土压力比其同深度位置的两侧的土压力要大。

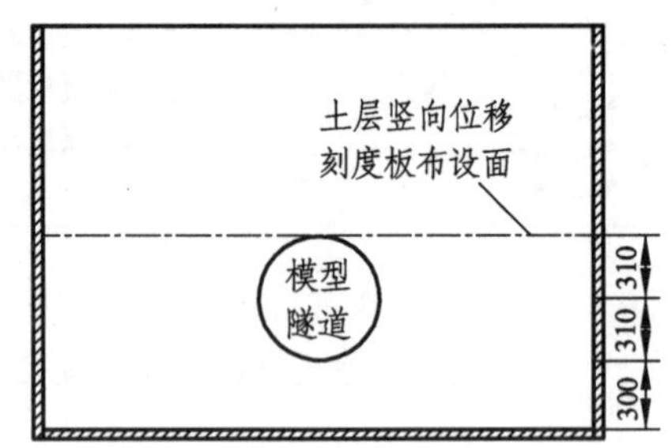

（a）竖向位移刻度板布设示意（单位：mm）

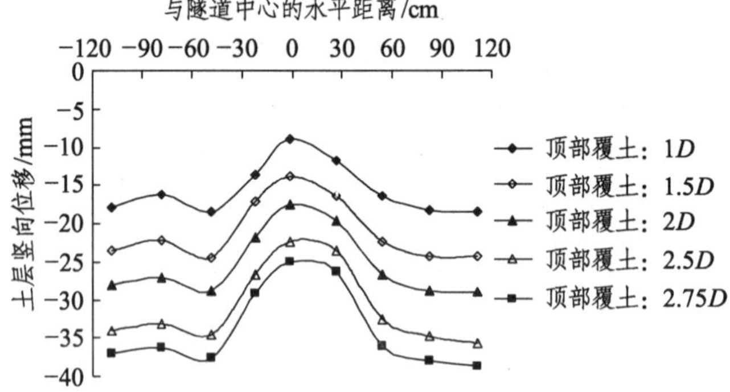

（b）不同填土高度时的实测竖向位移

图 4.30　1 号试验隧道顶部的土层竖向位移

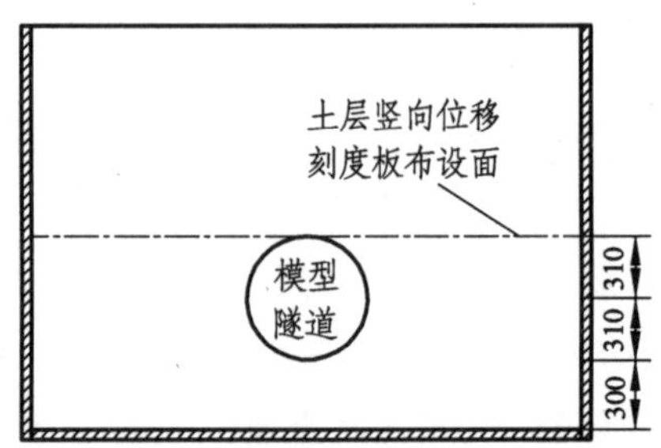

（a）竖向位移刻度板布设示意（单位：mm）

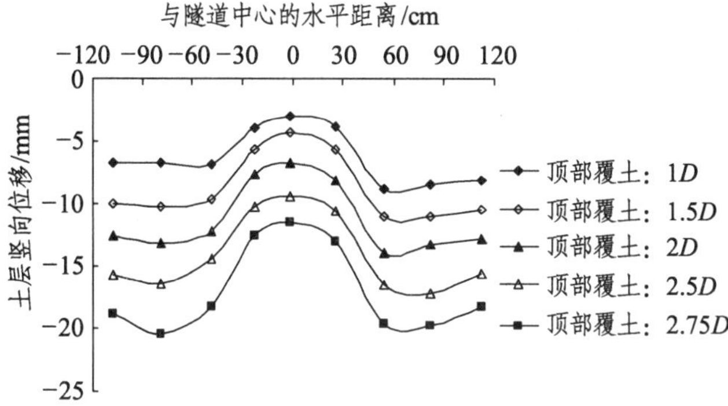

（b）不同填土高度时的实测竖向位移

图 4.31　3 号试验隧道顶部的土层竖向位移

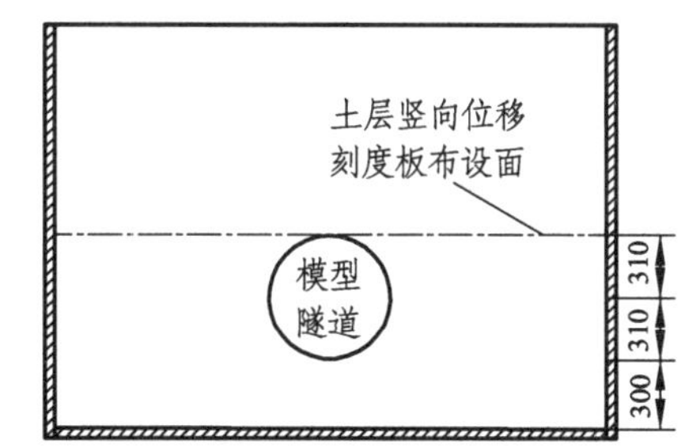

（a）竖向位移刻度板布设示意（单位：mm）

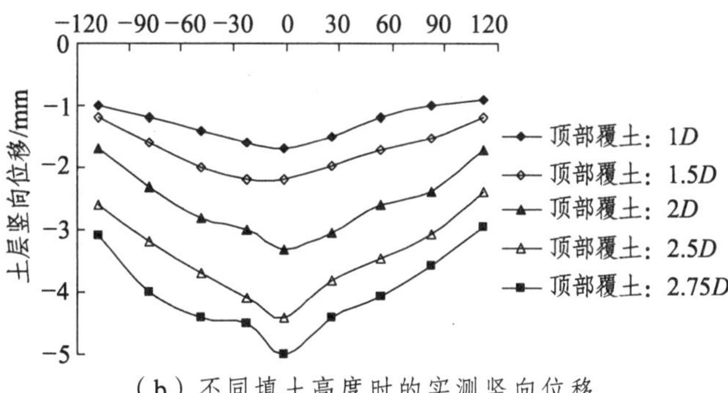

（b）不同填土高度时的实测竖向位移

图 4.32　4 号试验隧道顶部的土层竖向位移

由图 4.32 可知，4 号试验时隧道顶部土层的竖向位移与 1、3 号试验完全不同，即 4 号试验时隧道正上方的竖向沉降量要大于其两侧的竖向沉降量，隧道上部土体相对其两侧土体发生了向下的竖向相对位移。随着上部堆载而逐渐增加，隧道正上方与其两侧的竖向沉降差也在逐渐增长，4 号试验在隧道顶部覆土为 1*D* 时，隧道正上方位置与距离隧道中心的水平距离 80 cm 处的竖向沉降差约为 0.6 mm，而在隧道顶部覆土为 2.75*D* 时，其竖向沉降差约为 1.2 mm。从土压力实测结构来看，4 号试验隧道顶部的土压力比其同深度位置的两侧的土压力要小。

由此可见，在上部逐渐堆载过程中，隧道上覆土层的土体间存在竖向相对位移，且随着上部堆载而逐渐增长，竖向位移差的量值也在逐渐增大。从竖向土压力实测结果来看，在同一深度的不同位置同样存在竖向土压力差，且土压力差的量值也是随着上部堆载而逐渐增加。1、3 号试验均为隧道正上方的沉降量小于其两侧的沉降量，对 1、3 号试验比较可知，竖向位移差越大，其竖向土压力差也越大；而 4 号试验刚好相反，即隧道正上方的沉降量大于其两侧的沉降量。

隧道底部土层竖向位移与隧道顶部土层的竖向位移之差作为隧道穿越土层的竖向压缩量，则图 4.33 为隧道顶部覆土厚度为 2.75*D* 时隧道穿越土层的竖向总压缩量。从图中可以看出，1 号试验的隧道穿越土层的压缩量最大，其次依次为 3 号试验与 4 号试验。在隧道中心位置（与隧道中心的水平距离为 0），竖向压缩量即为隧道的竖向收敛变形。对于 1、3 号试验，隧道的竖向收敛变形小于其两侧隧道穿越土层的竖向压缩量；对于 4 号试验，隧道的竖向收敛变形大于其两侧隧道穿越土层的竖向压缩量。由此可见，当隧道穿越软弱土层时，在上部堆载作用下，隧道结构的竖向收敛变形小于隧道穿越土层的竖向压缩量，导致隧道上覆土层的土体间出现竖向相对位移。当隧道上覆土层的土体间产生竖向相对位移时，土体间将产生竖向剪切应力，从而导致隧道正上部土体承受其两侧土体转移的竖向土压力，隧道上部的竖向土压力将大于土柱理论土压力；而当隧道穿越土层压缩模量较大时，在上部堆载作用下，隧道的竖向收敛变形大于隧道穿越土层的竖向压缩量，导致隧道上覆土层的土体间出现竖向相对位移，其趋势与上述情况刚好相反，因此将导致隧道正上方土体的竖向土压力有向其两侧土体转移的趋势，隧道上部的竖向土压力将小于土柱理论土压力。

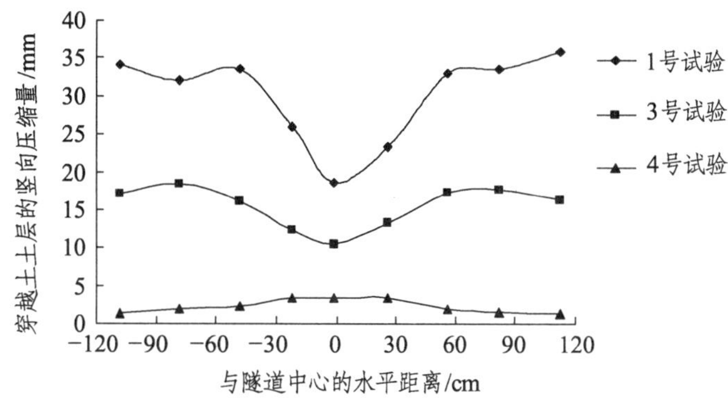

图 4.33　隧道顶部覆土厚度为 2.75D 时穿越土层的竖向总压缩量

图 4.34 为隧道顶部覆土厚度 1.5D ~ 2.75D 时穿越土层的竖向压缩量，其总体趋势与图 4.33 相同。由此可见，在地表超载作用下，隧道穿越土层的竖向压缩量与隧道结构的竖向压缩变形量不一致是导致隧道上覆土层的土体间产生竖向相对位移的直接原因，从而导致土体间出现竖向土压力转移。

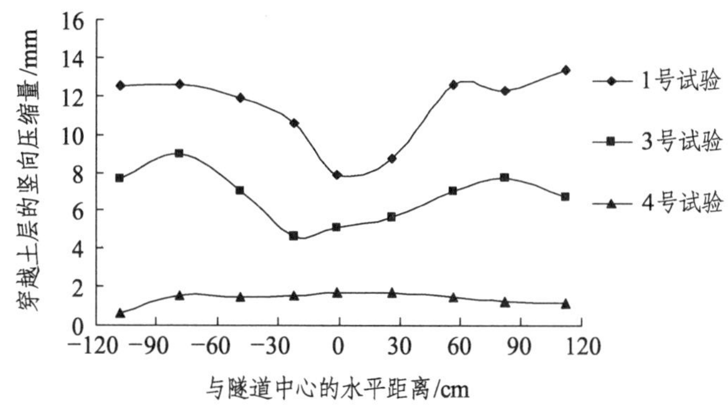

图 4.34　隧道顶部覆土厚度 1.5D ~ 2.75D 时穿越土层的竖向压缩量

图 4.35 ~ 图 4.40 分别为 1、3、4 号试验隧道顶部以上 0.5D 与 1D 位置的土层竖向位移。从图中可以看出，随着土层与隧道顶部的垂直距离越远，同深度位置的土层竖向位移差的数值越小。而竖向土压力实测结果与此类

似，如图 4.19 与图 4.20 所示，土层与隧道顶部的垂直距离越远，同深度位置的竖向土压力差值越小。由此可见，隧道上覆土层在同一深度位置的竖向土压力分布不均与隧道上覆土层的土体间竖向相对位移有关，当隧道上覆土层的土体间出现竖向相对位移时，将导致土体间出现竖向土压力转移。

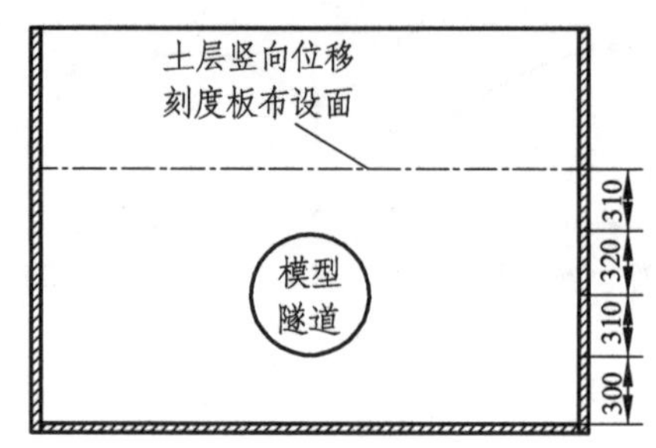

（a）竖向位移刻度板布设示意（单位：mm）

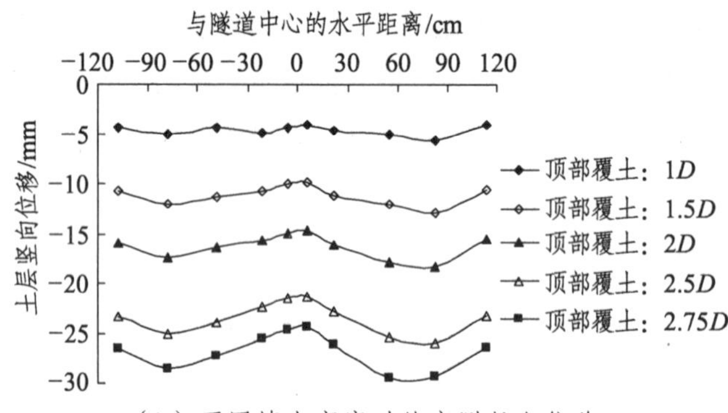

（b）不同填土高度时的实测竖向位移

图 4.35　1 号试验隧道顶部以上 0.5*D* 位置的土层竖向位移

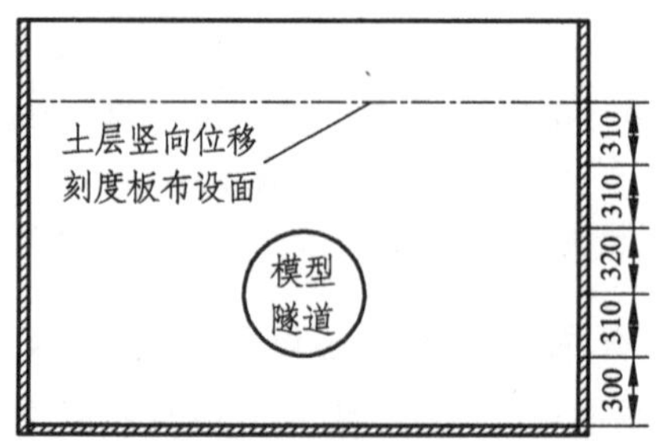

（a）竖向位移刻度板布设示意（单位：mm）

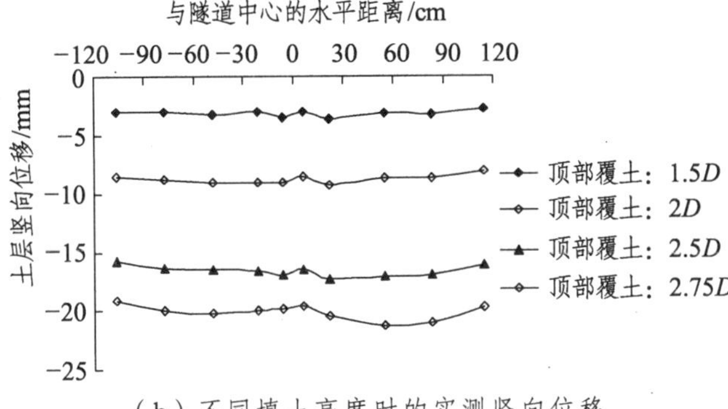

（b）不同填土高度时的实测竖向位移

图 4.36 1号试验隧道顶部以上 1*D* 位置的土层竖向位移

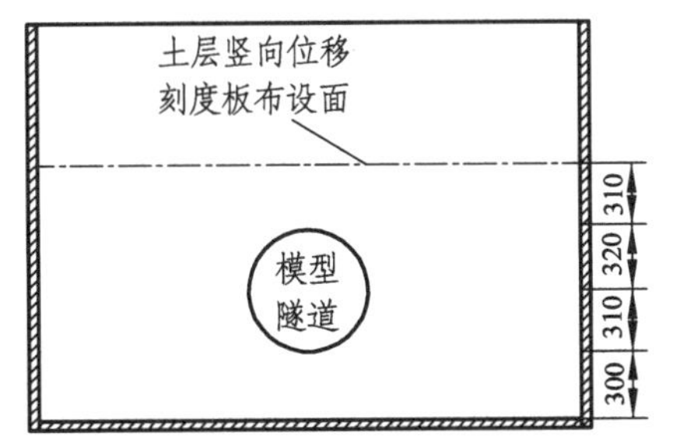

（a）竖向位移刻度板布设示意（单位：mm）

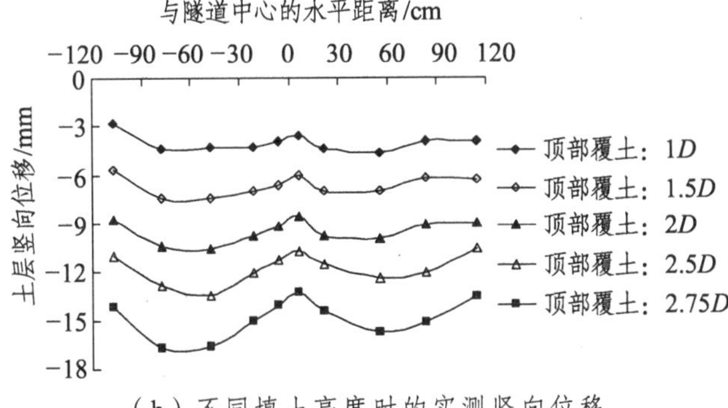

（b）不同填土高度时的实测竖向位移

图 4.37 3号试验隧道顶部以上 0.5*D* 位置的土层竖向位移

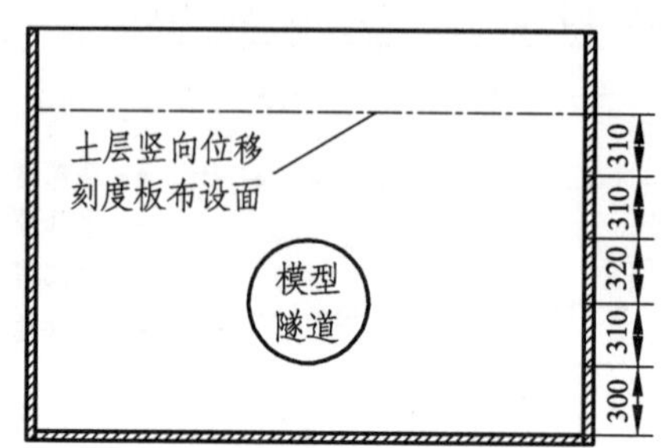

（a）竖向位移刻度板布设示意（单位：mm）

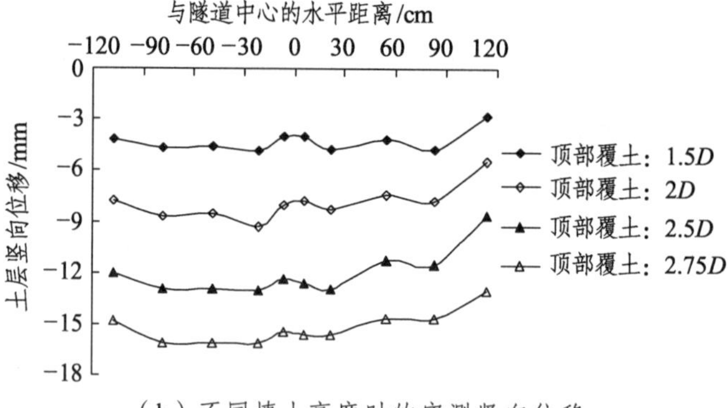

（b）不同填土高度时的实测竖向位移

图 4.38　3 号试验隧道顶部以上 1*D* 位置的土层竖向位移

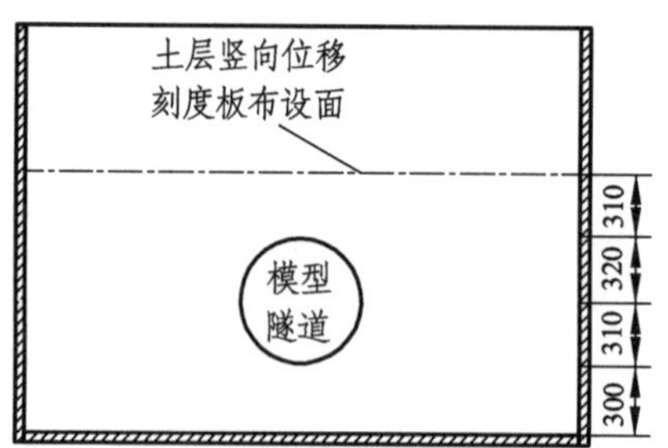

（a）竖向位移刻度板布设示意（单位：mm）

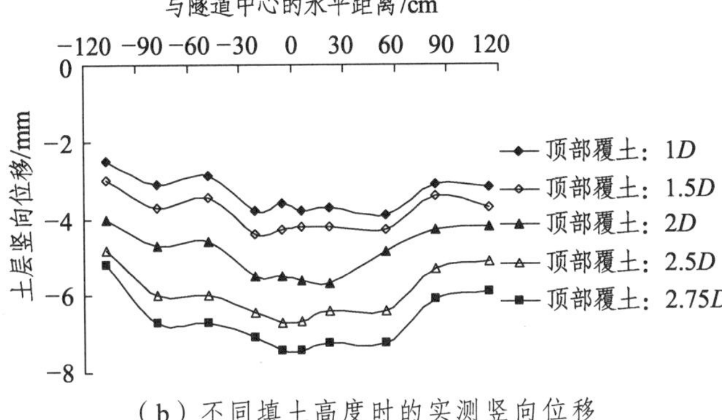

（b）不同填土高度时的实测竖向位移

图 4.39　4 号试验隧道顶部以上 0.5D 位置的土层竖向位移

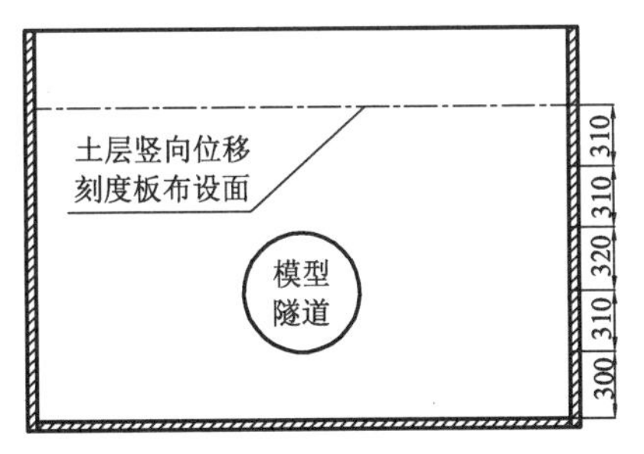

（a）竖向位移刻度板布设示意（单位：mm）

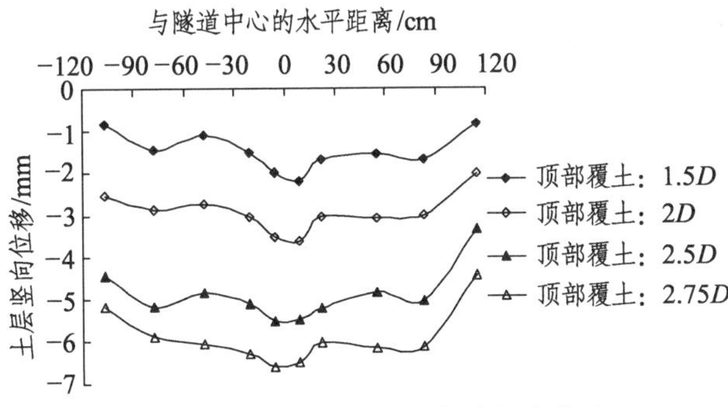

（b）不同填土高度时的实测竖向位移

图 4.40　4 号试验隧道顶部以上 1D 位置的土层竖向位移

4.3 地表超载对隧道竖向土压的影响分析

4.3.1 隧道竖向变形与隧道穿越土层竖向压缩量比较

根据模型试验实测的隧道底部土层及隧道顶部土层的竖向位移结果（图 4.27 ~ 图 4.32），并结合隧道穿越土层的竖向压缩量与隧道结构的竖向压缩变形的相关分析（图 4.33 与图 4.34），可得到以下关系：当隧道穿越土层的竖向压缩模量较小时（如 1、3 号模型试验），上部堆载后隧道的竖向压缩变形量（竖向收敛变形）小于其两侧穿越土层的竖向压缩量，其示意如图 4.41 所示；当隧道穿越土层的压缩模量较大时（如 4 号模型试验），上部堆载后隧道的竖向压缩变形量大于两侧穿越土层的竖向压缩量，其示意如图 4.42 所示。从隧道顶部土层与底部土层的竖向位移刻度读数可知，在地表超载作用下，当隧道的竖向压缩量小于两侧穿越土层的竖向压缩量时，隧道结构将相对地被压入上覆土层与下卧土层中，如图 4.41 所示。

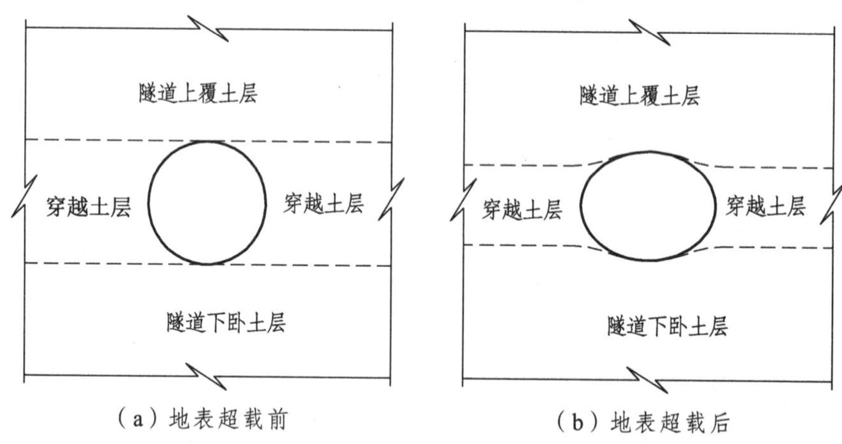

（a）地表超载前　　（b）地表超载后

图 4.41　地表超载作用下穿越土层的竖向压缩量与隧道竖向压缩变形示意 1

由 1、3、4 号试验的隧道顶部位置土层、隧道顶部以上 0.5D 与 1.5D 位置的土层的竖向位移比较可知，在地表超载作用下，隧道的竖向收敛变形与两侧穿越土层的竖向压缩量的关系直接决定了隧道上覆土层的土体间竖向相对位移状态。而隧道结构的竖向收敛变形与隧道结构的横向变形刚度有关，隧道两侧穿越土层的竖向压缩量与其压缩模量有关，由此可见，在地表超载作用下，隧道上覆土层的竖向相对位移状态是由隧道结构的刚度与穿越土层的压缩模量共同决定的。

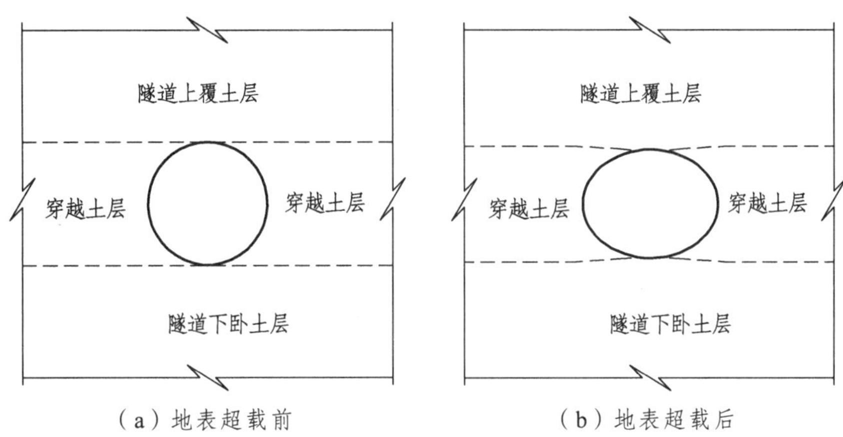

（a）地表超载前　　（b）地表超载后

图 4.42　地表超载作用下穿越土层的竖向压缩量与隧道竖向压缩变形示意 2

4.3.2　隧道上覆土层竖向相对位移与竖向土压力转移

从模型试验的土压力实测结果可以看出，在隧道上覆土层的土体间出现竖向位移差时，将导致竖向土压力在上覆土层的同一深度位置出现明显的分布不均，即土体间出现了竖向土压力转移现象。为了对上述现象进行简单说明，根据实测的土层竖向位移结果做出相应的竖向土压力转移示意，如图 4.43 所示。图中土体分区主要是为了说明竖向土压力转移的总体趋势，各分区间的界面并不是剪切破坏面。

当隧道的竖向收敛变形小于隧道两侧穿越土层的竖向压缩量时［图 4.43（a）］，隧道正上方一定范围内土体（A 区）的总体竖向沉降量要小于其两侧一定范围内土体（B 区与 C 区）的竖向沉降量。因此，B、C 区的土体要相对 A 区土体向下发生位移，在土体间具有竖向相对位移状态时，必然导致土体间产生剪力，因此发生了土体间竖向荷载的转移。图 4.43（a）为 A 区土体因 B、C 区土体相对向下发生位移而受到了向下剪力。因此，当地表超载时上覆土层中隧道的正上方土体（A 区）的竖向沉降量小于其两侧土体（B、C 区）的竖向沉降量时，隧道顶部的竖向土压力大于其两侧的竖向土压力。

尽管本模型试验的隧道下卧土层厚度较小（约 $0.5D$），但从隧道底部土层的竖向沉降量可知，在隧道底部同时也存在竖向位移差，如图 4.43（a）所示，H 区的竖向土压力将要大于 F、G 区的竖向土压力，因此 H 区的竖向沉降量总体大于 F、G 区的竖向沉降量。

由此可见，当隧道结构竖向压缩变形小于隧道两侧穿越土层的竖向压缩量时，将导致隧道上覆土层的土体间出现竖向相对位移，从而导致隧道上覆土层的土体间出现竖向土压力转移，导致隧道竖向土压力大于土柱理论土压力。与此同时，隧道下卧土层因竖向土压力不均匀而导致不均匀沉降。

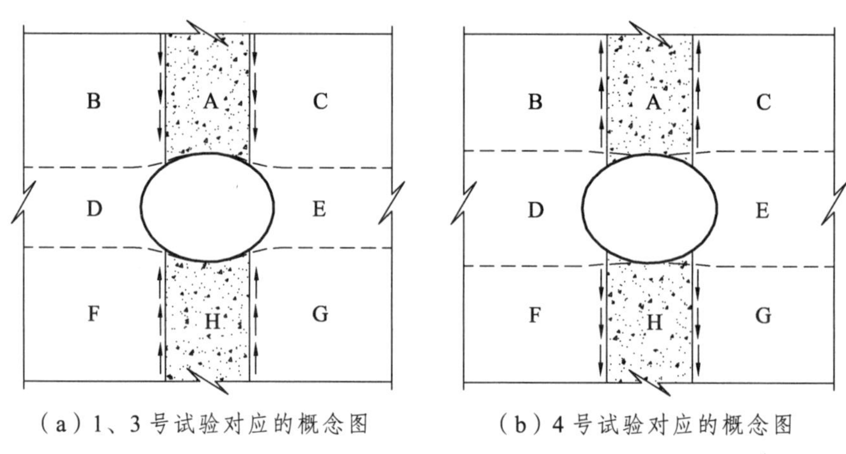

（a）1、3 号试验对应的概念图　　（b）4 号试验对应的概念图

图 4.43　地表超载作用下的竖向土压力转移分析示意

图 4.43（b）为隧道穿越土层压缩模量较大时，上部堆载作用下隧道的竖向收敛变形大于两侧穿越土层的竖向压缩，A 区与 H 区总体受到其两侧土体的剪力。图 4.43（b）中隧道上覆土层的竖向土压力转移情况刚好与图 4.43（a）相反，此时隧道竖向土压力将小于土柱理论土压力。

通过 1、3 号试验与 4 号试验的比较可知，隧道结构的刚度与隧道穿越土层的竖向压缩性能对地表超载作用导致的隧道竖向土压力有影响。在弹性范围内，上覆土层的竖向位移差越大，其剪切位移越大，上覆土层的土体间剪应力越大，因此土体间竖向土压力转移量越多。由此推理可知，在地表超载作用下，隧道竖向土压力由隧道结构的刚度与隧道穿越土层的压缩模量的相互关系决定。

4.3.3 地表超载导致的隧道竖向土压力影响因素

根据模型试验结果分析可知，当隧道穿越土层为软弱地层时，在地表超载作用下，隧道上覆土层的竖向位移场趋势与盾构掘进施工时隧道上覆土层的竖向位移场趋势完全不同。当按现有理论计算时，将地表超载换算为对应的上覆土层，并按土柱理论计算隧道竖向荷载，地表均布超载q导致的隧道竖向土压力增量刚好等于地表超载q，同时地表超载导致隧道结构受到的侧土压力增量则为λq（λ为侧土压力系数）。然而从室内模型试验结果来看，当隧道穿越土层为软弱土层时，因隧道上覆土层的土体间出现了竖向土压力转移现象，使地表超载q导致的隧道顶部一定范围内的竖向土压力将大于地表超载q，而在侧部一定范围的竖向土压力小于地表超载q，在侧部范围内的侧土压力小于λq。由隧道结构变形计算的结构力学模型可知，地表超载作用导致的实际土压力状态比现有计算方法得到的土压力状态对隧道结构变形更为不利。

由以上分析可知，在其他条件相同的情况下，隧道穿越土层的压缩模量越小，隧道上覆土层的土体间竖向位移差越大，地表超载作用下隧道上部土体承受其两侧土体转移的竖向土压力越多，则地表超载导致的隧道竖向土压力越大;同时隧道侧部一定范围内地表超载导致的竖向土压力越小，对应的侧土压力也越小。此外，隧道穿越土层的压缩模量越小，其水平抗力系数越小[78]，相同水平收敛变形条件下其水平地层抗力越小。由此可见，隧道穿越土层的压缩模量越小，在地表超载作用下有以下两方面对隧道结构的变形不利：

（1）隧道结构对地表超载导致的竖向土压力分担越多，隧道顶部一定范围与其侧部一定范围的竖向土压力相差越大，进而影响隧道结构的侧土压力。

将图 4.16～图 4.18 与图 4.24 结合分析可知，在上部堆载作用下，隧道正上方土压力越大，其侧部的竖向土压力越小，因而侧部由竖向土压力乘以侧土压力系数 λ 计算得到的侧土压力也越小。隧道竖向土压力与水平土压力相差越大，隧道结构的横椭圆变形越大。

（2）土体的水平抗力系数越小，即在相同水平变形时产生的水平地层抗力越小，从而影响结构变形时的水平地层抗力。

从图 4.26 可以看出，1、3 号试验的隧道结构水平变形均大于 4 号试验，而从图 4.25 可知，1、3 号试验的实测水平土压力均小于 4 号试验，一方面是 1、3 号试验的隧道结构侧部竖向土压力较小的原因，另一方面是 1、3 号试验的隧道穿越土层软弱，其水平抗力系数较小。室内模型试验结果分析表明，隧道穿越土层越软弱，地表超载作用下越容易导致隧道结构发生横椭圆变形，这也是上海地铁盾构隧道在现有的竖向土压力计算理论允许的地表堆载作用下发生结构变形超限的原因。

从图 4.43（a）来看，隧道上覆土层的土体间竖向相对位移由隧道结构的横向变形刚度与隧道穿越土层的土体力学性能共同决定；同时隧道下卧土层的压缩性能将影响隧道结构被相对地压入下卧土层的压入量，进而影响隧道上覆土层的土体间竖向相对位移；而隧道上覆土层的土体间竖向荷载转移量不仅与土体间的竖向相对位移有关，同时还与隧道上覆土层的土体力学性能有关。由此可见，地表超载导致的隧道竖向土压力不仅与隧道结构的横向变形刚度和隧道穿越土层的土体力学性能有关，同时还与隧道上覆土层及下卧土层的土体力学性能有关。

现有的隧道竖向土压力计算理论对地表超载作用下导致的土压力计算时，根本不考虑隧道结构刚度与隧道穿越土层压缩性能之间的关系。由此可见，现有的隧道竖向土压力计算理论对地表超载的考虑并不合理，因此有必要对地表超载作用下的隧道竖向土压力模式与计算方法展开理论分析。

4.4 本章小结

（1）根据试验目的，设计了 4 种方案的模型试验，其中 1 号试验与 2 号试验在上部土层的填筑方式上有所不同；3、4 号试验相对 1 号试验而言，其隧道穿越土层的压缩性能不同。

（2）模型试验的隧道结构变形结果分析表明，采用逐层上部堆载方式可模拟地表超载。在地表超载作用下，隧道穿越土层的压缩模量越小，隧道结构的变形越大。

（3）通过模型试验的实测土压力结果分析表明，在地表超载作用下，隧道穿越土层的压缩性直接影响隧道上覆土层竖向土压力的分布均匀性。隧道穿越土层的压缩模量越小,隧道顶部分担堆载产生的竖向土压力越多。

（4）模型试验的隧道上覆土层的土体间竖向相对位移分析结果表明，隧道穿越土层的竖向压缩量与隧道结构的竖向压缩变形不一致是导致隧道上覆土层的土体间竖向相对位移的直接原因。在地表超载作用下，隧道结构的刚度与穿越土层的压缩模量之间的关系共同决定隧道上覆土层的土体间竖向相对位移关系，进而影响隧道结构对竖向荷载的分担。隧道穿越土层的压缩模量越小，地表超载作用导致的隧道竖向土压力越大，且对应的水平土压力越小，对隧道结构抵抗横向变形越不利。

（5）基于模型试验实测结果，从机理上对地表超载作用下隧道穿越土层的压缩性能对隧道结构的变形影响进行了分析，将实测土压力结果与土柱理论计算结果进行了比较分析。结果表明，当隧道位于高压缩性软土地层中时，地表超载导致的隧道结构变形要大于现有理论计算的土压力导致的隧道变形，这也是软土地区地铁盾构隧道在现有理论允许的地表堆载作用下发生变形超限的原因。

（6）地表超载导致的隧道竖向土压力影响因素分析表明，地表超载导致的隧道竖向土压力大小不仅与隧道结构的横向变形刚度有关，同时还与隧道上覆土层、穿越土层及下卧土层的土体力学性能有关。

【第5章】>>>>
地表超载作用下隧道与地层的相互作用分析

室内模型试验分析表明，当隧道穿越土层的压缩模量较小时，在地表堆载过程中，隧道穿越土层的竖向压缩量大于隧道的竖向压缩变形，导致隧道上部土体的竖向位移小于其两侧土体的竖向位移。尽管模型试验过程中存在一些不可避免的误差因素，但试验结果为地表超载对隧道影响的理论分析提供了依据。

地表超载作用下，隧道结构的竖向压缩变形与穿越土层的压缩量之间的关系直接影响隧道上覆土层的土体间竖向相对位移关系；隧道结构的竖向收敛变形直接影响隧道结构的水平收敛变形，而水平收敛变形又将影响隧道结构的水平地层抗力。因此，为了得到地表超载导致的隧道竖向土压力模式及其计算方法，本章从隧道结构与地层的相互作用出发，分析地表超载作用导致的隧道竖向土压力与隧道结构变形。

5.1 地表超载作用下隧道与地层的相互作用

由室内模型试验分析可知，在地表超载作用下，当隧道结构的竖向压缩变形量小于隧道穿越土层的竖向压缩量时，隧道顶部的竖向土压力将大于隧道顶部覆土重量 γh 与地表超载应力 q 之和，而在隧道顶部两侧的竖向土压力将小于对应上部土层重量 γh 与地表超载应力 q 之和，即隧道顶部出现了“竖向土压力集中”现象。从模型隧道顶部土层的竖向位移来看，在隧道顶部出现“竖向土压力集中”现象时，隧道正上方土层的沉降量小于其两侧同深度土层的沉降量，隧道顶部“竖向土压力集中”现象主要由隧道顶部土层与其两侧土层之间竖向土压力发生转移所导致，如图 5.1 所示。

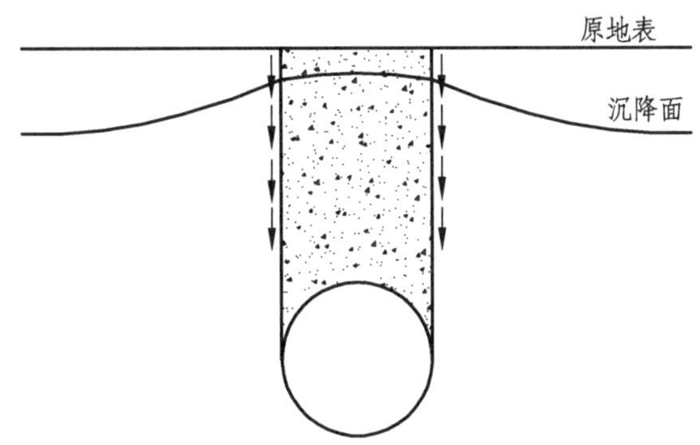

图 5.1 地表超载作用下软土地层中盾构隧道的地表沉降面示意

注：图中的竖向箭头表示隧道上部土体受到的竖向剪切应力，图中的剪切应力面并不是剪切破坏面。

由此可见，在地表超载作用下，盾构隧道结构的竖向压缩变形量与其同深度土层（隧道穿越土层）的竖向压缩量不一致，导致隧道结构与土层存在竖向变形不协调，因此最终导致隧道顶部土压力大于隧道顶部覆土重量 γh 与地表超载应力 q 之和。

5.1.1 均匀地层状态的土层压缩变形分析

当地层中不存在盾构隧道时（即均匀的地层中），在均布的地表超载 q 作用下，土层因地表超载作用而产生一维压缩，地表也随之产生沉降。为了与存在盾构隧道的地层进行比较分析，在均匀地层中将盾构隧道存在时隧道外边界线对应的土体进行标记，如图 5.2 所示。将均匀地层的土层分为三层，其中第一层的厚度 S_1 取为当隧道存在时的隧道上覆土层厚度；第二层的厚度 S_2 取为当隧道存时的隧道外径；第三层的厚度 S_3 取为当隧道存在时隧道底部“竖向集中土压力”所影响的厚度[110]。

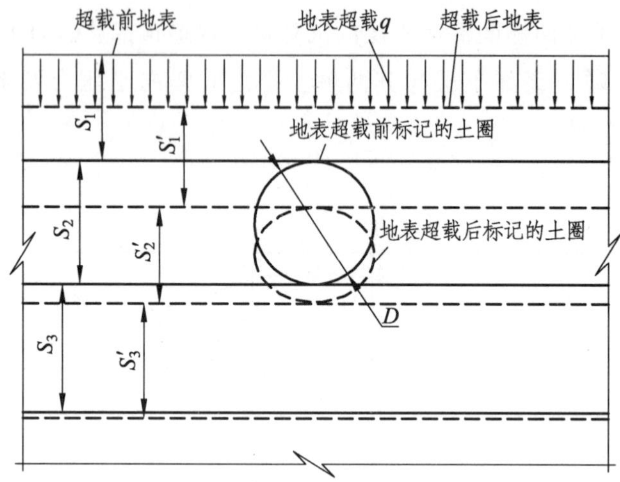

S_1—地表超载前均匀地层的第一层厚度，即隧道存在时地表超载前隧道上覆土层的厚度，即 $S_1 = H_0$（H_0 为隧道上覆土层厚度）；S_2—地表超载前均匀地层的第二层厚度，即隧道存在时地表超载前隧道穿越土层的厚度，其大小等于隧道的外径，即 $D_2 = D$（D 为隧道的外径）；S_3—地表超载前均匀地层的第三层厚度，即隧道存在时地表超载前隧道下卧土层的计算厚度，其深度取至地表超载时隧道底部大于 q 部分的地基反力的影响深度。

图 5.2　地表超载作用下均匀地层中的土层压缩变形

注：在地表超载 q 作用下，当隧道顶部的竖向土压力增量大于 q 时，对应隧道底部的地基反力增量也将大于 q，则大于 q 部分的地基反力将对隧道底部土层产生相应的压缩，但大于 q 部分的地基反力到一定深度后产生的对应沉降可以忽略不计，则第三层的底部应取至该深度位置。

在地表超载作用下，均匀地层发生一维压缩变形，则原厚度分别为 S_1、S_2 及 S_3 的土层被压缩后的厚度分别为 S_1'、S_2' 及 S_3'，则各土层的压缩量 ΔS_1、ΔS_2 及 ΔS_3 的计算公式分别为

$$\Delta S_1 = S_1 - S_1' = \frac{q}{E_{s1}} S_1 \tag{5.1}$$

$$\Delta S_2 = S_2 - S_2' = \frac{q}{E_{s2}} S_2 \tag{5.2}$$

$$\Delta S_3 = S_3 - S_3' = \frac{q}{E_{s3}} S_3 \tag{5.3}$$

式中：E_{s1}、E_{s2}、E_{s3}——第一层、第二层及第三层土的压缩模量。

以被标记土圈的中心作为局部坐标的原点，在地表超载过程中，被标记的土圈整体向下发生移动，如图 5.2 所示，但局部坐标也相应地向下发

生移动。将地表超载前后被标记土圈均相对局部坐标进行表示时，其相对关系如图 5.3 所示。

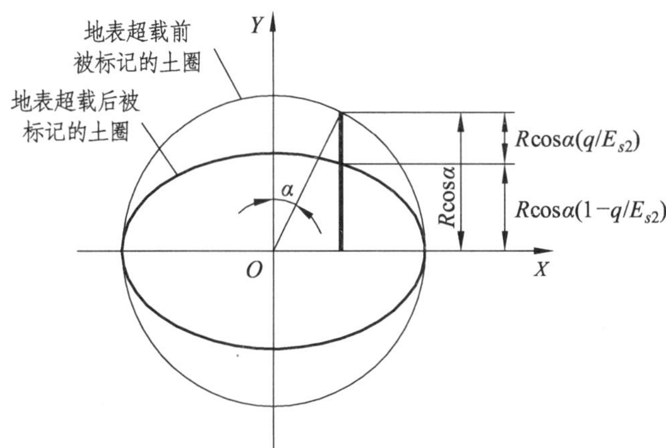

图 5.3 地表超载前后被标记土圈与局部坐标的关系

从图 5.3 可以看出，地表超载前均匀地层所标记的圆形土体在地表超载后呈近似的椭圆形（但并非标准的椭圆）。以地表超载前所标记土圈的圆心作为局部坐标原点，则地表超载前所标记的圆形土体在局部坐标中的表达式为

$$\begin{cases} x = R\sin\alpha \\ y = R\cos\alpha \end{cases} \tag{5.4}$$

式中：R——隧道结构的外半径，$R = D/2$（D 为隧道的外径）；

α——所标记的圆形土体上任意点到圆中心的连线与 Y 轴所成的角度，如图 5.3 所示，角度顺时针方向增长。

在均匀地层中，地表均布超载 q 作用下，土层可认为是一维压缩。在地表超载后，土层中任一深度 h 处的竖向土压力为上覆土重 γh 与地表超载 q 之和。第二层土体因地表超载导致的竖向压缩应变 ε 为

$$\varepsilon = \frac{q}{E_{s2}} \tag{5.5}$$

对于被标记的土体，在地表超载后，上半圆高度为 y 的土柱，其压缩量为

$$\Delta y = \varepsilon y = \varepsilon R\cos\alpha = \frac{q}{E_{s2}}R\cos\alpha \tag{5.6}$$

则被标记的土体在地表超载后所压缩形成的近似椭圆的竖坐标表达式为

$$y' = y - \Delta y = R\cos\alpha(1-\varepsilon) \tag{5.7}$$

因此，根据以上关系，即可以求出地表超载后所标记土圈在局部坐标中的表达式为

$$\begin{cases} x' = R\sin\alpha \\ y' = R\cos\alpha(1-\varepsilon) = R\cos\alpha\left(1-\dfrac{q}{E_{s2}}\right) \end{cases} \tag{5.8}$$

当以被标记土圈的中心所在的水平面作为土层竖向位移参考面，则均匀地层在地表超载前后的关系也可以表示为图 5.4 所示的关系。在图 5.4 中，竖向位移参考面在地表超载前后视为不发生竖向位移，而参考面上部土体相对参考面向下发生位移，而参考面下部土体相对参考面向上发生位移。因此，上述的局部坐标原点也不发生移动，则从图 5.4 中即可看出被标记土圈在地表超载前后的关系，其相对关系与图 5.3 相同。

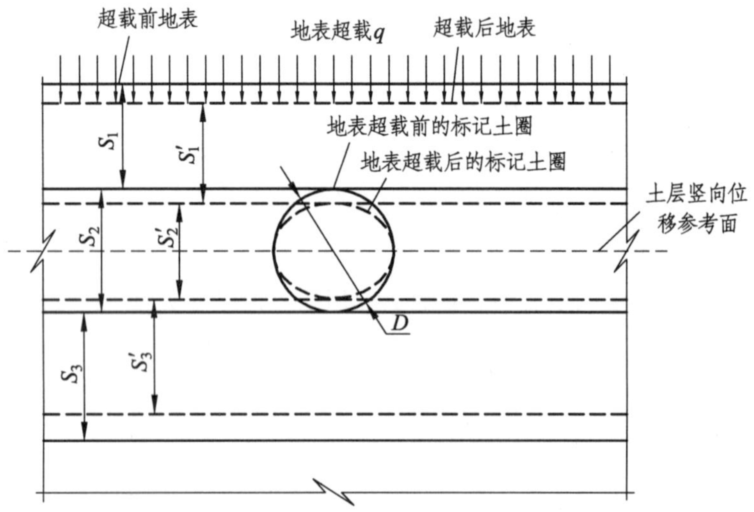

图 5.4 土层压缩示意以被标记土圈的中心所在的水平面作为土层竖向位移参考面

从以上分析可以看出，不存在隧道结构的地层在地表超载后，被标记的土圈在局部坐标中的水平位移不变，而竖向上相对局部坐标原点的水平面方向发生相对位移。此时，地表超载后被标记的圆形土体的任一位置因地表超载导致的竖向土压力增量均为地表超载 q，同时被标记的圆形土体的任一位置因地表超载导致水平土压力增量为 λq（λ 为侧土压力系数）。被标记土体的任意一点与其他同深度土体不存在竖向相对位移，同时第一层土的土体之间也不存在竖向相对位移。由此可见，在均匀地层中，均布地表超载作用下第一层土体均匀地向下发生沉降，土体间不存在竖向相对位移，因而土体间不存在竖向土压力转移。

为了方便分析地表超载作用下隧道结构与周围土体的相互作用，在此假设地层中存在一种理想隧道。在地表超载作用下，理想隧道结构的外边界与上述均匀地层中被标记土圈保持一致，因此，理想隧道的变形与周围地层保持绝对协调。在地表超载过程中，理想隧道结构外边界土体的位移场与均匀地层状态下的被标记土圈周围土体的位移场完全相同。因此，在地表超载 q 作用下，理想隧道的上部竖向土压力为上覆土重 γh 与地表超载 q 之和，即地表超载 q 作用导致理想隧道竖向土压力增量也为 q，也即现有土柱理论的土压力计算方法中对地表超载的考虑方法[4,6,52,53]，而地表超载导致理想隧道周围土体的水平土压力增量为 λq。

在地表超载作用下，理想隧道的结构变形具有以下特点：

（1）理想隧道结构各点的竖向相对位移（以理想隧道的中心水平面作为竖向相对位移的参考面）与均匀地层状态下对应被标记土圈的竖向相对位移完全一致。

（2）理想隧道结构的竖向直径减小时并不导致隧道结构的水平直径增大，即理想隧道对其侧部土体不产生挤压。

从以上假设可以看出，实际隧道的结构变形并非如此，这也是在此称之为“理想隧道”的原因。以理想隧道结构的圆心作为局部坐标原点，则地表超载前理想隧道结构外边界的表达式与均匀地层中被标记的土圈表达式相同，即

$$\begin{cases} x = R\sin\alpha \\ y = R\cos\alpha \end{cases} \tag{5.9}$$

在地表超载后，根据理想隧道的变形假设，变形后的理想隧道结构外边界表达式与地表超载后被标记土圈的表达式相同，即

$$\begin{cases} x' = R\sin\alpha \\ y' = R\cos\alpha\left(1-\dfrac{q}{E_{s2}}\right) \end{cases} \tag{5.10}$$

5.1.2 地表超载作用下隧道结构的变形分析

运营期盾构隧道在地表超载作用下，因隧道竖向土压力增量大于水平土压力增量，导致隧道结构有被压扁的趋势，即表现为横椭圆变形。当从平面应变角度考虑时，实际隧道结构可视为曲梁结构，盾构隧道发生横椭圆变形时，竖向直径减小，同时隧道结构的水平直径将增大，即竖向收敛变形与水平收敛变形同时发生。盾构隧道结构变形过程中的特点如下：

（1）隧道结构可视为曲梁结构，隧道结构的竖向直径减小的同时其水平直径增大。

（2）隧道结构水平直径增大时对侧向土体产生挤压，从而产生水平地层抗力，隧道结构受到的水平向土压力直接影响到隧道结构的水平收敛变形。

（3）隧道结构水平向土压力对水平收敛变形有影响，而水平收敛变形影响竖向收敛变形。因此，隧道结构的竖向土压力、竖向收敛变形、水平土压力、水平收敛变形相互影响。

为了分析隧道结构的变形特点，将模型试验中变形后的模型隧道绘制到直观图中。考虑到隧道的变形相比隧道的尺寸而言小得多，若将隧道按实际尺寸作图，则隧道结构的变形并不能直观地看出。为此，将模型隧道的尺寸缩小 10 倍，即外半径为 32 mm，再将隧道结构的变形按实测结果绘制到图中，此时隧道结构的变形将被相对地放大了 10 倍。图 5.5（a）为 2 号模型试验在竖向收敛变形 ΔD_{v} 为 5.7 mm、水平收敛变形 ΔD_{h} 为 5.0 mm

时实测隧道结构变形；图 5.5（b）为 2 号模型试验在竖向收敛变形 ΔD_v 为 13.1 mm、水平收敛变形 ΔD_h 为 11.5 mm 时实测隧道结构变形。同时在图中以“$a=R+\Delta D_h/2$”作为椭圆的长半轴、以“$b=R-\Delta D_v/2$”作为椭圆的短半轴绘制出相应的椭圆。

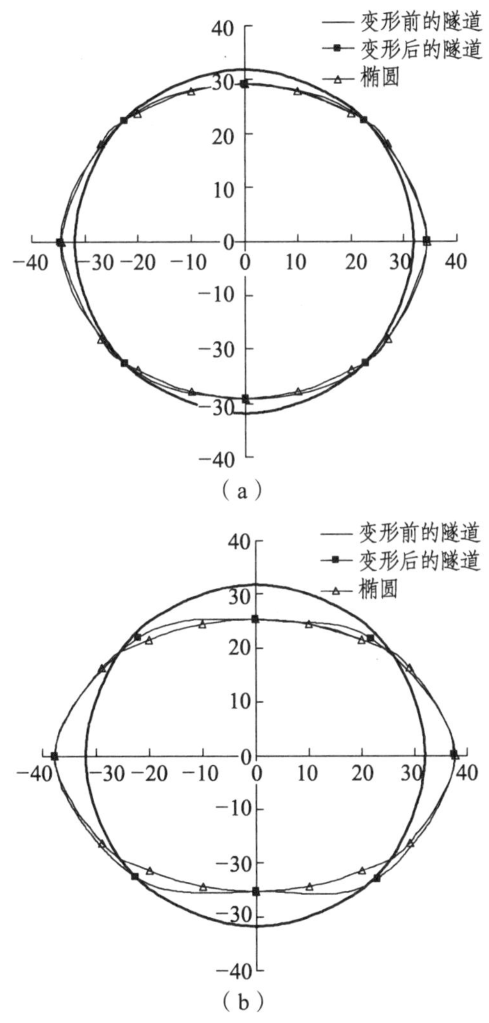

图 5.5　地表超载作用下实测隧道结构变形与椭圆的比较

从图 5.5 可以看出，模型试验过程，隧道结构的实测变形结果与椭圆较为接近。在以下理论分析中，为了方便对隧道结构变形过程的外边界进行表述，假设实际隧道结构变形过程中，隧道的外边界符合标准椭圆，即可用椭圆方程来表达变形后的隧道结构外边界。

为了分析地表超载作用下隧道结构的竖向土压力增量，对地表超载作用下的实际隧道结构作如下假设：

（1）地表超载前隧道结构为标准的圆形结构。

盾构隧道完成施工后存在一定的椭圆度，但相对隧道结构的实际尺寸而言，地表超载前的隧道结构收敛变形很小。为了方便分析地表超载导致的隧道结构变形，在此假设地表超载前实际隧道结构为标准圆形结构。

（2）隧道结构为修正均质圆环结构。

盾构隧道由管片拼装而成，而管片纵缝接头削弱了隧道结构的横向变形刚度。考虑到隧道结构纵缝接头对盾构隧道管片环横向变形刚度的影响，结构变形分析计算时将拼装管片环换算为修正均质圆环。在相同荷载条件下均质圆环与拼装管片环的水平收敛变形相等时两者截面的抗弯刚度比值即为刚度有效率[111]。因此，通过刚度有效率计算均质圆环的抗弯刚度，确保了均质圆环与拼装管片环的水平收敛变形及水平地层抗力近似相等。

（3）隧道结构发生收敛变形过程中，隧道的外边界始终保持为标准椭圆形状，且隧道的外边界周长保持不变。

从图 5.5 中变形后的隧道与相应的椭圆比较可以看出，在隧道结构变形过程中，可近似地认为隧道保持标准的椭圆形状，因此，变形后的隧道结构外边界可用椭圆方程表达。隧道结构视为曲梁结构，考虑到结构因轴力及剪力导致的变形远小于因弯矩导致的变形，因此，实际隧道变形过程中任意状态下的椭圆周长与变形前的圆形隧道结构外边界周长保持相等。

设实际隧道结构在地表超载作用下变成椭圆时其方程表达式为

$$\frac{x^2}{a^2}+\frac{y^2}{b^2}=1 \tag{5.11}$$

式中：a——椭圆的长半轴，位于 x 轴上；

b——椭圆的短半轴，位于 y 轴上。

椭圆结构的周长为

$$L = 2\pi b + 4(a - b) \tag{5.12}$$

在分析隧道结构与地层相互作用时，土压力作用在隧道外边界上。为此，在分析隧道结构曲梁变形时，以隧道结构的外边界周长进行计算。变形前的圆形隧道结构的外边界周长为

$$l = 2\pi R \tag{5.13}$$

假设隧道结构变形前后其周长保持不变，故

$$2\pi R = 2\pi b + 4(a - b) \tag{5.14}$$

当隧道结构发生横椭圆变形时，隧道的水平直径增大，同时其竖向直径减小，设水平收敛变形与竖向收敛变形分别为 ΔD_{h} 与 ΔD_{v}，则隧道结构的收敛变形与椭圆的关系为

$$a = R + \frac{\Delta D_{\mathrm{h}}}{2} \tag{5.15}$$

$$b = R - \frac{\Delta D_{\mathrm{v}}}{2} \tag{5.16}$$

式中：ΔD_{h}——隧道结构的水平收敛变形，即隧道结构变形前后的水平直径之差，在此以隧道水平直径增大时为正；

ΔD_{v}——隧道结构的竖向收敛变形，即隧道结构变形前后的竖向直径之差，在此以隧道竖向直径减小时为正。

根据变形前的圆形隧道结构与变形后的椭圆形隧道结构的关系，即可得到隧道结构的竖向收敛变形与横向收敛变形的关系表达式为

$$\Delta D_{\mathrm{h}} = \frac{\pi - 2}{2} \Delta D_{\mathrm{v}} \tag{5.17}$$

由此可见，只要知道隧道结构的竖向收敛变形 ΔD_{v}，即可以确定变形后的椭圆表达式与横向收敛变形 ΔD_{h}。

理想隧道结构的竖向压缩变形则取决于地表超载的大小与隧道穿越土层的压缩性能。因软土地区地层软弱，压缩性大，在地表超载作用下，理想隧道竖向压缩变形将大于实际隧道的竖向压缩变形。理想隧道为隧道结

构与周围地层变形完全协调的理想结构，而实际隧道结构的变形与周围地层变形并不协调，因此，实际隧道周围的土压力与理想隧道周围的土压力也完全不同。为此，有必要从实际隧道与周围地层的相互作用角度分析实际隧道周围的土压力。

5.1.3 地表超载作用下隧道结构对周围土体的相对挤压分析

在此对软土地区盾构隧道在地表超载作用下，结构与地层的相互作用关系展开分析，即在地表超载作用下，隧道穿越土层的压缩量大于隧道结构的竖向压缩变形。根据 1、3 号模型试验实测的隧道底部土层及隧道顶部土层的竖向位移结果，如图 4.27、图 4.28、图 4.30、图 4.31 所示，并结合隧道穿越土层的竖向压缩量及隧道结构的竖向压缩变形分析，如图 4.33 与图 4.34 所示，即可得到图 5.6 所示的地表超载作用下土层压缩及盾构隧道变形。

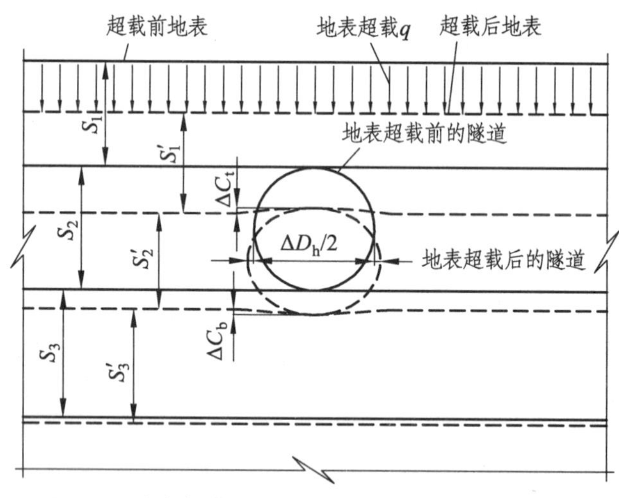

图 5.6 地表超载作用下土层压缩及盾构隧道变形

从图 5.6 中可以看出，隧道结构在地表超载作用下，其竖向收敛变形为 ΔD_v，则有 $\Delta D_v < \Delta S_2$（ΔS_2 为隧道穿越土层受隧道影响很小的位置的压缩量）。地表超载后的隧道顶部（0°位置）相对地表超载后的隧道穿越土层顶部偏上，其量值为 ΔC_t；地表超载后的隧道底部（180°位置）相对地表

超载后的隧道穿越土层底部偏下，其量值为 ΔC_{b}。上述关系可理解为：在地表超载作用下，隧道结构相对其穿越土层少，发生的竖向压缩部分被相对地压入到隧道上覆土层与下卧土层中。其中被相对地压入上覆土层中的压入量为 ΔC_{t}，被相对地压入下卧土层中的压入量为 ΔC_{b}。

为了更直观地分析地表超载作用下隧道结构对周围土体的相互作用，以超载前的隧道中心水平面为竖向位移参考面，将图 5.6 所示的土层压缩与隧道变形表示为图 5.7，且为了方便以下分析与表述，同时将图 5.6 中地表超载后的隧道表述为变形后的实际隧道，假设变形后的实际隧道外边界满足标准椭圆，并同时将上述均匀地层状态下定义的理想隧道也表示到图 5.7 中。在地表超载作用下，当变形后的实际隧道与图 5.7 中变形后的理想隧道完全相同时，隧道结构对周围土体不存在相对挤压，理想隧道周围土体的位移边界与均匀地层状态下被标记土圈的位移边界完全相同。在此先假设隧道结构为变形后的理想隧道，则此时可知道地表超载导致的隧道周围土压力，即均布地表超载 q 导致的隧道竖向土压力为 q，对应的侧土压力增量为 λq，然后再将变形后的理想隧道转换为变形后的实际隧道（实际中并不存在此过程）。

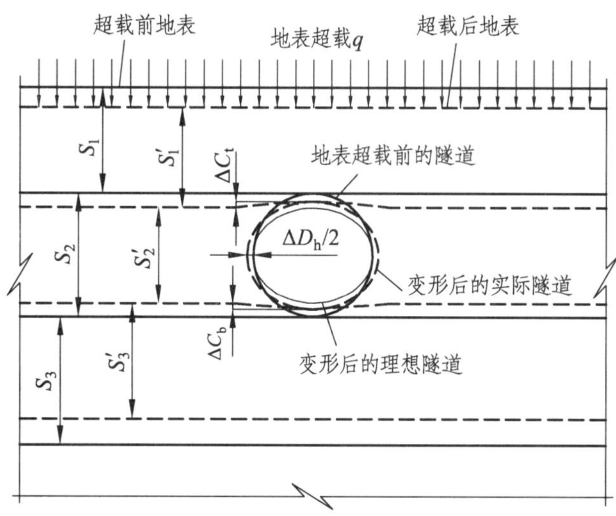

图 5.7　土层压缩及盾构隧道变形示意以超载前的隧道中心水平面为竖向位移参考面

由变形后的理想隧道转化为变形后的实际隧道的过程中，变形后的实际隧道对周围土体产生明显的挤压，在此称之为相对挤压。从水平方向来看，隧道水平直径的增大，对侧向土体产生侧向挤压，从而在侧向形成水平地层抗力；从变形后的理想隧道与变形后的实际隧道的竖向变形比较来看，相当于对隧道的上部土体与下部土体产生的竖向相对挤压，因此导致地表均布超载 q 作用下隧道上部与下部的竖向土压力增量均大于 q。

设 ΔC 为变形后的实际隧道结构的顶部（0°位置）与底部（180°位置）被相对地压入隧道上覆土层与下卧土层的压入量之和，即

$$\Delta C = \Delta C_{\mathrm{t}} + \Delta C_{\mathrm{b}} \tag{5.18}$$

则 ΔC 也为地表超载作用下隧道穿越土层不受隧道影响时的压缩量 ΔS_2（即变形后的理想隧道竖向收敛变形）与变形后的实际隧道竖向收敛变形之差，即

$$\Delta C = \Delta S_2 - \Delta D_{\mathrm{v}} \tag{5.19}$$

式中：ΔC_{t}——变形后的实际隧道顶部（0°位置）被相对地压入上覆土层中的压入量；

ΔC_{b}——变形后的实际隧道底部（180°位置）被相对地压入下卧土层中的压入量；

ΔC——地表超载作用下理想隧道的竖向收敛变形与实际隧道的竖向收敛变形之差,也即变形后的实际隧道的顶部与底部相对地被压入上覆土层与下卧土层的压入量之和。

由此可见，当变形后的实际隧道竖向收敛变形小于变形后的理想隧道竖向收敛变形时,隧道结构将相对地被压入到隧道上覆土层与下卧土层中。

为了分析地表超载导致的隧道竖向土压力增量，先对实际隧道结构对周围土体的相对挤压进行分析。为了方便计算，将圆与椭圆的表达式均写成直角坐标表达式，其局部坐标的原点为地表超载前圆形隧道的中心，圆的直角坐标表达式为

$$\frac{x^2}{R^2} + \frac{y^2}{R^2} = 1 \tag{5.20}$$

式中：R——隧道外半径，即 $R = D/2$。

隧道结构变形前的竖坐标表达式为

$$y = \pm\sqrt{R^2 - x^2}\,,\quad x \in [-R, R] \tag{5.21}$$

变形后的理想隧道竖坐标表达式为

$$y' = (1-\varepsilon)y = \pm(1-\varepsilon)\sqrt{R^2 - x^2} = \pm\left(1 - \frac{q}{E_{s2}}\right)\sqrt{R^2 - x^2}\,,\quad x \in [-R, R] \tag{5.22}$$

隧道变形后的椭圆直角坐标表达式为

$$\frac{x^2}{a^2} + \frac{y^2}{b^2} = 1 \tag{5.23}$$

式中：a——椭圆的长半轴；

b——椭圆的短半轴。

则实际隧道结构变形后的竖坐标表达式为

$$y = \pm\frac{b}{a}\sqrt{a^2 - x^2}\,,\quad x \in [-a, a] \tag{5.24}$$

在地表超载作用下，变形后的实际隧道顶部（0°位置）与底部（180°位置）分别被相对地压入隧道上覆土层与下卧土层中的压入量 $\Delta C_{\rm t}$ 与 $\Delta C_{\rm b}$ 并不一定相等。在不考虑隧道结构受到的竖向摩擦力时，隧道上部受到的附加向下竖向土压力总和与下部受到的附加向下竖向土压力总和相等（由隧道结构在竖直方向上的受力平衡可知）。为此，假设地表超载导致隧道上部受到的竖向土压力增量与下部受到的竖向土压力增量分布形式相同，且大小相等。

将图 5.7 中的隧道放大，并将实际隧道的中心与理想隧道的中心放到一起，如图 5.8 所示。此时，由变形后的理想隧道转化为变形后的实际隧道时，隧道结构对周围土体的相对挤压完全对称且相等。为了减少计算过程中的未知数，如隧道被相对地压入隧道上覆土层的相对压入量、隧道被相对地压入隧道下卧土层的相对压入量、隧道上覆土层与下卧土层的压缩模量等，在下一步计算时直接假设隧道上部与下部的土压力增量与其竖向相对挤压量成正比，其比例系数为β。因此，β的大小需要根据竖向挤压力导致的隧道正上方土层的压缩量、隧道正下方土层的压缩量以及隧道结构的竖向收敛变形之间的关系确定，即根据隧道结构的竖向收敛变形与土层的竖向压缩量的协调关系进行确定。

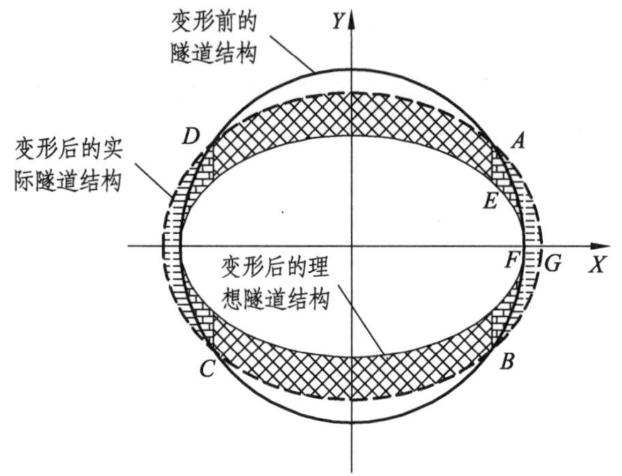

图 5.8　地表超载导致变形后的理想隧道与实际隧道

结合式（5.21）与式（5.24），可得到图 5.8 中变形前的圆形隧道与变形后的实际隧道（满足椭圆形隧道）的交点 A、B、C、D 的直角坐标为

$$A\left(a\sqrt{\frac{R^2-b^2}{a^2-b^2}},b\sqrt{\frac{a^2-R^2}{a^2-b^2}}\right);\quad B\left(a\sqrt{\frac{R^2-b^2}{a^2-b^2}},-b\sqrt{\frac{a^2-R^2}{a^2-b^2}}\right);$$

$$C\left(-a\sqrt{\frac{R^2-b^2}{a^2-b^2}},-b\sqrt{\frac{a^2-R^2}{a^2-b^2}}\right);\quad D\left(-a\sqrt{\frac{R^2-b^2}{a^2-b^2}},b\sqrt{\frac{a^2-R^2}{a^2-b^2}}\right)$$

变形前隧道结构在 X 的正半轴方向的水平坐标表达式为

$$x=\sqrt{R^2-y^2} \tag{5.25}$$

变形后实际隧道结构在 X 的正半轴方向的水平表达式为

$$x=\frac{a}{b}\sqrt{b^2-y^2} \tag{5.26}$$

从图 5.8 可以看出，在实际隧道被压扁的过程中，隧道结构对一定范围内的侧部土体产生水平向相对挤压，这也是水平地层抗力的取值依据。根据变形前的隧道结构与变形后的实际隧道结构之间的几何关系，可以得到隧道发生横椭圆变形过程中水平向相对挤压量 Δ_h 的计算公式为

$$\Delta_h = \frac{a}{b}\sqrt{b^2 - y^2} - \sqrt{R^2 - y^2}, \quad y \in \left[-b\sqrt{\frac{a^2 - R^2}{a^2 - b^2}}, b\sqrt{\frac{a^2 - R^2}{a^2 - b^2}}\right] \tag{5.27}$$

在图 5.8 中，变形后的实际隧道并未与变形后的理想隧道完全一致，由此可见，在地表超载作用下，实际隧道结构不仅对其侧部土体产生了水平向挤压，同时对隧道周围土体还产生了竖向相对挤压。根据变形前的隧道、变形后的理想隧道及变形后的实际隧道之间的几何关系，可以得到地表超载后的隧道结构对周围土体的竖向相对挤压量的表达式如下：

（1）当 $x \in \left(-a\sqrt{\frac{R^2 - b^2}{a^2 - b^2}}, a\sqrt{\frac{R^2 - b^2}{a^2 - b^2}}\right)$ 时，竖向相对挤压量表达式为

$$\Delta_{v1} = \frac{b}{a}\sqrt{a^2 - x^2} - \left(1 - \frac{q}{E_{s2}}\right)\sqrt{R^2 - x^2} \tag{5.28}$$

（2）当 $x \in \left(-R, -a\sqrt{\frac{R^2 - b^2}{a^2 - b^2}}\right)$ 及 $x \in \left(a\sqrt{\frac{R^2 - b^2}{a^2 - b^2}}, R\right)$ 时，竖向相对挤压量表达式为

$$\Delta_{v2} = \sqrt{R^2 - x^2} - (1 - \frac{q}{E_{s2}})\sqrt{R^2 - x^2} = \frac{q}{E_{s2}}\sqrt{R^2 - x^2} \tag{5.29}$$

水平向相对挤压量也是隧道产生水平地层抗力的原因，现有关于水平地层抗力的计算中，普遍采用 Winkler 局部变形理论进行计算，计算时只需要确定水平抗力系数即可。然而，关于竖向相对挤压导致的挤压力，暂无相关计算理论。尽管存在竖向相对挤压，但隧道上部明显不符合 Winkler 地基模型的计算条件。为此，需要对地表超载作用下隧道结构对周围土体的竖向相对挤压导致的土压力进行理论分析。

5.2 竖向相对挤压导致的隧道竖向土压力分析

5.2.1 地表竖向位移约束状态下竖向相对挤压导致的竖向土压力

由以上分析可知,在由变形后的理想隧道转化为变形后的实际隧道时,变形后的实际隧道将对隧道上部与下部产生竖向相对挤压。隧道上部与隧道下部为互相不受影响的挤压面，隧道下部可近似视为半无限体，其表面为曲面。假设竖向相对挤压导致的隧道下部竖向土压力与隧道下部被相对地压入到隧道下部土体中的压入量成正比；由竖向相对挤压导致隧道下部土层的土压力时，根据 Boussinesq 关于附加应力的计算方法进行计算。

而地表为竖向自由边界，分析隧道顶部相对竖向挤压以及由此导致的隧道上覆土层中的土压力时，明显不符合半无限体的条件。为此，在地表超载后，由变形后的理想隧道转化为变形后的实际隧道前，在地表施加竖向位移约束，或压缩模量特别大的半无限体岩层，倒置后如图 5.9 所示。在此条件下，假设隧道顶部竖向相对挤压导致的隧道上部竖向土压力与隧道被相对地压入上部土体中的相对压入量成正比；此时由竖向相对挤压导致隧道上覆土层中的土压力，也可以近似地按 Boussinesq 关于附加应力的计算方法进行计算。图 5.9 的底部视为基岩，也即竖向位移约束，荷载 P 作用导致基岩表面的土压力计算与图 5.10 类似，即在地表超载导致一定深度基岩上的土压力可应用 Boussinesg 附加应力计算理论。

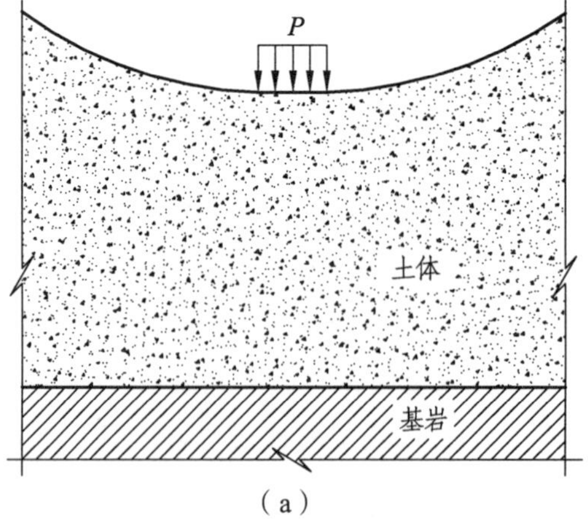

（a）

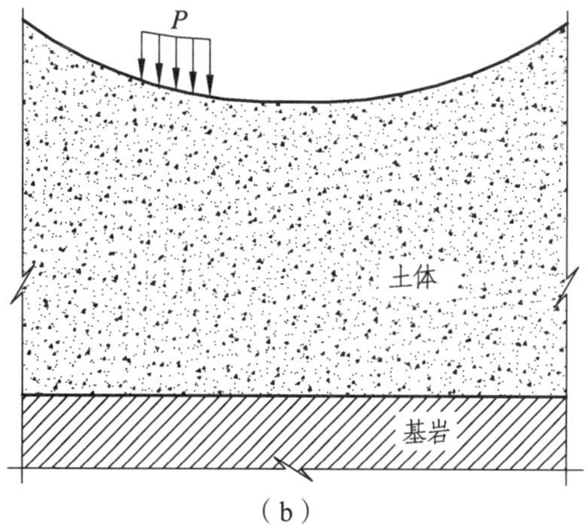

（b）

图 5.9 曲面地表上荷载对基岩顶部土压力影响示意图

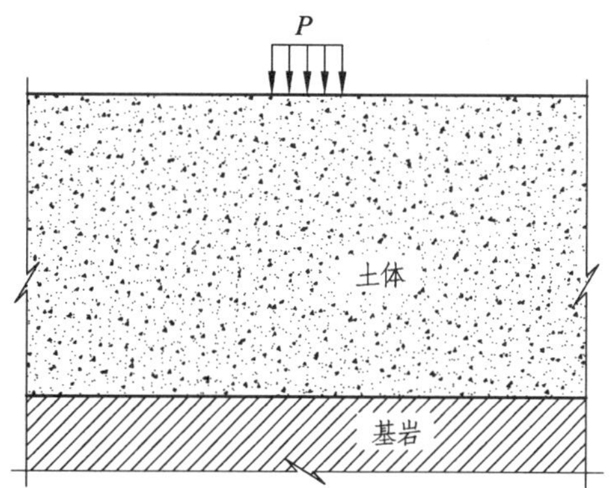

图 5.10 平面地表上荷载对基岩顶部土压力影响示意图

在地表施加竖向位移约束状态下，隧道对其上部土体以及对其下部土体形成竖向相对挤压时，其参考面为隧道变形前的中心水平面。实际上，隧道相对地被压入上部土体与下部土体的压入量取决于上覆土层与下卧土层的压缩模量。因此，隧道相对地被压入上部土体与下部土体的压入量一般并不相等，此时隧道结构将相对其两侧土体有竖向相对位移，其大小取决于隧道相对地被压入上部土体与下部土体的压入量之间的大小关系。然而，当忽略隧道结构与土层之间的竖向相对摩擦力时，根据平衡关系可知，地表超载导致的隧道上部竖向土压力增量与隧道下部竖向土压力增量相等。为此，假设地表超载导致的隧道上部竖向土压力增量与下部竖向土压力增量的分布形式完全相同[112]。隧道对周围土体的相对挤压导致的挤压力如图 5.11 所示。

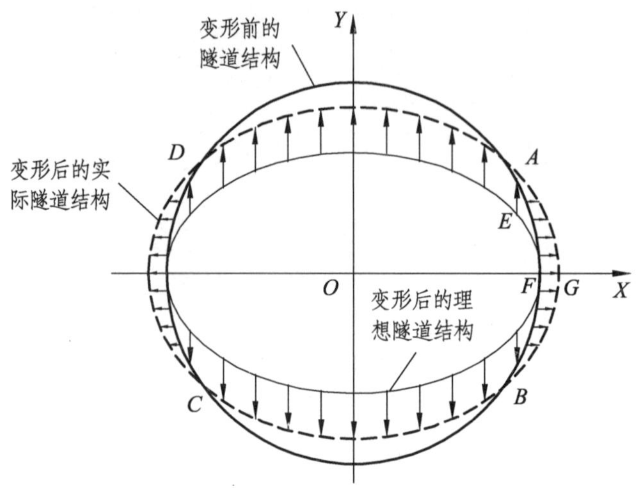

图 5.11　隧道对周围土体的相对挤压导致的挤压力

在地表超载 q 作用下，假设变形后的实际隧道呈椭圆形状，其长半轴为 a，短半轴为 b。在地表施加竖向位移约束时，由变形后的理想隧道转化为变形后的实际隧道时，对土体的竖向相对挤压导致的隧道上部土压力为 P_t（即大于 $\gamma h+q$ 部分的土压力），隧道下部土压力为 P_b。根据竖向土压力增量的平衡关系及相关假设可知，P_t 与 P_b 的大小与分布形式相同，即

$$P_t = P_b \tag{5.30}$$

因此，在分析时仅需要分析隧道上部的土压力即可。在地表施加竖向位移约束时，根据竖向相对挤压导致的隧道上部土压力与竖向相对挤压量成正比的假设（其比值为 β），即 $P_t = \beta\Delta v$，可得到竖向相对挤压导致的隧道上部土压力表达式如下。

（1）当 $x \in \left[-R, -a\sqrt{\dfrac{R^2-b^2}{a^2-b^2}}\right]$ 时：

$$P_{t1} = \beta\Delta v = \beta\left[\sqrt{R^2 - x^2} - \left(1 - \frac{q}{E_{s2}}\right)\sqrt{R^2 - x^2}\right]$$

$$= \frac{\beta q}{E_{s2}}\sqrt{R^2 - x^2} \tag{5.31}$$

（2）当 $x \in \left(-a\sqrt{\frac{R^2 - b^2}{a^2 - b^2}}, a\sqrt{\frac{R^2 - b^2}{a^2 - b^2}}\right)$ 时：

$$P_{t2} = \beta\Delta v = \beta\left[\frac{b}{a}\sqrt{a^2 - x^2} - \left(1 - \frac{q}{E_{s2}}\right)\sqrt{R^2 - x^2}\right] \tag{5.32}$$

（3）$x \in \left[a\sqrt{\frac{R^2 - b^2}{a^2 - b^2}}, R\right]$ 时：

$$P_{t3} = \beta\Delta v = \beta\left[\sqrt{R^2 - x^2} - \left(1 - \frac{q}{E_{s2}}\right)\sqrt{R^2 - x^2}\right]$$

$$= \frac{\beta q}{E_{s2}}\sqrt{R^2 - x^2} \tag{5.33}$$

盾构隧道的纵向长度远大于横向尺寸，在分析隧道结构上的土压力时考虑为平面应变问题，因此，竖向相对挤压导致的土压力可认为是条形荷载。根据 Boussinesq 关于附加应力的计算，费拉曼（Flamant）得到了在地表无限长直线上的竖向均布线荷载 $\overline{p}$ 作用下的附加应力计算公式为

$$\sigma_z = \int_{-\infty}^{+\infty} \frac{3\overline{p}z^3 \mathrm{d}y}{2\pi(x^2 + y^2 + z^2)^{5/2}} = \frac{2\overline{p}z^3}{\pi(x^2 + z^2)^2} \tag{5.34}$$

式中：$\overline{p}$ ——单位长度上的线均布荷载；

z——计算点的垂直深度；

x——计算点距离地表线均布荷载的水平距离。

以线荷载为基础，通过积分即可以导出条形面积上作用各种分布荷载时的附加应力。设条形荷载沿 Y 轴方向上无限长，垂直于 Y 轴的断面的上荷载分布如图 5.12 所示，W 点的坐标为(x,z)。其中沿 X 轴方向上的荷载宽度为 B，条形荷载的数值为 x 的函数，即 $P_x = f(x)$。在条形荷载的宽度方向上取微分宽度 $\mathrm{d}\xi$，将其上作用的荷载 $\mathrm{d}\overline{p} = p_x \mathrm{d}\xi$ 视为线布荷载，根据式

（5.34），$d\bar{p}$ 在 W 点引起的竖直附加应力 $d\sigma_z$ 的计算公式为

$$d\sigma_z = \frac{2z^3}{\pi[(x-\xi)^2+z^2]^2} p_x d\xi \tag{5.35}$$

将上式沿宽度 B 积分，即可以得到整个条形荷载在 W 点引起的竖向附加应力 σ_z 为

$$\sigma_z = \int_0^B \frac{2z^3}{\pi[(x-\xi)^2+z^2]^2} p_x d\xi \tag{5.36}$$

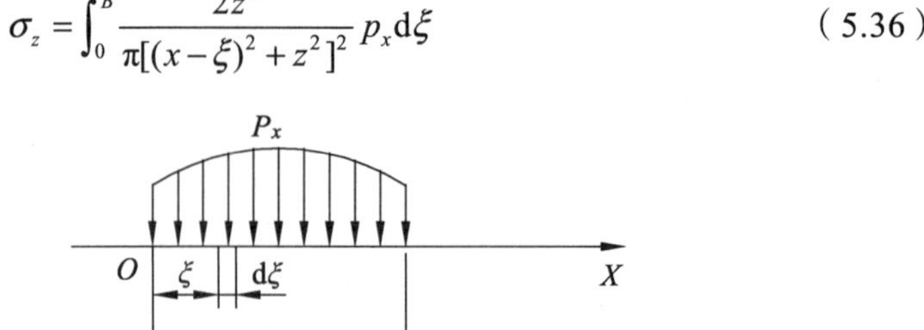

图 5.12　条形面积竖直荷载作用下的附加应力计算

为了分析竖向相对挤压导致的竖向土压力及隧道中心正上方土层的压缩量，现作如下假设：

（1）分析隧道对周围土体的竖向相对挤压导致的竖向土压力时，忽略隧道侧向土体挤压导致的侧向抗力 P_k 对隧道上部与下部的竖向土压力的影响。

（2）不考虑隧道结构与土层之间存在竖向位移差时隧道所受到的竖向摩擦力，即隧道对周围土体的竖向相对挤压导致的隧道上部竖向土压力之和等于隧道下部竖向土压力之和。

（3）分析竖向相对挤压导致的竖向土压力在土层中产生的应力时，不考虑地表超载导致的隧道上覆土层与下卧土层的压缩量，即第一层的厚度仍按 S_1 考虑，第三层的厚度仍按 S_3 考虑。

（4）对于盾构隧道完成施工后进行地表堆土导致的地表超载，分析时隧道上覆土层仍按原有厚度考虑，将地表堆土考虑为均布荷载。

在分析隧道对周围土体的竖向相对挤压导致的竖向土压力时，需要建立两个坐标系，如图 5.13 所示。其中(X,Y)坐标系为隧道结构的局部坐标，其原点为 O；(H,L)坐标系为整体坐标系，其原点为 J。

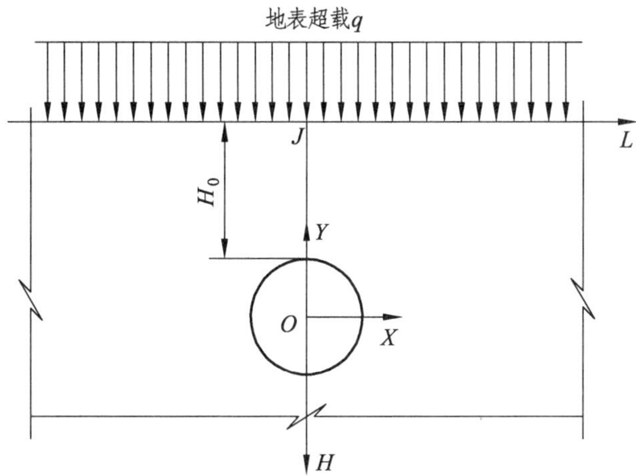

图 5.13　地表超载作用下隧道结构的变形分析

如图 5.14 所示，设 E 点的整体坐标值的竖向坐标值为 h，水平坐标值为 l。

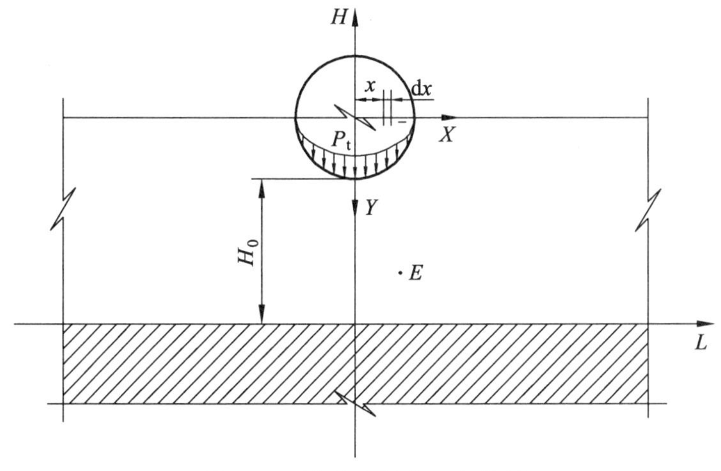

图 5.14　隧道上部土压力分析

当隧道对应局部坐标为 x 时，对应隧道上部的局部坐标值为 $(x, \sqrt{R^2-x^2})$，则局部坐标点 $(x, \sqrt{R^2-x^2})$ 到整体坐标点 (l,h) 的垂直距离与水平距离分别为 $(H_0-h+R-\sqrt{R^2-x^2})$ 与 $(l-x)$。根据上述关于条形荷载的附加应力计算方法，可以近似地得到在 p_t 作用下导致隧道上覆土层中任意点 E（E 点的整体坐标的竖坐标值 h 满足 $0 \leqslant h \leqslant H_0$）的附加竖向应力计算公式为

$$\sigma_{tu}=\int_{-R}^{R}\frac{2(H_0-h+R-\sqrt{R^2-x^2})^3}{\pi[(l-x)^2+(H_0-h+R-\sqrt{R^2-x^2})^2]^2}P_t\mathrm{d}x \quad (5.37)$$

因此，可以根据 P_t 在不同区间的表达式，可以得到 σ_{tu} 的计算公式如下

（1）当 $x\in\left[-R,-a\sqrt{\dfrac{R^2-b^2}{a^2-b^2}}\right]$ 时：

$$\sigma_{tu1}=\beta\int_{-R}^{-a\sqrt{\frac{R^2-b^2}{a^2-b^2}}}\left\{\frac{2(H_0-h+R-\sqrt{R^2-x^2})^3}{\pi[(l-x)^2+(H_0-h+R-\sqrt{R^2-x^2})^2]^2}\right\}\times\left(\frac{q}{E_{s2}}\sqrt{R^2-x^2}\right)\mathrm{d}x \quad (5.38)$$

（2）当 $x\in\left(-a\sqrt{\dfrac{R^2-b^2}{a^2-b^2}},a\sqrt{\dfrac{R^2-b^2}{a^2-b^2}}\right)$ 时：

$$\sigma_{tu2}=\beta\int_{-a\sqrt{\frac{R^2-b^2}{a^2-b^2}}}^{a\sqrt{\frac{R^2-b^2}{a^2-b^2}}}\left\{\frac{2(H_0-h+R-\sqrt{R^2-x^2})^3}{\pi[(l-x)^2+(H_0-h+R-\sqrt{R^2-x^2})^2]^2}\right\}\times\left[\frac{b}{a}\sqrt{a^2-x^2}-\left(1-\frac{q}{E_{s2}}\right)\sqrt{R^2-x^2}\right]\mathrm{d}x \quad (5.39)$$

（3）$x\in\left[a\sqrt{\dfrac{R^2-b^2}{a^2-b^2}},R\right]$ 时：

$$\sigma_{tu3}=\beta\int_{a\sqrt{\frac{R^2-b^2}{a^2-b^2}}}^{R}\left\{\frac{2(H_0-h+R-\sqrt{R^2-x^2})^3}{\pi[(l-x)^2+(H_0-h+R-\sqrt{R^2-x^2})^2]^2}\right\}\times\left(\frac{q}{E_{s2}}\sqrt{R^2-x^2}\right)\mathrm{d}x \quad (5.40)$$

当隧道为理想的隧道时，地表超载作用后在地表施加竖向位移约束，再由变形后的理想隧道转化为变形后的实际隧道，此时隧道上部对土体的竖向相对挤压导致的竖向土压力为

$$\sigma_{\mathrm{tu}}=\sigma_{\mathrm{tu1}}+\sigma_{\mathrm{tu2}}+\sigma_{\mathrm{tu3}} \tag{5.41}$$

式（5.41）中当 $h=0$ 时，则地表整体坐标为$(0,l)$的点到局部坐标为$(x,\sqrt{R^2-x^2})$的点的垂直距离与水平距离分别为$(l-x)$与$(H_0+R-\sqrt{R^2-x^2})$，则竖向相对挤压导致地表竖向位移约束的竖向荷载为

$$Q_{\mathrm{u}}=\int_{-R}^{R}\frac{2(H_0+R-\sqrt{R^2-x^2})^3}{\pi[(l-x)^2+(H_0+R-\sqrt{R^2-x^2})^2]^2}p_{\mathrm{t}}\mathrm{d}x \tag{5.42}$$

式（5.41）中当 $l=0$ 时，即可得到隧道中心正上方土层的不同深度位置的竖向土压力为

$$\sigma_{\mathrm{tu0}}=\int_{-R}^{R}\frac{2(H_0-h+R-\sqrt{R^2-x^2})^3}{\pi[x^2+(H_0-h+R-\sqrt{R^2-x^2})^2]^2}p_{\mathrm{t}}\mathrm{d}x \tag{5.43}$$

在地表施加竖向位移约束时，P_{t}作用导致隧道中心正上方土层的总压缩量S_{t}表达式为

$$S_{\mathrm{t}}=\int_{H_0}^{0}\frac{\sigma_{\mathrm{tu0}}}{E_{s1}}\mathrm{d}h \tag{5.44}$$

式（5.44）即为分层总和法的积分表达式。

设隧道下部的土压力增量P_{b}与隧道上部的土压力增量P_{t}相同，即$P_{\mathrm{b}}=P_{\mathrm{t}}$。在隧道中心的正下方，设其距离地表的距离为 $h[h>(H_0+D)]$，则整体坐标的水平坐标值为 0，即 $l=0$，图 5.15 中 W 点距离P_{b}的竖向距离为$(h-H_0-D+R-\sqrt{R^2-x^2})$，即为$(h-H_0-R-\sqrt{R^2-x^2})$。可以得到$P_{\mathrm{b}}$导致隧道中心正下方土层的竖向土压力为

$$\sigma_{\mathrm{b0}}=\int_{-R}^{R}\frac{2(h-H_0-R-\sqrt{R^2-x^2})^3}{\pi[x^2+(h-H_0-R-\sqrt{R^2-x^2})^2]^2}P_{\mathrm{b}}\mathrm{d}x \tag{5.45}$$

隧道中心正下方土层在 P_b 作用下导致的总压缩量 S_b，设隧道下方在 P_b 影响范围内的土层厚度为 S_3，隧道下卧土层的压缩模量为 E_{s3}。因此，计算厚度为 S_3 的土层在 P_b 作用下，土层的应力增量为 σ_{b0} 时导致的总压缩量 S_b 的表达式为

$$S_b = \int_{H_0+D}^{H_0+D+S_3} \frac{\sigma_{b0}}{E_{s3}} \mathrm{d}h \tag{5.46}$$

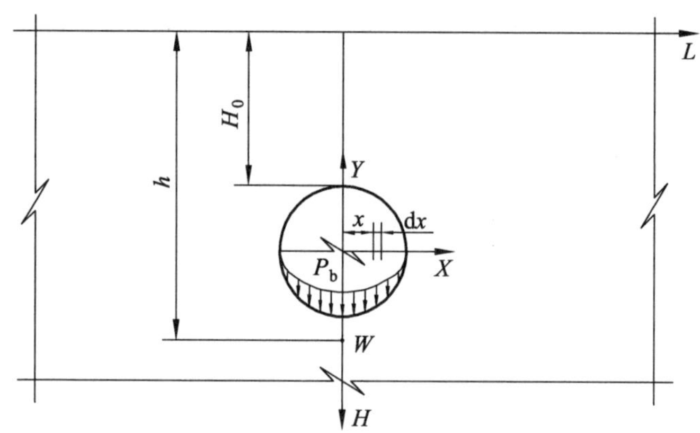

图 5.15 隧道下部的土压力分析

5.2.2 地表竖向位移约束撤除后竖向相对挤压导致的竖向土压力

实际中地表为竖向位移自由边界，当将地表竖向位移约束撤除后，并在地表虚加竖向荷载 Q_l，Q_l 与地表施加竖向位移约束时的竖向土压力 Q_u 的大小与分布形式相同，方向相反。从对隧道上覆土层的竖向土压力的影响来看，在地表施加竖向位移约束与在地表虚加竖向荷载 Q_l，其效果是相同的。对于地表虚加竖向荷载 Q_l 在隧道上覆土层中产生的附加竖向应力可以近似地应用 Boussinesq 附加应力理论进行求解。

地表虚加竖向荷载 Q_l 仍为条形荷载，设 E 点在整体坐标中的水平坐标值为 l，竖向坐标值为 h。为了计算整体坐标中任意一点的应力，假设地表虚加竖向荷载 Q_l 是与 ψ 有关的变量，即将 Q_u 中的参数 l 改为 ψ 即为 Q_l。在条形荷载宽度方向上取微分宽度 $\mathrm{d}\psi$，如图 5.16 所示，则其上作用的线

荷载为 $\mathrm{d}\overline{p}=Q_l\mathrm{d}\psi$，$\mathrm{d}\overline{p}$ 在 E 点引起的竖向附加应力计算公式为

$$\mathrm{d}\sigma_{\mathrm{td}}=\frac{2h^3}{\pi[(l-\psi)^2+h^2]^2}Q_l\mathrm{d}\psi \tag{5.47}$$

理论上，ψ 的取值为$(-\infty,+\infty)$，即条形荷载 Q_l 的宽度为$(-\infty,+\infty)$，因此，地表虚加竖向荷载 Q_l 在 E 点产生的附加竖向应力 σ_{td} 为

$$\sigma_{\mathrm{td}}=\int_{-\infty}^{+\infty}\frac{2h^3}{\pi[(l-\psi)^2+h^2]^2}Q_l\mathrm{d}\psi \tag{5.48}$$

实际中，地表虚加竖向荷载 Q_l 当达到一定宽度后几乎可以忽略不计，该宽度与隧道顶部覆土厚度有关，覆土厚度越大，对应的该宽度也越大。

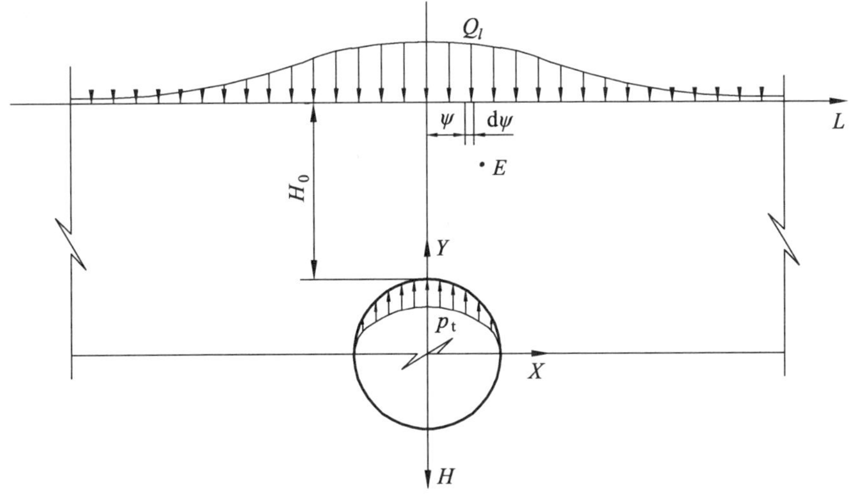

图 5.16 地表虚加荷载 Q_l

然而，实际的地表虚加竖向荷载 Q_l 并不存在，即地表除了均布超载 q 外，再无其他多余的荷载。因此，在地表均布超载 q 作用下，隧道对周围土体的竖向相对挤压导致计算隧道上覆土层中的竖向土压力时，应该在地表竖向位移约束状态的基础上减去 Q_l 在隧道上覆土层中产生的附加竖向应力。因此，在地表超载 q 作用下，隧道上覆土层中任意点 E 因隧道对周围土体的竖向相对挤压导致的竖向土压力为

$$\Delta\sigma_{\mathrm{t}} = \sigma_{\mathrm{tu}} - \sigma_{\mathrm{td}} \tag{5.49}$$

其中

$$\sigma_{\mathrm{tu}} = \int_{-R}^{R} \frac{2(H_0 - h + R - \sqrt{R^2 - x^2})^3}{\pi[(l-x)^2 + (H_0 - h + R - \sqrt{R^2 - x^2})^2]^2} p_{\mathrm{t}} \mathrm{d}x$$

$$\sigma_{\mathrm{td}} = \int_{-\infty}^{+\infty} \frac{2h^3}{\pi[(l-\psi)^2 + h^2]^2} Q_l \mathrm{d}\psi$$

在地表虚加竖向荷载 Q_l 撤除后，隧道中心正上方（$l=0$）土层中任意深度位置的竖向土压力即为隧道对周围土体竖向相对挤压导致的实际竖向土压力，其计算公式为

$$\Delta\sigma_{\mathrm{t0}} = \sigma_{\mathrm{tu0}} - \sigma_{\mathrm{td0}} \tag{5.50}$$

当 $l=0$ 时，σ_{tu0} 与 σ_{td0} 的计算公式分别为

$$\sigma_{\mathrm{tu0}} = \int_{-R}^{R} \frac{2(H_0 - h + R - \sqrt{R^2 - x^2})^3}{\pi[x^2 + (H_0 - h + R - \sqrt{R^2 - x^2})^2]^2} p_{\mathrm{t}} \mathrm{d}x$$

$$\sigma_{\mathrm{td0}} = \int_{-\infty}^{+\infty} \frac{2h^3}{\pi(\psi^2 + h^2)^2} Q_l \mathrm{d}\psi$$

在地表超载 q 的作用下，隧道中心正上方（$l=0$）土层因隧道对周围土体竖向相对挤压导致的实际全部压缩量为

$$\Delta S_{\mathrm{t}} = \int_{H_0}^{0} \frac{\Delta\sigma_{\mathrm{t0}}}{E_{s1}} \mathrm{d}h \tag{5.51}$$

隧道结构上部的整体坐标满足 $l \in (-R, R)$ 、$h = H_0 + R - \sqrt{R^2 - l^2}$ 。在地表虚加荷载撤除后，对应的隧道竖向土压力 $\Delta\sigma_{\mathrm{t}}$（$\Delta\sigma_{\mathrm{t}} = \sigma_{\mathrm{tu}} - \sigma_{\mathrm{td}}$）即为地表超载 q 作用下隧道结构对周围土体竖向相对挤压导致的隧上部实际竖向土压力，此时 $\Delta\sigma_{\mathrm{t}}$ 表示为 ΔP_{t}，即

$$\Delta P_{\mathrm{t}} = \sigma_{\mathrm{tu}} - \sigma_{\mathrm{td}} = P_{\mathrm{t}} - \sigma_{\mathrm{td}} \tag{5.52}$$

因忽略隧道与土层之间的竖向摩擦，地表超载时隧道结构对周围土体竖向相对挤压导致的隧道下部实际地基抗力 ΔP_{b} 的大小与分布形式近似地认为与 ΔP_{t} 相同，即

$$\Delta P_{\mathrm{b}} = \Delta P_{\mathrm{t}} \tag{5.53}$$

因此，可以求得隧道中心正下方土层（$l = 0$）任意深度 h 的位置由 ΔP_{b} 导致的附加应力 $\Delta\sigma_{\mathrm{b0}}$ 的表达式为

$$\Delta\sigma_{\mathrm{b0}} = \int_{-R}^{R} \frac{2(h - H_0 - R - \sqrt{R^2 - x^2})^3}{\pi[x^2 + (h - H_0 - R - \sqrt{R^2 - x^2})^2]^2} \Delta P_{\mathrm{b}} \mathrm{d}x \tag{5.54}$$

隧道中心正下方土层的最终压缩量 ΔS_{b} 为

$$\Delta S_{\mathrm{b}} = \int_{H_0 + D}^{H_0 + D + S_3} \frac{\Delta\sigma_{\mathrm{b0}}}{E_{s3}} \mathrm{d}h \tag{5.55}$$

通过地表超载作用下隧道结构与周围土体的相互作用分析，对地表超载作用导致软土地层的隧道竖向土压力分析与计算过程总结如下：

（1）在地表均布超载 q 作用下，当隧道结构的竖向压缩变形小于隧道穿越土层的竖向压缩量时，将导致隧道结构对其上覆土层与下卧土层产生竖向相对挤压，因此由地表超载 q 导致的隧道上部与下部竖向土压力大于地表超载 q，如图 5.17 所示。

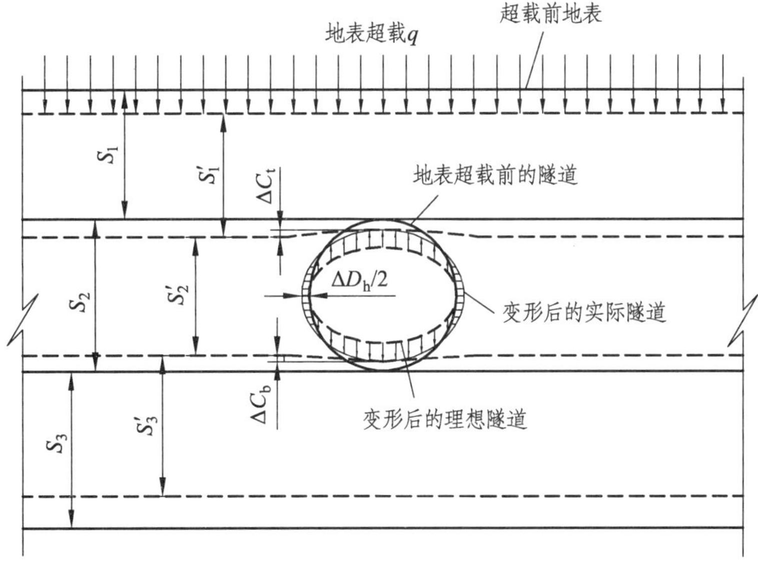

图 5.17　地表超载导致的土层压缩及隧道对周围土体相对挤压导致的土压力

（2）为了得到地表超载作用下隧道上部的竖向土压力计算方法，在地表超载 q 作用下，假设隧道结构产生的实际竖向收敛变形为 ΔD_v。在地表施加竖向位移约束时，如图 5.18 所示。由隧道对其上部与下部产生竖向相对挤压导致隧道上部与下部的竖向土压力分别为 P_t 与 P_b，隧道中心正上方与正下方土层的土压力分别为 σ_{tu0} 与 σ_{b0}，隧道中心正上方与正下方土层的压缩量分别为 S_t 与 S_b。此时隧道顶部被压入至隧道上覆土层的压入量为 S_t，隧道底部被压入至隧道下卧土层的压入量为 S_b。

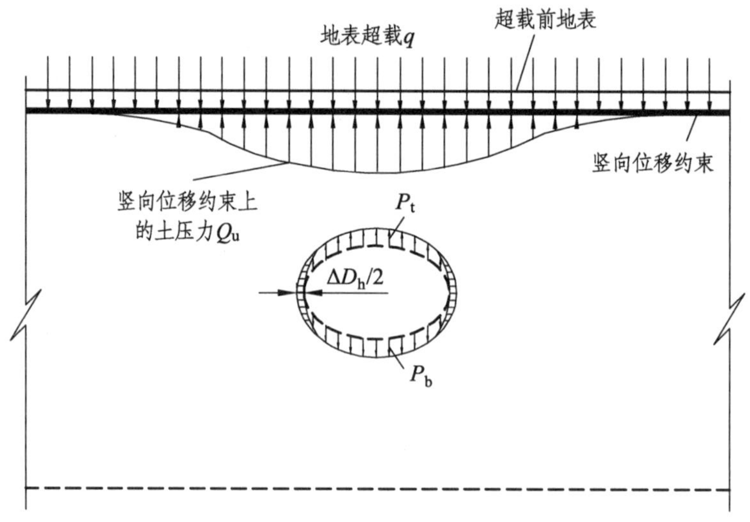

图 5.18　地表施加竖向位移约束

（3）在地表施加竖向位移约束与地表虚加竖向荷载 Q_l 理论上是等效的，如图 5.19 所示，而地表虚加竖向荷载 Q_l 在隧道中心正上方土层中的附加应力为 σ_{td0}。实际中地表在竖向上是自由边界，地表竖向位移约束是不存在的，虚加的竖向荷载 Q_l 也是不存在的。撤除地表虚加的竖向荷载 Q_l 后，由隧道对其上部与下部产生竖向相对挤压导致隧道上部与下部的竖向土压力分别为 ΔP_t 与 ΔP_b，隧道中心正上方与正下方土层的竖向土压力分别为 $\Delta\sigma_{t0}$ 与 $\Delta\sigma_{b0}$；隧道中心正上方与正下方土层的压缩量分别为 ΔS_t 与 ΔS_b。此时隧道顶部被压入至隧道上覆土层的压入量为 ΔC_t，隧道底部被压入至隧道下卧土层的压入量为 ΔC_{b}，且满足：$\Delta S_{\mathrm{t}}=\Delta C_{\mathrm{t}}$、$\Delta S_{\mathrm{b}}=\Delta C_{\mathrm{b}}$。

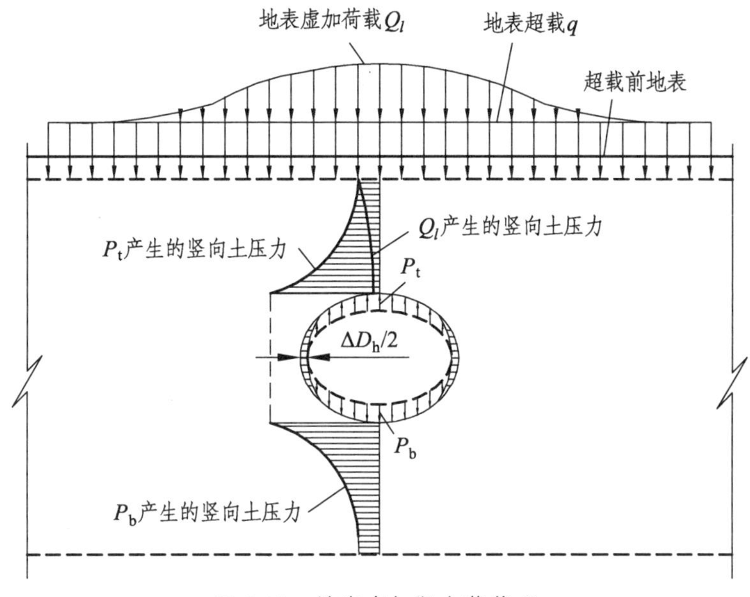

图 5.19 地表虚加竖向荷载 Q_l

（4）在地表虚加竖向荷载 Q_l 撤除后，Q_l 在隧道上覆土层中的附加应力要相应地减除，即有：$\Delta P_{\mathrm{t}}<P_{\mathrm{t}}$、$\Delta P_{\mathrm{b}}<P_{\mathrm{b}}$、$\Delta\sigma_{\mathrm{t0}}<\sigma_{\mathrm{tu0}}$、$\Delta\sigma_{\mathrm{b0}}<\sigma_{\mathrm{b0}}$，因此：$\Delta S_{\mathrm{t}}<S_{\mathrm{t}}$、$\Delta S_{\mathrm{b}}<S_{\mathrm{b}}$。在地表虚加竖向荷载 Q_l 撤除后，必然导致地表发生一定的相对隆起，如图 5.20 所示，即地表超载时，因存在隧道，导致隧道中心正上方的地表相对均匀地层状态下的地表发生的沉降量少。假设地表相对隆起量为 ΔS_{s}，隧道顶部与底部相对地被压入上覆土层与下卧土层的压入量之和为 ΔC，根据隧道竖向收敛变形与隧道中心正上方与正下方土层的竖向压缩量的关系，可得到 ΔC 的计算公式为

$$\Delta C=\Delta S_2-\Delta D_{\mathrm{v}}=S_{\mathrm{t}}+S_{\mathrm{b}}=\Delta S_{\mathrm{t}}+\Delta S_{\mathrm{b}}+\Delta S_{\mathrm{s}}=\Delta C_{\mathrm{t}}+\Delta C_{\mathrm{b}}+\Delta S_{\mathrm{s}} \tag{5.56}$$

则地表超载时隧道中心正上方地表的相对隆起量 ΔS_{s} 的计算公式为

$$\Delta S_{\mathrm{s}}=\Delta S_2-\Delta D_{\mathrm{v}}-\Delta S_{\mathrm{t}}-\Delta S_{\mathrm{b}}=S_{\mathrm{t}}+S_{\mathrm{b}}-\Delta S_{\mathrm{t}}-\Delta S_{\mathrm{b}} \tag{5.57}$$

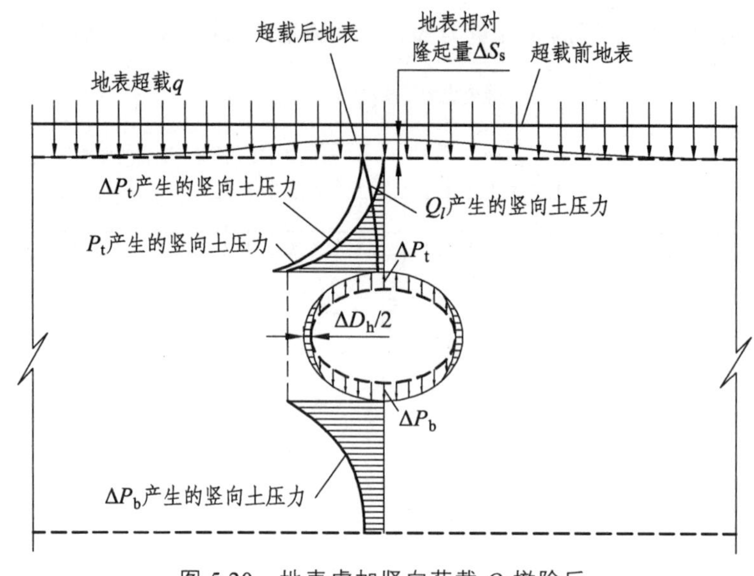

图 5.20 地表虚加竖向荷载 Q_l 撤除后

（5）隧道结构作为曲梁结构，当隧道发生竖向收敛变形 ΔD_v 时，结构也将发生水平收敛变形 ΔD_h，由此导致隧道侧部产生水平地层抗力 P_k。因此，在地表超载 q 作用下，因隧道结构与周围地层变形不协调（隧道结构对周围土体的相对挤压）导致的隧道上部与下部竖向土压力分别为 ΔP_t 与 ΔP_b，同时隧道侧向产生水平地层抗力 P_k。

地表超载导致的隧道结构土压力将使隧道结构发生变形，而隧道结构的变形直接影响隧道结构对周围土体的相对挤压。因此，需要对地表超载作用下的隧道结构变形展开分析。

5.3 地表超载导致的隧道结构变形分析

5.3.1 隧道结构变形计算模型

考虑到隧道结构的收敛变形相比隧道结构的直径小得多，在隧道结构变形计算时将隧道结构近似为标准的圆形结构。在地表超载作用下隧道结构变形以及地表超载导致的隧道土压力均沿水平轴与竖向轴对称，因此，隧道在变形过程中，0°、90°、180°及 270°（以隧道顶部作为角度的起点，顺时针方向增长，如图 3.1 所示）位置的截面转角位移始终为 0。在隧道结构变形分析时，仅分析四分之一的结构即可，在此对 0°到 90°间的隧道结构变形与土压力的关系展开分析，在四分之一圆曲梁的两端加上滑动支座，结构及约束支座如图 5.21 所示。在结构变形分析时，隧道结构曲梁在盾构隧道的纵向上取单位长度，即隧道结构曲梁的宽度为 1 m，此时，作用在盾构隧道管片上的土压力（单位为 N/m²）与作用在隧道结构曲梁上的线荷载（单位为 N/m）在数值上是相等的。

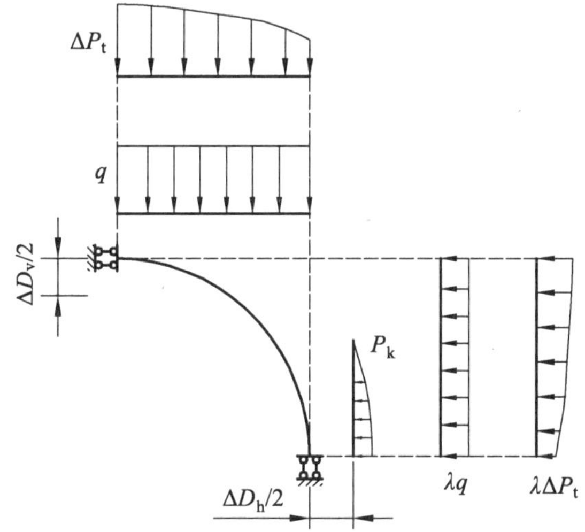

图 5.21　1/4 隧道结构曲梁及地表超载导致的土压力增量

由以上分析可知，在地表超载 q 作用时，当隧道结构的变形与变形后的理想隧道相同时，隧道上部与下部的竖向土压力增量均为 q。由变形后的理想隧道转化为变形后的实际隧道时，隧道结构对周围土体产生相对挤压，由此导致隧道上部与下部的竖向土压力分别为 ΔP_t 与 ΔP_b，隧道侧向产生水平地层抗力 P_k。

在隧道对周围土体产生竖向相对挤压导致竖向土压力增长时，假设对应位置的水平土压力也相应地增长，其大小即为竖向土压力增量的 λ 倍（即水平应力与竖向应力满足：$\sigma_h = \lambda\sigma_v$，其中 σ_h 为水平应力，σ_v 为竖向应力，λ 为侧土压力系数），则对于隧道上部，地表超载导致的侧土压力分别为 λq

与 $\lambda\Delta P_{\mathrm{t}}$；而对于隧道底部，地表超载导致的水平侧土压力分别为 λq 与 $\lambda\Delta P_{\mathrm{b}}$。地表超载作用下，所分析的四分之一圆曲梁上所受到的竖向土压力与水平土压力如图 5.21 所示。

从图 5.21 可以看出，所分析的结构为超静定结构，其超静定次数为 1。以隧道结构的中心作为局部坐标的原点，根据滑动支座的受力特性，得到原结构的支座反力如图 5.22 所示。

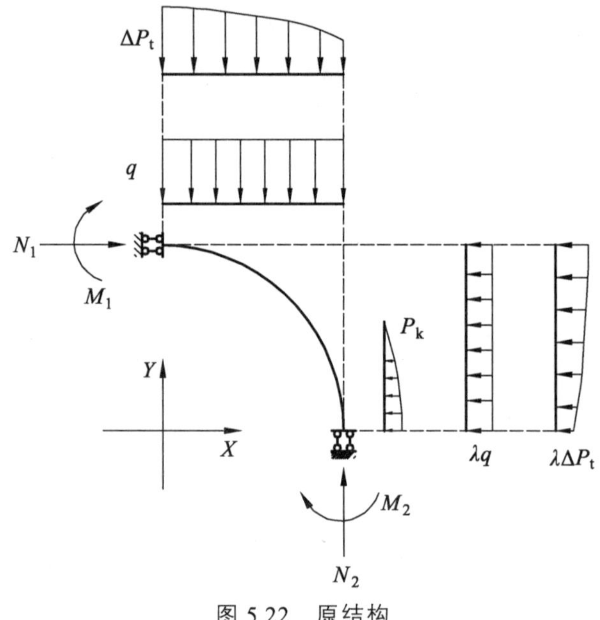

图 5.22　原结构

因原结构为一次超静定结构，需要撤除一个支座连杆变为静定结构，为此，将顶部的滑动支座撤除一个支座连杆，得到基本结构如图 5.23 所示，对应基本体系如图 5.24 所示，基本体系的多余未知力为弯矩 M_0。基本体系与原超静定结构的等效的条件是：基本体系沿多余未知力 M_0 方向的转角位移应与原结构相同（多余未知力 M_0 施加在上部的连杆支座端，其方向为顺时针方向），即

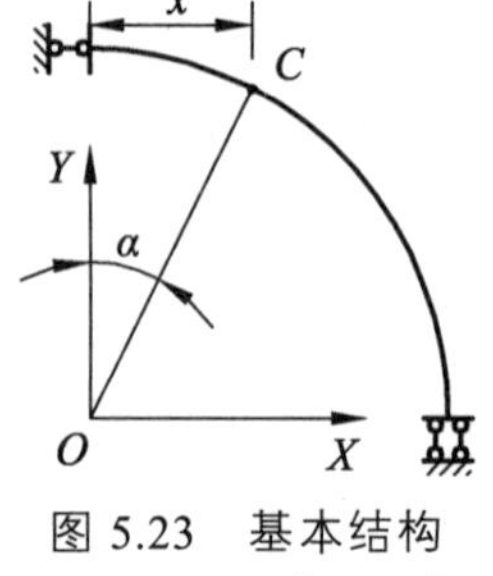

图 5.23　基本结构

$$\Delta_1 = 0 \tag{5.58}$$

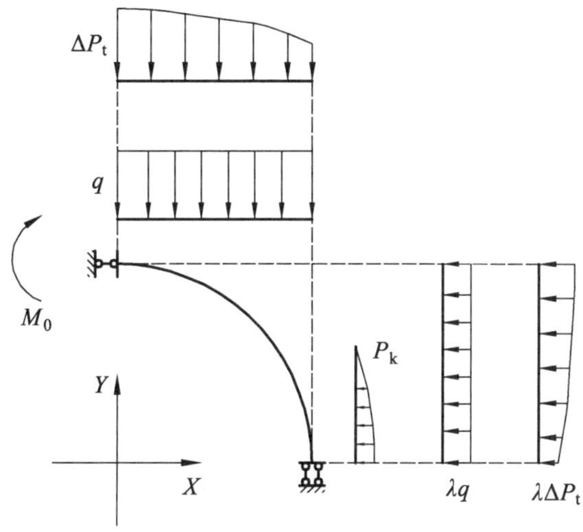

图 5.24 基本体系

5.3.2 地表超载导致的隧道变形

在平面上分析时，隧道结构为曲梁结构，结构的收敛变形主要由弯矩作用导致。为此，在分析隧道结构的变形时，仅考虑弯矩作用。超静定结构的力法方程为

$$\varDelta_1 = \varDelta_{11} + \varDelta_P = 0 \tag{5.59}$$

式中：$\varDelta_1$——基本体系在上部连杆支座上的转角位移；

$\varDelta_{11}$——基本结构在未知弯矩 M_0 单独作用时上部连杆支座上的转角位移；

M_0——基本体系上部连杆支座上的未知弯矩；

$\varDelta_P$——基本结构在荷载单独作用时上部连杆支座上的转角位移。

在线性变形体系中，转角位移 $\varDelta_{11}$ 与 M_0 成正比，可表示为

$$\varDelta_{11} = \delta_{11} M_0 \tag{5.60}$$

式中：δ_{11}——系数，即基本结构在单位弯矩单独作用下绕上部连杆支座产生的转角位移。

得到超静定结构的力法方程如下：

$$\delta_{11} M_0 + \varDelta_P = 0 \tag{5.61}$$

设基本结构在荷载作用下的弯矩表达式为 M_P，基本结构上部连杆支

座在单位弯矩作用下的弯矩表达式为 $\bar{M}_1$，则基本结构在荷载作用下及在单位弯矩作用下产生的转角位移 Δ_{1P} 与 δ_{11} 分别为

$$\Delta_{1P} = \int_0^{\frac{\pi}{2}} \frac{\bar{M}_1 M_P}{EI} \mathrm{d}\alpha \tag{5.62}$$

$$\delta_{11} = \int_0^{\frac{\pi}{2}} \frac{\bar{M}_1 \bar{M}_1}{EI} \mathrm{d}\alpha \tag{5.63}$$

式中：M_P——基本结构在荷载作用下的弯矩表达式；

$\bar{M}_1$——基本结构在单位弯矩作用下的弯矩表达式。

则可得到 M_0 表达式为

$$M_0 = -\frac{\Delta_{1P}}{\delta_{11}} = -\frac{\int_0^{\frac{\pi}{2}} \frac{\bar{M}_1 M_P}{EI} \mathrm{d}\alpha}{\int_0^{\frac{\pi}{2}} \frac{\bar{M}_1 \bar{M}_1}{EI} \mathrm{d}\alpha} \tag{5.64}$$

根据平衡关系，得到基本结构支座的支座反力（图 5.25）如下：

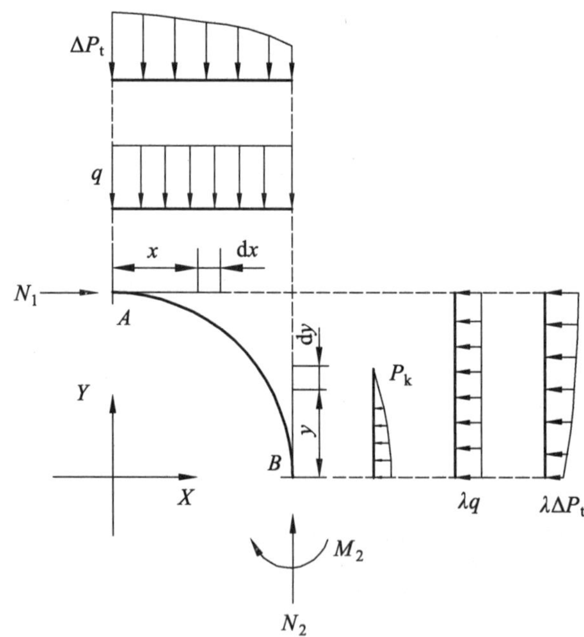

图 5.25　基本结构的支座反力计算示意

由 $\sum X = 0$，得到

$$N_1 = \int_0^{y_0} P_k \mathrm{d}y + \int_0^R \lambda q \mathrm{d}y + \int_0^R \lambda \Delta P_t \mathrm{d}y \tag{5.65}$$

由 $\sum Y = 0$，得

$$N_2 = \int_0^R q \mathrm{d}x + \int_0^R \Delta P_t \mathrm{d}x \tag{5.66}$$

由 $\sum M_A = 0$，得

$$M_2 = \int_0^R (R-x) q \mathrm{d}x + \int_0^R (R-x) \Delta P_t \mathrm{d}x + \int_0^R y \lambda q \mathrm{d}y + \int_0^R y \lambda \Delta P_t \mathrm{d}y + \int_0^{y_0} y P_k \mathrm{d}y - N_1 R \tag{5.67}$$

其中，y_0 为实际隧道结构变形后与隧道变形前的外轮廓线在第一象限的交点所对应局部坐标的竖坐标值，即

$$y_0 = b\sqrt{\frac{a^2 - R^2}{a^2 - b^2}} \tag{5.68}$$

在曲梁结构的局部坐标中，设任一截面 C 的坐标为(x,y)，为了得到基本体系在地表超载导致的土压力作用下截面 C 的弯矩表达式（弯矩值以曲梁外侧受拉为正，内侧受拉为负），对截面 C 的左侧曲梁进行分析，如图 5.26 所示。

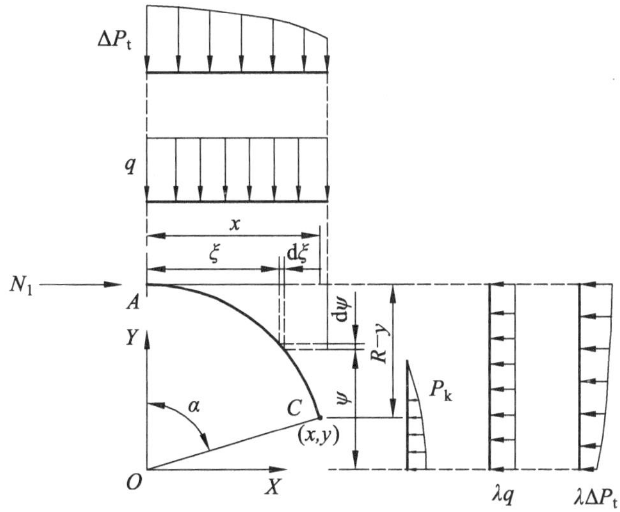

图 5.26　曲梁结构任意截面 C 的弯矩分析

设曲梁结构受到的竖向土压力为ξ函数（将竖向土压力函数中的x换为ξ），设曲梁结构受到的水平向土压力为ψ的函数（将竖向土压力函数中的y换为ψ）。在水平方向上取微分宽度$\mathrm{d}\xi$，对应的竖直方向上的微分宽度为$\mathrm{d}\psi$，如图 5.26 所示。则作用在水平微分宽度$\mathrm{d}\xi$上的竖向荷载为$q\mathrm{d}\xi$与$\Delta P_{\mathrm{t}}\mathrm{d}\xi$，而作用在竖向微分宽度$\mathrm{d}\psi$上的水平荷载为$\lambda q\mathrm{d}\psi$与$\lambda\Delta P_{\mathrm{t}}\mathrm{d}\psi$。当竖直方向上的微分宽度$\mathrm{d}\psi$对应在侧向抗力$P_{\mathrm{k}}$的作用范围上时，相应的水平荷载为$P_{\mathrm{k}}\mathrm{d}\psi$。微段上所受的竖向土压力与水平土压力均使截面$C$处的外侧受拉，即产生正弯矩，而上部连杆支座的水平力N_1在基本结构上产生的弯矩值为负。

因此，当竖直方向上的微分宽度$\mathrm{d}\psi$不在侧向抗力P_{k}的作用范围上时，基本结构在荷载作用下任一截面C，坐标为(x,y)的弯矩表达式为

$$M_P=\int_0^x(x-\xi)q\mathrm{d}\xi+\int_0^x(x-\xi)\Delta P_{\mathrm{t}}\mathrm{d}\xi+\int_y^R(\psi-y)\lambda q\mathrm{d}\psi+\int_y^R(\psi-y)\lambda\Delta P_{\mathrm{t}}\mathrm{d}\psi-N_1(R-y) \tag{5.69}$$

当竖直方向上的微分宽度$\mathrm{d}\psi$对应在侧向抗力P_{k}作用范围上时，则在$\mathrm{d}\psi$上相应地还有水平荷载$P_{\mathrm{k}}\mathrm{d}\psi$所产生的弯矩，基本结构在荷载作用下任一截面$C$，坐标为$(x,y)$的弯矩表达式为

$$M_P=\int_0^x(x-\xi)q\mathrm{d}\xi+\int_0^x(x-\xi)\Delta P_{\mathrm{t}}\mathrm{d}\xi+\int_R^{R-y}(\psi-y)\lambda q\mathrm{d}\psi+\int_y^R(\psi-y)\lambda\Delta P_{\mathrm{t}}\mathrm{d}\psi-N_1(R-y)+\int_y^{y_0}(\psi-y)P_{\mathrm{k}}\mathrm{d}\psi \tag{5.70}$$

在与未知弯矩M_0的作用方向（顺时针方向）相同的单位弯矩单独作用下，曲梁结构上任一截面 C 的弯矩表达式为

$$\bar{M}_1=-1 \tag{5.71}$$

为了统一变量，将所有参数转化为极坐标中考虑，以α作为变量，即

$$x=R\sin\alpha \tag{5.72}$$

$$y=R\cos\alpha \tag{5.73}$$

$$\mathrm{d}s = R\mathrm{d}\alpha \tag{5.74}$$

由曲梁结构在弯矩作用下的位移计算公式可得

$$\varDelta_{1P} = \int_0^{\frac{\pi}{2}} \frac{\bar{M}_1 M_P}{EI} R\mathrm{d}\alpha = -\frac{R}{EI}\int_0^{\frac{\pi}{2}} M_P \mathrm{d}\alpha \tag{5.75}$$

$$\delta_{11} = \int_0^{\frac{\pi}{2}} \frac{\bar{M}_1 \bar{M}_1}{EI} R\mathrm{d}\alpha = \frac{R\pi}{2EI} \tag{5.76}$$

δ_{11} 为正，说明单位弯矩 $\bar{M}_1$ 作用下在上部连杆支座上产生的转角位移 δ_{11} 与 $\bar{M}_1$ 的方向相同，即为顺时针方向；M_P 在基本结构上的弯矩为正，$\int_0^{\frac{\pi}{2}} M_P \mathrm{d}\alpha$ 也为正，因此，$\varDelta_{1P}$ 为负，说明 M_P 作用下在上部连杆支座上产生的转角位移 $\varDelta_{1P}$ 与 $\bar{M}_1$ 的方向相反，即为逆时针方向。由力法方程（5.61），可以得到 M_0 的表达式为

$$M_0 = -\frac{\Delta_{1P}}{\delta_{11}} = -\frac{(-1)\dfrac{R}{EI}\displaystyle\int_0^{\frac{\pi}{2}} M_P \mathrm{d}\alpha}{\dfrac{R\pi}{2EI}} = \frac{2}{\pi}\int_0^{\frac{\pi}{2}} M_P \mathrm{d}\alpha \tag{5.77}$$

M_0 为正，说明 M_0 的方向与单位弯矩 $\bar{M}_1$ 的方向相同，即为顺时针方向。

设基本结构在弯矩 M_0 作用下的弯矩表达式 M_M，因 M_0 作用下的基本结构的弯矩使结构内侧受拉，则 M_M 为负值，即

$$M_M = -M_0 = -\frac{2}{\pi}\int_0^{\frac{\pi}{2}} M_P \mathrm{d}\alpha \tag{5.78}$$

其中，M_M 为基本结构在弯矩 M_0 作用下的弯矩表达式。

为了得到隧道结构的竖向收敛变形，在基本结构的上部连杆支座上施加竖向单位荷载 F（$F=1$），如图 5.27 所示，此时 F 在曲梁结构任意截面 C 上的弯矩表达式为 $\bar{M}$。通过计算支座反力后，得到 $\bar{M}$ 的表达式为

$$\bar{M} = 1 \times x = x \tag{5.79}$$

转化为极坐标表达后，$\bar{M}$ 的表达式为

$$\bar{M} = R\sin\alpha \tag{5.80}$$

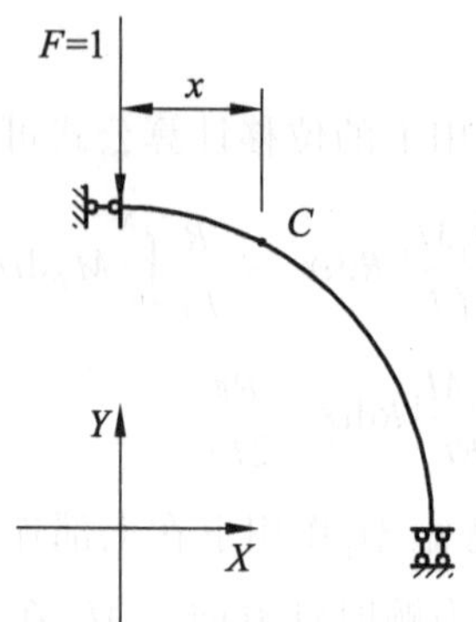

图 5.27　基本结构受到单位竖向荷载

因此可以得到原结构在上部滑动支座上的竖向位移表达式为

$$\frac{D_{\text{v}}}{2}=\int_0^{\frac{\pi}{2}}\frac{\bar{M}M_P}{EI}\text{d}s+\int_0^{\frac{\pi}{2}}\frac{\bar{M}M_M}{EI}\text{d}s \tag{5.81}$$

M_M 为一个恒定值，即为一个常数，因而可以得到隧道结构的竖向收敛变形表达式为

$$\begin{aligned}
\Delta D_{\text{v}}&=2\left(\int_0^{\frac{\pi}{2}}\frac{\bar{M}M_P}{EI}\text{d}s+\int_0^{\frac{\pi}{2}}\frac{\bar{M}M_M}{EI}\text{d}s\right)\\
&=2\left[\int_0^{\frac{\pi}{2}}\frac{R\sin\alpha M_P}{EI}R\text{d}\alpha+\left(-\frac{2}{\pi}\int_0^{\frac{\pi}{2}}M_P\text{d}\alpha\right)\int_0^{\frac{\pi}{2}}\frac{R\sin\alpha}{EI}R\text{d}\alpha\right]\\
&=2\left[\frac{R^2}{EI}\int_0^{\frac{\pi}{2}}M_P\sin\alpha\text{d}\alpha-\left(\frac{2}{\pi}\int_0^{\frac{\pi}{2}}M_P\text{d}\alpha\right)\frac{R^2}{EI}\int_0^{\frac{\pi}{2}}\sin\alpha\text{d}\alpha\right]\\
&=\frac{2R^2}{EI}\left[\int_0^{\frac{\pi}{2}}M_P\sin\alpha\text{d}\alpha-\left(\frac{2}{\pi}\int_0^{\frac{\pi}{2}}M_P\text{d}\alpha\right)\int_0^{\frac{\pi}{2}}\sin\alpha\text{d}\alpha\right]\\
&=\frac{2R^2}{EI}\left(\int_0^{\frac{\pi}{2}}M_P\sin\alpha\text{d}\alpha-\frac{2}{\pi}\int_0^{\frac{\pi}{2}}M_P\text{d}\alpha\right)
\end{aligned} \tag{5.82}$$

因此，在计算过程中只需要计算两个定积分公式，即 $\int_0^{\frac{\pi}{2}}M_P\sin\alpha\text{d}\alpha$ 与 $\int_0^{\frac{\pi}{2}}M_P\text{d}\alpha$。当 ΔD_{v} 为正时，说明基本结构在上部连杆支座上的位移 $\Delta D_{\text{v}}/2$ 与

竖向单位荷载 F（ $F=1$ ）的方向相同。根据工程实际，在地表超载作用下，$\Delta D_{\rm v}$ 应取正值。

根据隧道结构始终保持标准椭圆的假设所得到隧道的水平收敛变形与竖向收敛变形的关系 $\Delta D_{\rm h}=\dfrac{\pi-2}{2}\Delta D_{\rm v}$，即可得到水平收敛变形表达式为

$$\begin{aligned}\Delta D_{\rm h}&=(\pi-2)\left(\int\frac{\bar{M}M_P}{EI}{\rm d}s-\int\frac{\bar{M}M_M}{EI}{\rm d}s\right)\\&=\frac{(\pi-2)R}{EI}\left(R\int_0^{\frac{\pi}{2}}M_P\sin\alpha{\rm d}\alpha-\frac{2}{\pi}\int_0^{\frac{\pi}{2}}M_P{\rm d}\alpha\right)\end{aligned}\tag{5.83}$$

在隧道对周围土体的竖向相对挤压导致隧道中心正上方与正下方土层的压缩量分析时，有两个未知数，一个是在地表施加竖向位移约束时与竖向相对挤压导致的竖向土压力与竖向相对挤压量的比值 β，另一个是地表超载导致的隧道竖向收敛变形 $\Delta D_{\rm v}$。根据隧道中心正上方与正下方土层的压缩量及隧道竖向收敛变形在竖向的协调关系，得到了相应的方程，即公式（5.57），也即

$$\Delta S_2-\Delta D_{\rm v}=S_{\rm t}+S_{\rm b}\tag{5.84}$$

根据隧道结构的竖向收敛变形与地表超载导致的隧道周围土压力的关系，得到了包含未知数 β 与 $\Delta D_{\rm v}$ 的隧道结构的竖向收敛变形计算公式，即（5.82），也即

$$\Delta D_{\rm v}=\frac{2R^2}{EI}\left(\int_0^{\frac{\pi}{2}}M_P\sin\alpha{\rm d}\alpha+\frac{2}{\pi}\int_0^{\frac{\pi}{2}}M_P{\rm d}\alpha\right)\tag{5.85}$$

根据式（5.84）与式（5.85），未知数 β 与 $\Delta D_{\rm v}$ 可解，理论计算可行。

5.4 本章小结

（1）在模型试验结果分析的基础上，对地表超载作用下隧道结构与周围土体的相互作用进行了分析，提出了隧道结构对周围土体的竖向相对挤压概念。根据结构变形特点，作出了相应的假设，即隧道结构变形过程中

隧道外边界线符合标准椭圆方程；隧道结构变形过程中其周长保持不变。基于合理假设条件下得到了地表超载作用下竖向相对挤压量与水平相对挤压量的计算方法。

（2）为了分析地表超载导致的隧道竖向土压力，在地表施加竖向位移约束时假设竖向土压力与竖向相对挤压量成正比，并将地表竖向位移约束所受到的竖向土压力等效为地表虚加竖向荷载，最终得到了地表超载导致的隧道上部与下部的竖向土压力的相关计算理论。

（3）基于理论假设中结构变形时的对称性及地表超载导致的隧道周围土压力的对称性，提出了地表超载作用下隧道结构变形计算的结构力学模型，并给出了地表超载导致的隧道结构变形的计算方法。

（4）根据理论分析，得到了地表超载导致的隧道竖向土压力与竖向收敛变形的相关计算理论，主要包括两个方程的建立：一是隧道中心正上方与正下方土层的竖向压缩量及隧道竖向收敛变形在竖向上的协调关系方程，即式（5.84）；二是隧道结构受到的土压力与隧道竖向收敛变形的关系方程，即式（5.85）。地表超载导致的隧道竖向土压力计算理论综合考虑了隧道结构的横向变形刚度、隧道上覆土层、穿越土层及下卧土层的土体力学性能。

【第 6 章】>>>> 地表超载导致的隧道竖向土压力计算方法

由地表超载作用下隧道结构与地层的相互作用分析可知，地表超载导致的隧道竖向土压力与隧道结构变形的计算过程烦琐、计算公式复杂，难以应用于工程实际。为此，本章根据隧道结构的变形特点以及隧道结构对周围土体相对挤压导致的竖向土压力及水平地层抗力特点，对地表超载导致的竖向土压力与结构变形计算进行适当简化，方便相关理论应用于工程实际。

6.1 隧道结构的水平地层抗力计算

6.1.1 水平相对挤压量计算

由隧道结构变形分析可知，在隧道结构变形过程中，变形前的圆形隧道与变形后的椭圆形隧道在局部坐标系的第一象限内交点（图 6.1）A 的坐标值为$\left(a\sqrt{\dfrac{R^2-b^2}{a^2-b^2}},b\sqrt{\dfrac{a^2-R^2}{a^2-b^2}}\right)$。在以下计算公式中，各符号的意义与第 5 章相同。

在图 6.1 中，交点 A 与坐标原点 O 的连线与 Y 轴正方向所成角度 α 的表达式为

$$\alpha=\arcsin\left(\frac{a\sqrt{\dfrac{R^2-b^2}{a^2-b^2}}}{R}\right) \tag{6.1}$$

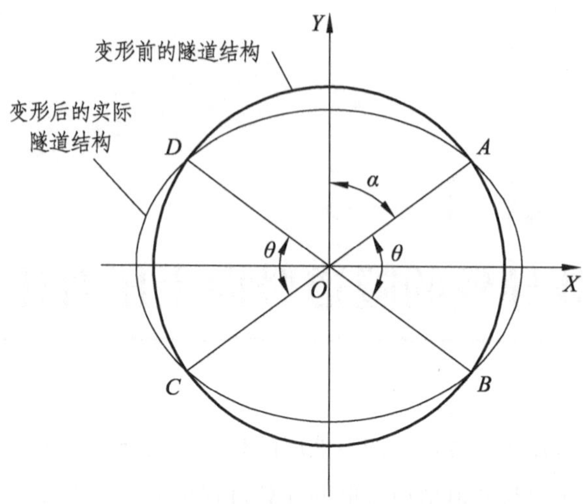

图 6.1　变形前的隧道圆与变形后的隧道的交点

相对隧道结构的尺寸而言，实际隧道结构允许的收敛变形非常有限[6,113]，理论上 A 点与坐标轴原点 O 的连线与 Y 轴的正半轴的夹角 α 变化范围不大。以上海广泛应用的通缝拼装地铁隧道为例，隧道的外半径为 3 100 mm，管片厚度为 350 mm，分析隧道在不同竖向收敛变形 ΔD_v 时，A 点与坐标轴原点 O 的连线与 Y 轴的正半轴的夹角 α 随着竖向收敛变形 ΔD_v 的变化如图 6.2 所示。从图中可以看出，在隧道竖向收敛变形极小时，α 接近 53°；在隧道竖向收敛变形逐渐增大时，α 有所增大，当隧道竖向收敛变形为 300 mm（竖向收敛变形 ΔD_v 接近 50‰D）时，α 约为 54.5°。为了分析 α 的变化范围特性，分别以外径为 8.7 m 与 11.2 m 的盾构隧道为例进行分析，如图 6.3、6.4 所示。外径为 8.7 m 与 11.2 m 的盾构隧道在最终竖向收敛变形 ΔD_v 接近 50‰D 时，变形过程中 α 随着 ΔD_v 的变化分别如图 6.3 与图 6.4 所示，从图中可以看出，α 的变化范围与图 6.2 相似。

在实际中，当盾构隧道的竖向收敛变形 ΔD_v 接近 50‰D 时所对应的隧道椭圆度已经较大，甚至已经达到工程限值。为了将理论计算方法应用于工程实际，在理论计算时可以将 α 取为 54°，即为 0.3π 弧度。因此，第一象限内的交点 A 的坐标可表示为定值，即 $(R\sin 0.3\pi, R\cos 0.3\pi)$。

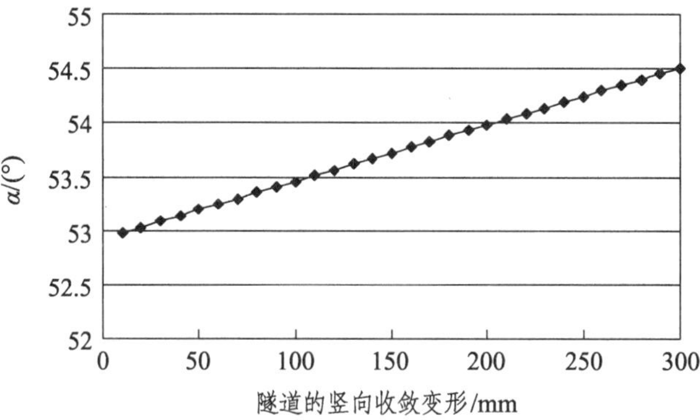

图 6.2　隧道外径为 6.2 m 时 α 随着 ΔD_v 的变化

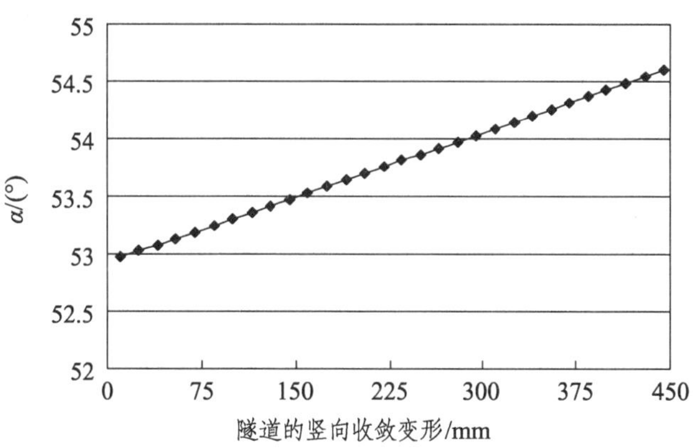

图 6.3　隧道外径为 8.7 m 时 α 随着 ΔD_v 的变化

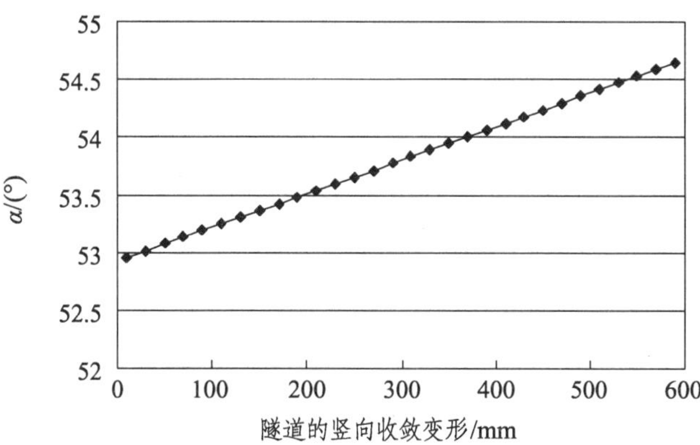

图 6.4　隧道外径为 11.2 m 时 α 随着 ΔD_v 的变化

由隧道发生横椭圆变形过程中水平方向的相对挤压量计算公式，即 $\Delta_{h}=\frac{a}{b}\sqrt{b^{2}-y^{2}}-\sqrt{R^{2}-y^{2}}$ ，可以得到外径为 6.2 m 时不同竖向收敛变形状态下的水平相对挤压量，如图 6.5 所示。

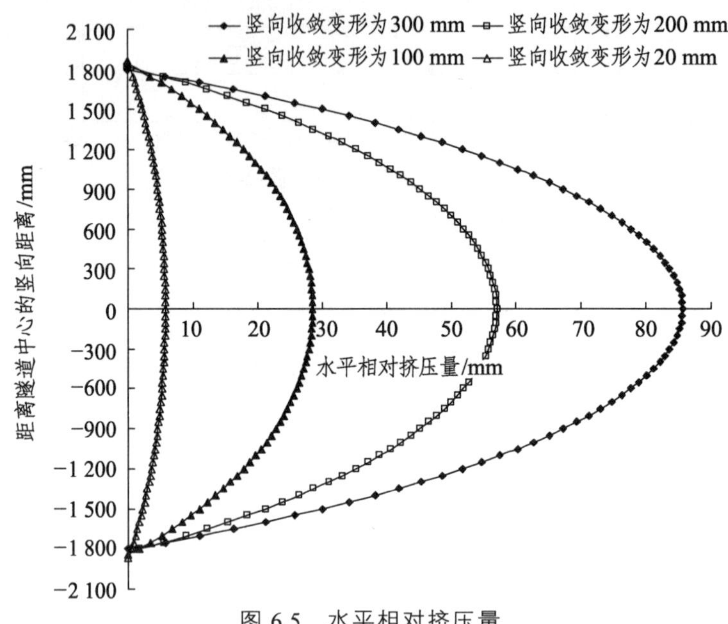

图 6.5　水平相对挤压量

从图 6.5 中可以看出，在结构变形过程中，隧道在竖坐标约为 1 800 mm 附近（ $y=R\cos 0.3\pi=1\,822\ \text{mm}$ ）的水平相对挤压量为 0。由此可见，隧道发生横椭圆变形时，发生水平向相对挤压的范围可以认为是一个定值，因而产生水平地层抗力的范围可认为是一个定值，即图 6.1 中水平向相对挤压的范围所对应的盾构隧道中心角 θ 取为 72°即 $2\times(90°-54°)=72°$ ，比现有研究中水平地层抗力的取值范围所对应的盾构隧道中心角 90°稍小。

6.1.2　水平地层抗力计算

在地表超载作用下，隧道结构发生横椭圆变形时，隧道对侧部土体产生水平向相对挤压而产生水平地层抗力。水平地层抗力 P_{k} 按 Winkler 局部变形理论计算，即

$$P_{\mathrm{k}} = k\Delta_{\mathrm{h}} \tag{6.2}$$

式中：k——隧道穿越土层的水平弹性抗力系数；

Δ_{h}——隧道结构发生横椭圆变形时的水平向相对挤压量。

根据公式（5.58）关于 Δ_{h} 的计算公式，可以得到水平地层抗力的表达式为

$$P_{\mathrm{k}} = k\left(\frac{a}{b}\sqrt{b^2 - y^2} - \sqrt{R^2 - y^2}\right) \tag{6.3}$$

从图 6.5 中可看出，水平向相对挤压量在第一象限内近似为一个直角三角形，如图 6.6 所示（图中第一象限的三角形与第四象限的三角形采用不同的阴影进行填充）。由结构变形的对称性及水平地层抗力的计算理论，即 Winkler 局部变形理论，隧道水平向抗力近似地考虑为三角形，以方便隧道结构变形计算。

在图 6.6 中，隧道结构在 B 点的水平向挤压量 Δ_{h} 为 $\Delta D_{\mathrm{h}}/2$，基于隧道变形过程中保持标准椭圆的假设，即 $\Delta D_{\mathrm{h}} = (\pi - 2)\Delta D_{\mathrm{v}}/2$，可以得到 B 点的水平向挤压量表达式为

$$\Delta_{\mathrm{h}} = \frac{\pi - 2}{4}\Delta D_{\mathrm{v}} \tag{6.4}$$

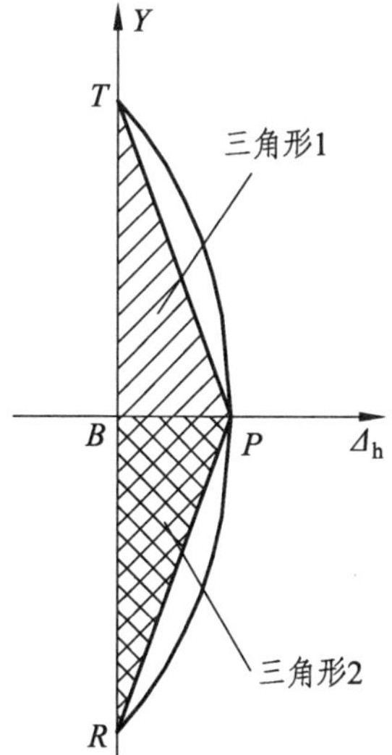

图 6.6　隧道结构变形中水平向相对挤压量示意

对第一象限将水平向挤压量对应的三角形 1 表示为 y 的函数时，其表达式为

$$\Delta_{h}=-\frac{(\pi-2)\Delta D_{v}}{4R\cos 54^{\circ}}y+\frac{(\pi-2)\Delta D_{v}}{4} \tag{6.5}$$

则得到隧道结构在第一象限上受到的水平地层抗力 P_k 的表达式为

$$P_{k}=-k\frac{(\pi-2)\Delta D_{v}}{4R\cos 54^{\circ}}y+k\frac{(\pi-2)\Delta D_{v}}{4} \tag{6.6}$$

在第一象限内，$y\in[0,R\cos 54^{\circ}]$。

关于隧道结构设计过程中的水平地层抗力系数取值，主要有以下方法。

（1）根据标准贯入击数 N 进行经验取值[114-115]，具体见表 6.1。

表 6.1 地层抗力系数取值[115]

水、土的计算	土的种类	k/（MN/m³）	N 值的大致范围
水土分算	非常密实的砂性土	30～50	$30\leqslant N$
	密实的砂性土	10～30	$15\leqslant N<30$
	松散的砂性土	0～10	$N<15$
	固结黏性土	30～50	$25\leqslant N$
	硬的黏性土	10～30	$8\leqslant N<25$
	中硬黏性土	0～10	$4\leqslant N<8$
水土合算	中硬黏性土	5～10	$4\leqslant N<8$
	软黏土	0～5	$2\leqslant N<4$
	超软黏土	0	$N<2$

（2）根据基床系数进行经验取值[116-118]，即认为水平地基系数 k_h 为 1/3～1/2 倍竖向地基系数 k_v。

（3）根据 Airy 应力函数计算地层抗力系数[119]，Muir Wood 的径向抗力系数为

$$k_{r}=\frac{3E}{(1-\mu)(5-6\mu)r} \tag{6.7}$$

（4）根据 Winkler 假设的地层抗力系数计算方法[120]，Plizzari-Tiberti 的径向抗力系数为

$$k_r = \frac{E}{(1+\mu)r} \tag{6.8}$$

（5）文献[115]提出了修正地层抗力系数的计算方法，其计算公式为

$$k_r = \xi \frac{E}{(1+\mu)r_1} \tag{6.9}$$

上式中系数 ξ 是与地层竖向荷载、水平荷载及隧道断面位置有关的一个系数。

文献[121]在分析上海通缝拼装盾构隧道的变形计算方法时，给出了典型的水平抗力系数取值，具体见表 6.2。

表 6.2　典型盾构隧道（直径在 3 ~ 11 m）水平抗力系数[121]

地层抗力系数	黏土或淤泥				砂土			
	淤泥	软	中硬	硬	非常松散	松散	中密	密实
k/(MN/m^3)	3 ~ 15	15 ~ 30	30 ~ 150	>150	3 ~ 15	15 ~ 30	30 ~ 100	>100

由现有研究可知，隧道围岩的抗力系数与隧道穿越土层的弹性模量和泊松比密切相关[78,122]。文献[78]通过扁铲侧胀试验测得的水平基床系数 k_h 与室内试验测得压缩模量 E_s 的相关分析表明，其相关性较好。基于已有研究分析表明，隧道周围土体越软弱，其水平弹性抗力系数越小。在以下分析中，水平弹性抗力系数将结合表 6.2 进行取值。

6.2　隧道结构的竖向土压力计算

6.2.1　竖向相对挤压量计算

根据地表超载作用下隧道结构对周围土体的竖向相对挤压量分析可知，当 $x \in (-R\sin 54°, R\sin 54°)$ 时，地表超载导致的竖向相对挤压量表达式为

$$\Delta_{v1}=\frac{b}{a}\sqrt{a^2-x^2}-\left(1-\frac{q}{E_{s2}}\right)\sqrt{R^2-x^2} \tag{6.10}$$

当 $x\in[-R,-R\sin 54°]$ 及 $x\in[R\sin 54°,R]$ 时，地表超载导致的竖向相对挤压量表达式为

$$\Delta_{v2}=\sqrt{R^2-x^2}-\left(1-\frac{q}{E_{s2}}\right)\sqrt{R^2-x^2}=\frac{q}{E_{s2}}\sqrt{R^2-x^2} \tag{6.11}$$

以上海通缝拼装的地铁盾构隧道为例，在地表超载作用下，设 $q/E_{s2}=0.1$，则理想隧道的竖向收敛变形为 620 mm。当实际隧道的竖向收敛变形为 20 mm 时，则实际隧道对周围土体产生的竖向相对挤压量如图 6.7 所示。为了方便计算，以下根据竖向相对挤压量对隧道结构竖向土压力的相关计算进行简化。

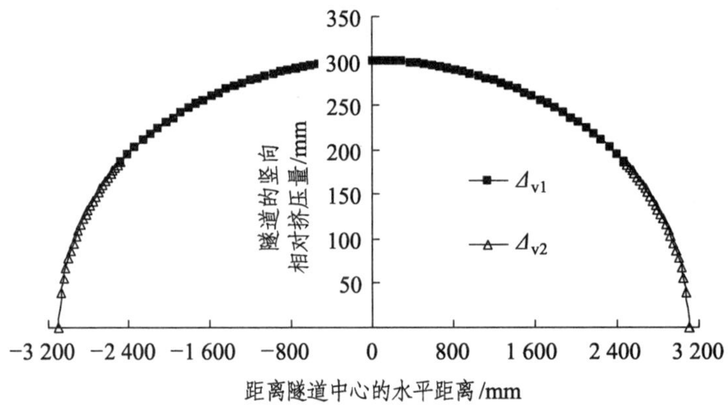

图 6.7 隧道对周围土体的竖向相对挤压量

6.2.2 竖向土压力计算

1. 地表施加竖向位移约束时的土压力计算

（1）σ_{tu} 的计算方法。

图 6.7 中当竖向相对挤压量简化为由矩形与直角三角形组成时，由竖向相对挤压导致隧道上覆土层的竖向土压力计算过程得到了较大程度的简化，同时隧道结构的变形计算过程也将得到较大程度的简化。对图 6.7 分析可知，竖向相对挤压量可近似地简化由图 6.8 所示的矩形与直角三角形

组成（图中三角形与矩形采用不同的阴影进行填充），图 6.8 中 I 点的水平坐标值为 $-R\sin 54°$，G 点的水平坐标值为 $R\sin 54°$，即为变形后的理想隧道与变形后的实际隧道的交点所对应的水平坐标值。

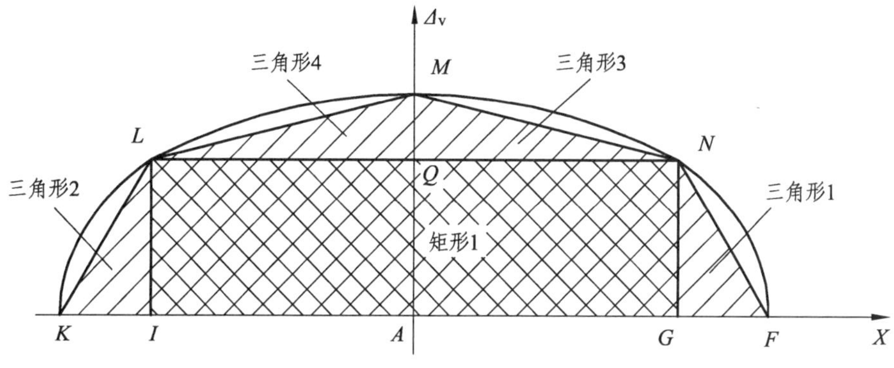

图 6.8　隧道顶部竖向相对挤压量简明算法示意

设条形面积上受竖直荷载作用时的竖向附加应力分布系数为 K_z，其中条形面积受竖直均布荷载（图 6.8 中矩形竖向相对挤压量导致的荷载）作用时的竖向附加应力分布系数 K_{zR} 的计算公式为[73]

$$K_{zR} = \frac{1}{\pi}\left[\operatorname{arctg}\frac{m}{n} - \operatorname{arctg}\frac{m-1}{n} + \frac{mn}{m^2+n^2} - \frac{n(m-1)}{n^2+(m-1)}\right] \quad (6.12)$$

条形面积受竖直三角形分布荷载（图 6.8 中直角三角形竖向相对挤压量导致的荷载）作用时的竖向附加应力分布系数 K_{zT} 的计算公式为[73]

$$K_{zT} = \frac{1}{\pi}\left[m\left(\operatorname{arctg}\frac{m}{n} - \operatorname{arctg}\frac{m-1}{n}\right) - \frac{(m-1)n}{(m-1)^2+n^2}\right] \quad (6.13)$$

式（6.12）与式（6.13）各参数的取值见表 6.3。在表 6.3 中，最大竖向挤压量 Δ_{vi} 为图 6.8 中矩形或直角三角形的高度；竖直荷载的宽度 B 为图 6.8 中矩形或直角三角形的底边边长；m、n 的取值为式（6.12）与式（6.13）中的系数。表 6.3 中 n 的取值的计算公式的分子为隧道上覆土层中任意深度位置（对应整体坐标的竖坐标值为 h）到竖向相对挤压面的垂直距离，为了方便计算，矩形 1、三角形 3 及三角形 4 均取为 H_0-h，即深

度为 h 的位置到隧道顶部的垂直距离；三角形 1、三角形 2 均取为 $H_0-h+R(1-\sin 36°)$，即深度为 h 的位置到变形后的理想隧道与变形后的实际隧道交点的垂直距离。

表 6.3 地表竖向位移约束时竖向相对挤压导致隧道上覆土层竖向土压力的计算参数

相对挤压	最大竖向挤压量 Δ_{vi}	竖直荷载的宽度 B	m 的取值	n 的取值
矩形 1	$\frac{q}{E_{s2}}R\cos 54°$	$2R\sin 54°$	$\frac{l-R\sin 54°}{2R\sin 54°}$	$\frac{H_0-h}{2R\sin 54°}$
三角形 1	$\frac{q}{E_{s2}}R\cos 54°$	$R(1-\sin 54°)$	$\frac{R-l}{R(1-\sin 54°)}$	$\frac{H_0-h+R(1-\sin 36°)}{R(1-\sin 54°)}$
三角形 2	$\frac{q}{E_{s2}}R\cos 54°$	$R(1-\sin 54°)$	$\frac{R+l}{R(1-\sin 54°)}$	$\frac{H_0-h+R(1-\sin 36°)}{R(1-\sin 54°)}$
三角形 3	$\frac{qR}{E_{s2}}(1-\cos 54°)-\frac{\Delta D_v}{2}$	$R\sin 54°$	$\frac{R\sin 54°-l}{R\sin 54°}$	$\frac{H_0-h}{R\sin 54°}$
三角形 4	$\frac{qR}{E_{s2}}(1-\cos 54°)-\frac{\Delta D_v}{2}$	$R\sin 54°$	$\frac{R\sin 54°+l}{R\sin 54°}$	$\frac{H_0-h}{R\sin 54°}$

在地表施加竖向位移约束时，根据竖向相对挤压导致的竖向土压力与竖向相对挤压量成正比的假设，则图 6.8 中各部分竖向相对挤压量所导致的竖向土压力也为矩形与直角三角形，各部分竖向荷载的最大值为

$$P_i=\beta\Delta_{vi} \tag{6.14}$$

式中：β——地表施加竖向位移约束时竖向相对挤压导致的竖向土压力与竖向相对挤压量的比值；

Δ_{vi}——图 6.8 中各分块竖向相对挤压量的最大值（即为矩形或直角三角形的高）。

在地表施加竖向位移约束状态下，隧道上覆土层中（$h\in[0,H_0]$）因竖向相对挤压导致的土压力计算公式为

$$\sigma_{\mathrm{tu}} = \sum_{i=1}^{j} \beta \Delta_{\mathrm{v}i} K_z \tag{6.15}$$

式中：j——图 6.8 中竖向相对挤压量简化几何图形（矩形与直角三角形）的数量，从图 6.8 中可以看出，$j=5$。

因隧道结构变形分析时考虑为平面应变问题，竖向相对挤压导致的竖向荷载均为条形面积上的竖直荷载。对于条形面积上的竖直均布荷载，K_z 取为 $K_{z\mathrm{R}}$；对于条形面积上的竖直三角形荷载，K_z 取为 $K_{z\mathrm{T}}$。

（2）S_{t} 的计算方法。

当 $l=0$、$h \in [0, H_0]$ 时，$\sigma_{\mathrm{tu}} = \sum_{i=1}^{n} \beta \Delta_{\mathrm{v}i} K_z = \sigma_{\mathrm{tu0}}$，即得到在地表施加竖向位移约束时隧道中心正上方土层的土压力。利用分层总和法，根据 σ_{tu0} 可以求出隧道中心正上方土层的压缩量 S_{t}。

（3）S_{b} 的计算方法。

因 $P_{\mathrm{t}} = P_{\mathrm{b}}$，当 $l=0$、$h \in [H_0 + D, H_0 + D + S_3]$ 时，表 6.3 中“n 的取值”的分子取值“$H_0 - h$”改为“$h - H_0 - D$”，分子取值“$H_0 - h + R(1-\sin 36°)$”改为“$h - H_0 - D + R(1-\sin 36°)$”，即可以求出隧道中心正下方土层在地表施加竖向位移约束时的土压力 σ_{b0}。利用分层总和法，根据 σ_{b0} 可以求出隧道中心正下方土层的压缩量 S_{b}。

最终即可得到隧道中心正上方与正下方土层的压缩量及隧道竖向收敛变形在竖向上的协调关系方程，即 $\Delta S_2 - \Delta D_{\mathrm{v}} = S_{\mathrm{t}} + S_{\mathrm{b}}$，方程中有两个未知数，即 β 与 ΔD_{v}。

2. 地表虚加竖向荷载导致的土压力计算

（1）σ_{td} 与 $\Delta\sigma_{\mathrm{t}}$ 计算方法。

式（5.41）中，当 $h=0$ 时，$\sigma_{\mathrm{tu}} = Q_{\mathrm{u}}$，且 Q_l 在数值上满足：$Q_l = Q_{\mathrm{u}}$。Q_{u} 为 P_{t} 按 Boussinesq 竖向应力扩散理论在地表竖向位移约束上所导致的竖向土压力，而 σ_{td} 为 Q_l 按 Boussinesq 竖向应力扩散理论所导致的土压力。因此，可将 σ_{td} 视为荷载 P_{t} 传递至地表竖向位移约束后再“反射”到隧道上覆土层中的竖向土压力。根据式（5.41），可以得到 σ_{td} 在隧道上覆土层中的

任意深度 h 位置的计算公式为

$$\sigma_{\mathrm{td}}=\sum_{i=1}^{n}\beta\varDelta_{vi}K_z \tag{6.16}$$

式（6.16）中 K_z 的取值参考式（6.12）与式（6.13）进行计算，但此时表 6.3 中系数“n 的取值”的分子为：矩形 1、三角形 3 及三角形 4 对应的“H_0-h”改为“H_0+h”；三角形 1 与三角形 2 对应的“$H_0-h+R(1-\sin 36°)$”改为“$H_0+h+R(1-\sin 36°)$”。因而可以得到竖向相对挤压导致隧道上覆土层中的土压力为 $\Delta\sigma_{\mathrm{t}}=\sigma_{\mathrm{tu}}-\sigma_{\mathrm{td}}$。

（2）隧道上部的实际竖向土压力。

当 $h=H_0$、$l\in(-R,R)$ 时，$\Delta\sigma_{\mathrm{t}}$ 即为隧道顶部土层的最终土压力，此时 ΔP_{t} 近似地作为作用在隧道上部的竖向土压力。且满足：$\sigma_{\mathrm{tu}}=P_{\mathrm{t}}$，$\sigma_{\mathrm{td}}\big|_{h=H_0}=\sigma_{\mathrm{tu}}\big|_{h=-H_0}$。

σ_{tu} 为 Q_l 在隧道上覆土层的竖向附加应力，由 σ_{tu} 在隧道上覆土层中的等值线特点可知，距离地表越远，σ_{tu} 应力等值线在隧道上覆土层中越平缓。因此，可以取 $\sigma_{\mathrm{td}}\big|_{h=H_0,l=0}=\sigma_{\mathrm{tu}}\big|_{h=-H_0,l=0}$ 作为 $h=H_0$、$l\in(-R,R)$ 范围内的 σ_{td}，即以隧道顶部的 σ_{td} 作为隧道结构上部的范围内的 σ_{td}，如图 6.9 所示。实际中隧道结构上部的 σ_{td} 为曲线 IEJ，但近似地认为隧道结构上部的 σ_{td} 与 A 点的 σ_{td} 相等。因此，在 $l\in(-R,R)$ 时，σ_{td} 的表达式可以近似地表示为

$$\sigma_{\mathrm{td}}\big|_{h=H_0,l=0}=\sigma_{\mathrm{tu}}\big|_{h=-H_0,l=0} \tag{6.17}$$

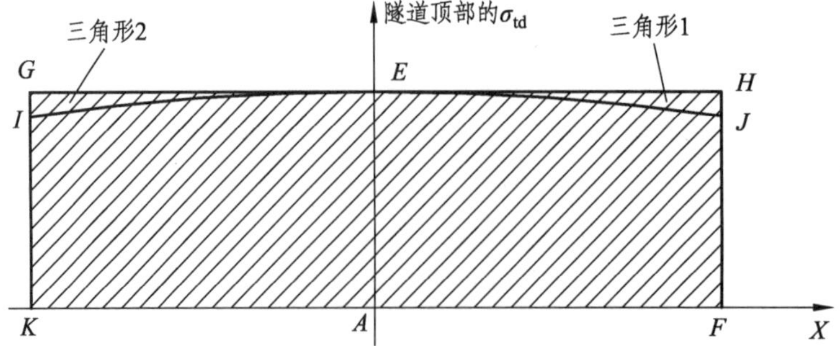

图 6.9　隧道顶部的 σ_{td} 简明算法

由以上分析可知，在地表超载作用下隧道上部实际的土压力增量可分解为三部分：

① 不考虑竖向相对挤压时，地表超载 q 导致隧道上部的土压力即为 q。

② 地表施加竖向位移约束时竖向相对挤压导致的挤压力 P_{t}（P_{t} 在第一象限内的表达式见表 6.4 所示）。

表 6.4 简化算法对应的 P_{t} 表达式

竖向相对挤压	竖向相对挤压对应的 P_{t} 表达式	水平坐标 x 取值范围
矩形 1	$\beta\frac{q}{E_{s2}}R\cos 54°$	$[0, R\sin 54°]$
三角形 1	$\frac{\beta\frac{q}{E_{s2}}R\cos 54°}{1-\sin 54°}-\frac{\beta\frac{q}{E_{s2}}\cos 54°}{1-\sin 54°}x$	$[R\sin 54°, R]$
三角形 3	$\beta\left[R\frac{q}{E_{s2}}(1-\cos 54°)-\frac{1}{2}\Delta D_{\mathrm{v}}\right]-\frac{\beta\left[R\frac{q}{E_{s2}}(1-\cos 54°)-\frac{1}{2}\Delta D_{\mathrm{v}}\right]}{R\sin 54°}x$	$[0, R\sin 54°]$

③ 地表虚加竖向荷载在隧道顶部产生的竖向土压力 $\sigma_{\mathrm{td}}\big|_{h=H_0,l=0}$。

计算时，$\sigma_{\mathrm{td}}\big|_{h=H_0,l=0}$ 应取为负值，因地表在竖向上为自由边界，Q_l 为虚加的竖向荷载，实际中并不存在，即应减去 $\sigma_{\mathrm{td}}\big|_{h=H_0,l=0}$。

6.3 地表超载导致的隧道结构变形计算

6.3.1 隧道结构曲梁弯曲刚度分析

1. 管片纵缝接头刚度的刚度有效率计算

地表超载导致隧道结构发生横椭圆变形过程中，假设隧道外边界始终保持为标准椭圆，隧道结构变形计算时采用修正均质圆环模型。均质圆环的关键参数为刚度有效率η（修正均质圆的截面抗弯刚度与拼装管片环的管片截面抗弯刚度的比值），刚度有效率η的合理取值难度大，现有关于刚度有效的取值主要凭经验，因此，不同国家或地区对刚度有效率的取值各不相同[123]。对修正均质圆环刚度有效率的研究主要集中在对刚度有效率的取值[104,115,121]及刚度有效率的影响因素[124-125]两方面，研究手段以理论分析和模型试验为主。现有确定刚度有效率的方法是以均质圆环模型的水平收敛变形与对应的梁-弹簧模型的收敛变形的比值作为刚度有效率，其计算公式为

$$\eta=\frac{\Delta D_{\mathrm{hu}}}{\Delta D_{\mathrm{hi}}} \tag{6.18}$$

式中：ΔD_{hu}——荷载作用下均质圆环的水平向收敛变形；

ΔD_{hi}——荷载作用下梁-弹簧模型的水平向收敛变形。

然而，采用上述方法确定刚度有效率的过程复杂，缺乏相关的理论依据，且无法建立刚度有效率与纵缝接头刚度、管片环直径、管片厚度、管片环接头数量等参数的明确关系表达式（现有的关系式都是基于曲线拟合所得的计算公式[9,125]）。此外，对计算结果的可行性与适用性也未进行论证，因此有必要对上述问题展开研究，以便在进行地表超载导致隧道结构变形分析时提供修正均质圆环的刚度有效率η的计算方法。

修正惯用法的均质圆环所有截面抗弯刚度均相同，因此，通过对管片的横向截面抗弯刚度折减得到均质圆环的横向截面抗弯刚度，相当于将拼装管片环的所有管片纵缝接头所导致的抗弯刚度削弱，平均地分配到修正均质圆环的整环结构中。因而在分析修正均质圆环模型的刚度有效率时，则应该评价修正均质圆环与拼装管片环的横向抗弯性能等效性。为此，在进行修正均质圆环的刚度有效率计算时，假设将拼装的管片环从拱底块中间位置（即图 6.10 中的 180°位置）切断并展开为直梁，同时将对应的修正均质圆环也切断并展开为直梁，以拼装管片环与修正均质圆环的展开直梁两端在纯弯矩作用下两端截面具有相同的相对转角作为两者的刚度等效条件，以在满足该等效条件下修正均质圆环与拼装管片环的横向截面抗弯刚

度比即为刚度有效率 η[126]。拼装管片环与修正均质圆环及其展开直梁如图 6.10 所示。

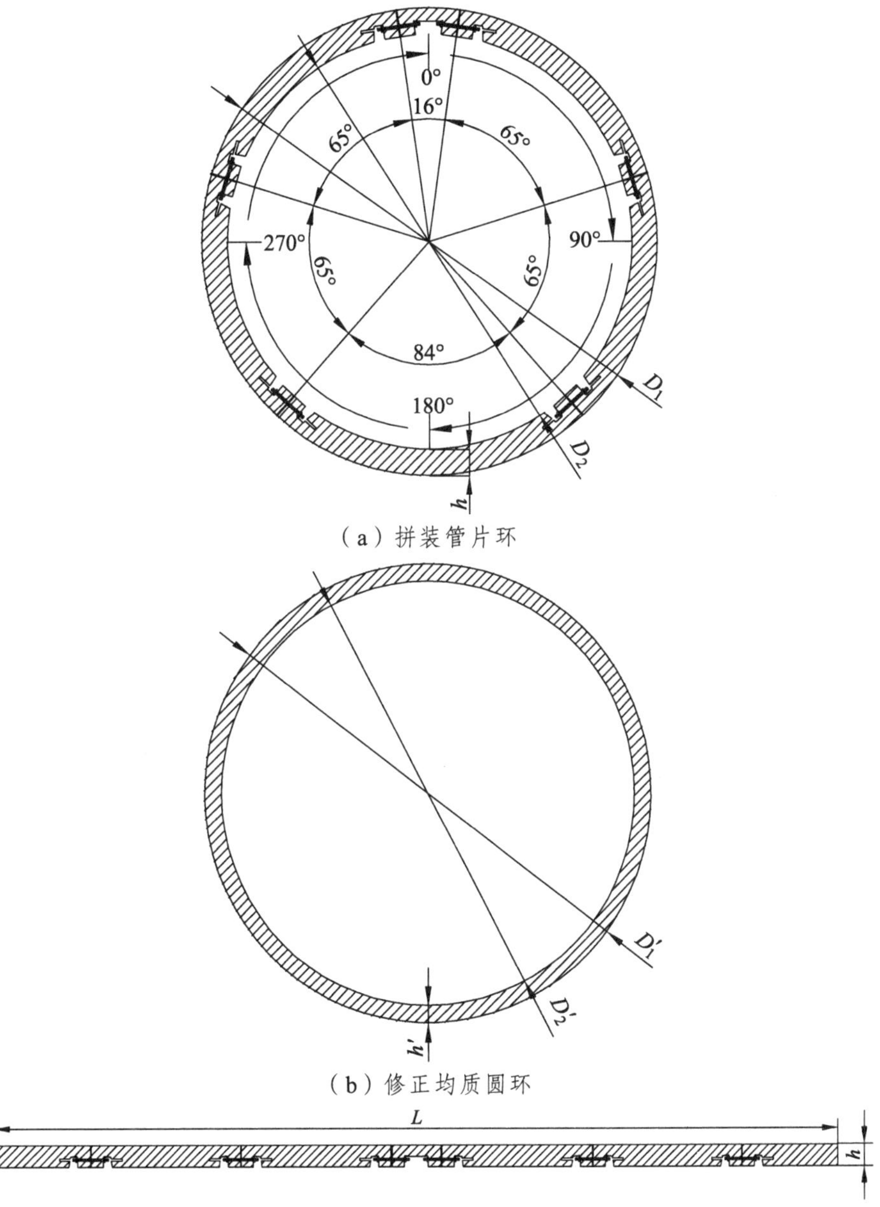

（a）拼装管片环

（b）修正均质圆环

（c）拼装管片环展开直梁

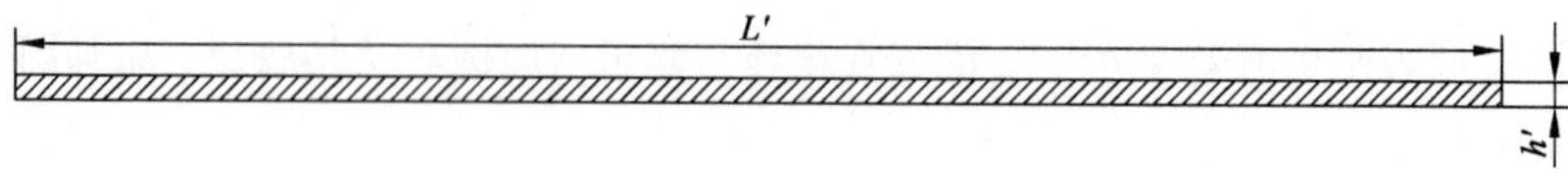

（d）均质圆环展开直梁

图 6.10 拼装管片环与修正均质圆环及其展开直梁

以管片环外径与内径之和的平均值作为直径计算的圆周长作为拼装管片环展开直梁的长度，即

$$L=\frac{(D_1+D_2)}{2}\pi \tag{6.19}$$

式中：L——拼装管片环展开直梁的长度；

D_1——拼装管片环的外径；

D_2——拼装管片环的内径。

拼装管片环展开直梁两端在弯矩作用下两端截面相对转角由两部分组成，一是因直梁的弯曲导致，二是因接头转角导致。由胡克定律可知，直梁在弯矩 M 作用下相应的弹性弯曲应变为

$$\kappa=\frac{M}{EI} \tag{6.20}$$

式中：κ——弯曲应变，即单位长度发生的转角。

因此，不考虑展开梁上所有接头所发生的转角时，拼装管片环展开直梁两端在弯矩 M 作用下，因直梁的弯曲导致展开梁两端截面产生的相对转角 θ_1 为

$$\theta_1=\frac{LM}{EI} \tag{6.21}$$

式中：EI——拼装管片环的横向截面抗弯刚度，其中 E 为管片的弹性模量；

I——管片横向截面的惯性矩；

M——作用在拼装管片环展开直梁两端的弯矩；

θ_1——不考虑展开直梁上所有接头所发生的转角时，在弯矩 M 作用下由弯曲应变导致展开梁两端截面产生的相对转角。

拼装管片因接头导致抗弯刚度被削弱，接头在弯矩作用下发生的转角为

$$\Delta\theta = \frac{M}{k} \tag{6.22}$$

式中：$\Delta\theta$——接头在弯矩作用下发生的转角；

k——接头刚度，即发生单位转角时所需要的弯矩。

设拼装管片环的由 n 个接头组成，第 i 个纵缝接头的刚度为 k_i，则在弯矩 M 作用下，拼装管片展开直梁因接头转角导致的两端截面相对转角即为展开直梁内所有接头产生的转角之和 θ_2 表达式为

$$\theta_2 = \sum_{i=1}^{n} \frac{M}{k_i} \tag{6.23}$$

拼装管片环展开直梁两端的在纯弯矩 M 作用下两端截面产生的相对转角 θ 可表达为

$$\theta = \theta_1 + \theta_2 = \frac{LM}{EI} + \sum_{i=1}^{n} \frac{M}{k_i} \tag{6.24}$$

式中：θ_2——拼装管片展开直梁内所有接头产生的转角之和；

θ——拼装管片环展开直梁两端的在纯弯矩作用下两端截面产生的相对转角；

k_i——管片环第 i 个纵缝的接头刚度；

n——拼装管片环的纵缝数量，也即管片环的分块数；

$\sum_{i=1}^{n} \frac{1}{k_i}$——单位弯矩作用下全部接头的转角之和。

设修正均质圆环的截面的抗弯刚度为 $E'I'$，修正均质圆环展开直梁在弯矩 M 作用下，两端截面所产生的相对转角为

$$\theta' = \frac{L'M}{E'I'} \tag{6.25}$$

式中：$E'I'$——修正均质圆环的横向截面的抗弯刚度，其中 E' 为均质圆环的弹性模量，I' 均质圆环横向截面的惯性矩；

θ'——修正均质圆环展开直梁两端的在纯弯矩作用下两端截面产生的相对转角；

L'——修正均质圆环模型展开直梁的长度。

因修正均质圆环与拼装管片环刚度等效的条件为两者展开直梁的两端在相同纯弯矩作用下两端截面具有相同的相对转角，因此两者刚度等效条件可表示为

$$\frac{LM}{EI}+\sum_{i=1}^{n}\frac{M}{k_i}=\frac{L'M}{E'I'} \tag{6.26}$$

简化后为

$$\frac{L}{EI}+\sum_{i=1}^{n}\frac{1}{k_i}=\frac{L'}{E'I'} \tag{6.27}$$

在管片截面抗弯刚度 EI 折减得到均质圆环的抗弯刚度 $E'I'$ 的过程中，可减小管片的弹性模量，即 $E'<E$；也可以减小管片的横向截面惯性矩，即 $I'<I$。当通过减小管片的弹性模量进行刚度折减时，均质圆环与管片环的几何尺寸完全相同，即 $I'=I$，$L'=L$。等式（6.27）可表示为等式（6.28），则修正均质圆环的弹性模量可按式（6.29）计算。

$$\frac{L}{EI}+\sum_{i=1}^{n}\frac{1}{k_i}=\frac{L}{E'I} \tag{6.28}$$

$$E'=\frac{EL}{\left(L+EI\sum_{i=1}^{n}\frac{1}{k_i}\right)} \tag{6.29}$$

根据修正均质圆环的刚度有效率 η 的定义（即 $\eta=E'I'/EI$），刚度有效率 η 可表示为

$$\eta=\frac{E'I'}{EI}=\frac{E'}{E}=\frac{L}{\left(L+EI\sum_{i=1}^{n}\frac{1}{k_i}\right)} \tag{6.30}$$

式中：η——拼装管片环的刚度有效率。

当 $E'=E$ 时，通过减小管片横向截面惯性矩进行刚度折减时，且近似地认为修正均质圆环展开梁的长度 L' 与拼装管片环展开直梁长度 L 相同，即 $L'=L$。等式（6.27）可表示为等式（6.31），修正均质圆环的横向截面惯性矩可按式（6.32）计算。根据均质圆环的刚度有效率 η 的定义，刚度

有效率 η 可按式（6.33）计算。

$$\frac{L}{EI}+\sum_{i=1}^{n}\frac{1}{k_i}=\frac{L}{EI'} \tag{6.31}$$

$$I'=\frac{EL}{\left(\dfrac{L}{I}+E\sum_{i=1}^{n}\dfrac{1}{k_i}\right)} \tag{6.32}$$

$$\eta=\frac{E'I'}{EI}=\frac{I'}{I}=\frac{L}{\left(L+EI\sum_{i=1}^{n}\dfrac{1}{k_i}\right)} \tag{6.33}$$

从式（6.30）与式（6.33）可以看出，无论是通过减小管片的弹性模量还是减小管片的横向截面惯性矩，刚度有效率的表达式是相同的，即管片环的由 n 个接头组成时，其刚度有效率的计算公式为

$$\eta=\frac{L}{\left(L+EI\sum_{i=1}^{n}\dfrac{1}{k_i}\right)}=\frac{(D_1+D_2)\pi}{2\left(L+EI\sum_{i=1}^{n}\dfrac{1}{k_i}\right)} \tag{6.34}$$

根据刚度有效率计算式（6.30）或式（6.33），以上海地铁盾构隧道为例，其管片接头刚度取值参照反演分析所得结果（表 3.5），则足尺试验中加载工况 1、2、3、4 所对应的刚度有效率分别为 0.414 9、0.211 9、0.102 6、0.071 8（表 6.6）。计算出不同加载工况下的均质圆环模型与梁-弹簧模型的收敛变形见表 6.5，根据式（6.18）得到相应的刚度有效率见表 6.6。

表 6.5　不同加载工况下的结构收敛变形

加载工况	均质圆环模型		梁-弹簧模型	
	ΔD_{hu}	ΔD_{vu}	ΔD_{hi}	ΔD_{vi}
1	3.61	−3.86	9.08	−9.76
2	6.34	−6.76	31.52	−33.17
3	8.31	−8.85	84.94	−87.71
4	9.50	−10.14	139.18	−143.01

表 6.6　不同计算方法得到的刚度有效率

加载工况	η［采用本书提出的计算方法，见式（6.34）］	$\eta=\Delta D_{hu}/\Delta D_{hi}$
1	0.414 9	0.397 6
2	0.211 9	0.201 3
3	0.102 6	0.097 9
4	0.071 8	0.068 3

从表 6.6 可以看出，两种计算方法得到的刚度有效率较为接近。然而，本书提出的刚度有效率计算方法简单，无须建模进行复杂的计算，仅将管片纵缝接头刚度与刚度有效率之间建立函数关系即可。

表 6.7 为不同刚度有效率计算方法所得的修正均质圆环的收敛变形，从表中也可以看出，两种修正均质圆环的收敛变形也较为接近。图 6.11 所示为不同加载工况下的隧道结构变形，其中修正均质圆环模型的刚度采用本文提出的计算方法进行计算。从图中可以看出，尽管隧道变形形状有所不同，但两个模型的竖向收敛变形与水平收敛变形非常接近，因此，地表超载作用下隧道对周围土体的相对挤压量接近。由此可见，在分析地表超载导致的隧道竖向土压力模式时，采用本文提出的刚度有效率计算方法是可行的。

表 6.7　不同刚度有效率计算方法所得的修正均质圆环的收敛变形（单位：mm）

加载工况	η［采用本书提出的计算方法，见式（6.34）］		$\eta=\Delta D_{hu}/\Delta D_{hi}$	
	水平	竖向	水平	竖向
1	8.80	−9.18	9.08	−9.70
2	30.44	−31.34	31.52	−33.57
3	82.60	−84.48	84.94	−90.44
4	135.28	−138.14	139.18	−148.50

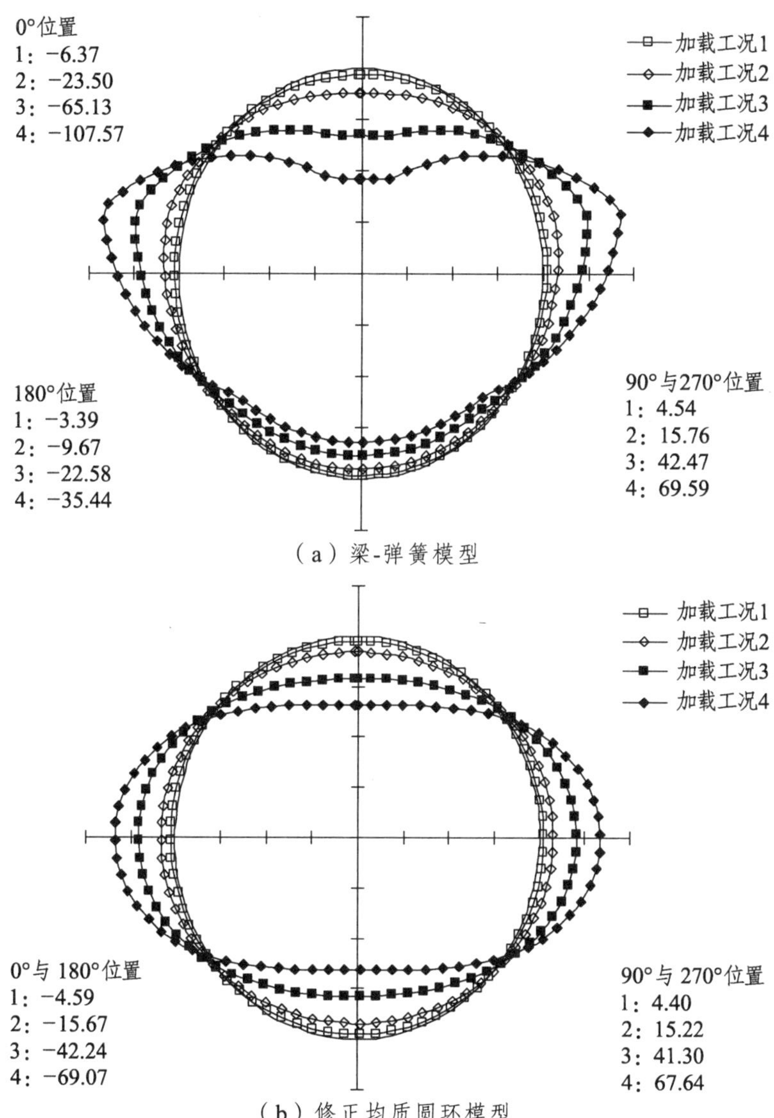

（a）梁-弹簧模型

（b）修正均质圆环模型

图 6.11 不同加载工况下的结构变形（单位：mm）

2. 隧道结构的计算半径取值

在隧道结构变形分析时，作用在结构上的荷载即为隧道受到的土压力，而土压力的作用面为隧道的外边界，因此，土压力作用面的半径为隧道的外半径，如图 6.12 所示，土压力作用面半径为 R。

然而，在隧道结构变形计算时，隧道结构简化为没有厚度，只有抗弯刚度的理想曲梁结构。因此，曲梁结构的半径理论上应为管片环截面中心所对应的半径，如图 6.12 所示，曲梁结构的半径为 $\bar{R}$。

由此可见，结构变形计算的曲梁结构半径与土压力作用半径不一致(若为直梁则不存在此问题)，如图 6.12 所示，$\bar{R}<R$。而在结构变形计算时，计算半径只能取一个值，即要么为 $\bar{R}$，要么为 R，当计算取值为 $\bar{R}$ 时，因土压力作用面半径大于 $\bar{R}$，导致作用在结构上的荷载值偏小；当计算半径取值为 R 时，隧道曲梁结构的弯曲半径小于 R，导致结构长度偏大，整体结构刚度偏柔（结构长度越大，整体结构刚度越柔），计算所得的结构变形将偏大。

为了分析曲梁结构截面中心半径与土压力作用半径不一致问题，有两种方案：一是以曲梁结构截面中心半径 $\bar{R}$ 作为结构变形计算半径，将作用在隧道外边界上的土压力换算为作用在曲梁结构截面中心曲梁上的土压力；二是以隧道外半径 R 作为结构变形计算半径，将以 $\bar{R}$ 作为计算半径的曲梁结构模型弯曲刚度换算为以 R 作为计算半径的曲梁结构模型弯曲刚度[127]。

对于方案一，以 $\bar{R}$ 作为计算半径的曲梁模型（图 6.13），在隧道结构曲梁上取微分长度，如图 6.14 与图 6.15 所示，微分长度上所对应的中心角为 $\mathrm{d}\alpha$，曲线 AC 与曲线 EF 的长度分别为 $R\mathrm{d}\alpha$ 与 $\bar{R}\mathrm{d}\alpha$。为了使作用在微分曲梁外侧曲线 AC 上的荷载 Q_1（图 6.16）与作用微分曲梁曲线 EF 上的荷载 Q_2（图 6.17）等效，则

$$Q_1 R\mathrm{d}\alpha = Q_2 \bar{R}\mathrm{d}\alpha \tag{6.35}$$

可得到 Q_1 与 Q_2 的关系为

$$Q_2 = \frac{R}{\bar{R}} Q_1 \tag{6.36}$$

设隧道的外半径为 R，管片厚度为 t，则式（6.36）也可以写为

$$Q_2 = \frac{R}{R-(t/2)} Q_1 \tag{6.37}$$

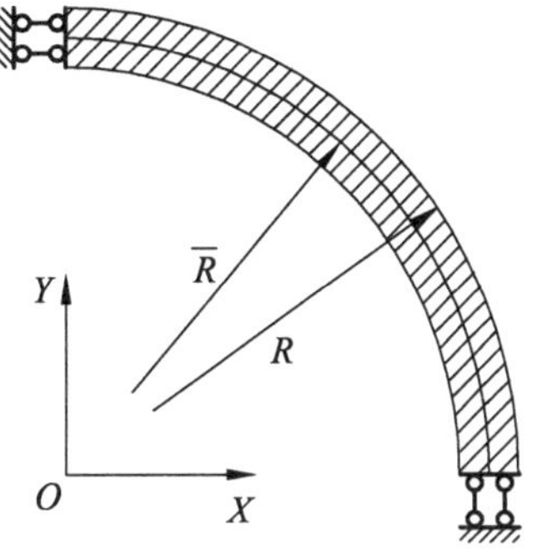

图 6.12　隧道曲梁结构

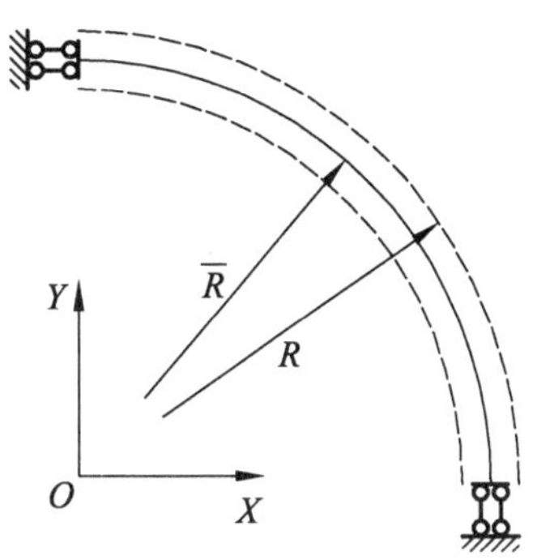

图 6.13　以 $\overline{R}$ 作为计算半径的曲梁模型

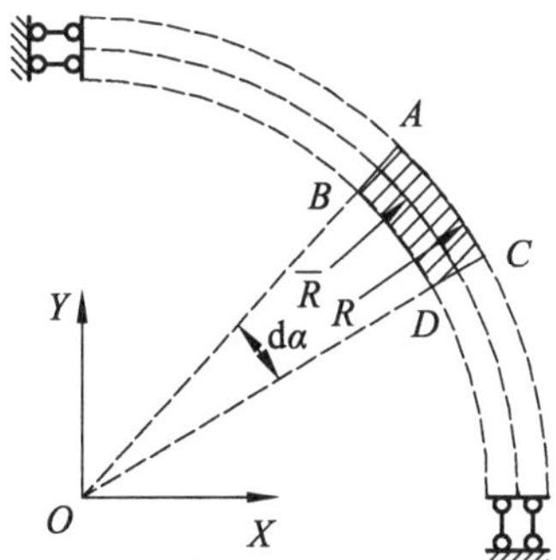

图 6.14　曲梁结构上取微分长度

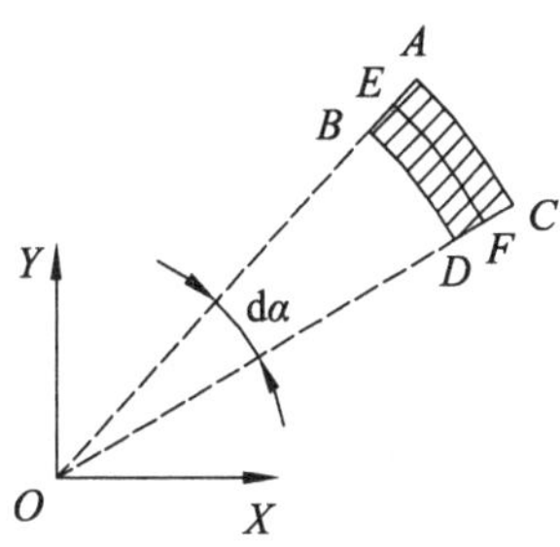

图 6.15　微分曲梁

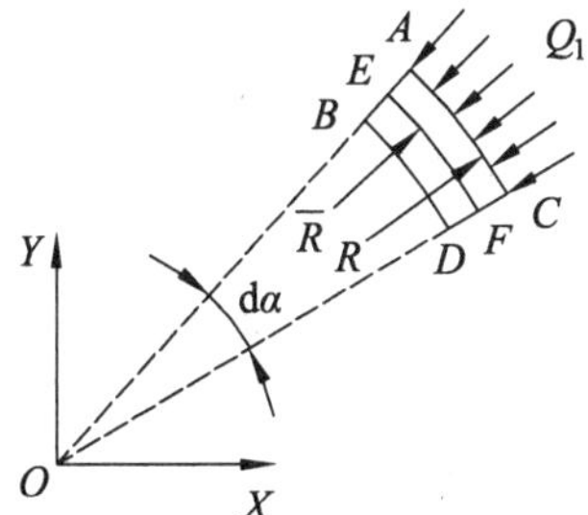

图 6.16　作用在微分曲梁外边界上的荷载

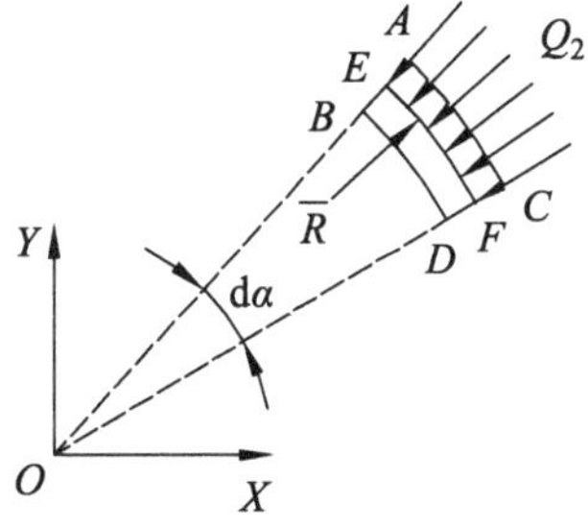

图 6.17　作用在微分曲梁截面中心轴上的荷载

由此可见，在隧道结构变形计算中，用隧道结构的截面中心半径作为曲梁模型的计算半径时，作用在隧道外边界上的土压力应在实际土压力的基础上进行再次调整，其土压力调整系数 ζ_{p} 为

$$\zeta_{\mathrm{p}}=\frac{R}{R-(t/2)} \tag{6.38}$$

式中：R——隧道曲梁结构的外半径；

$\bar{R}$——隧道曲梁结构截面中心的半径；

t——盾构隧道管片的厚度；

Q_1——作用在微分曲梁外边界上的均布荷载；

Q_2——作用在微分曲梁截面中心轴上的均布荷载；

ζ_{p}——隧道曲梁模型以截面中心半径 $\bar{R}$ 作为计算半径时的土压力调整系数。

对于方案二，当隧道曲梁结构简化为以外半径 R 作为曲梁模型的计算半径时（图 6.18），在弯矩作用下，以 $\bar{R}$ 作为计算半径的微分曲梁两端截面与以 R 作为计算半径的微分曲梁两端截面的相对转角相等（图 6.19）。设以 $\bar{R}$ 作为曲梁模型计算半径时的曲梁模型抗弯刚度为 $(EI)_1$，以 R 作为曲梁模型计算半径时的曲梁模型抗弯刚度为 $(EI)_2$，则有

$$\frac{M\bar{R}\mathrm{d}\alpha}{(EI)_1}=\frac{MR\mathrm{d}\alpha}{(EI)_2} \tag{6.39}$$

$$(EI)_2=\frac{R}{\bar{R}}(EI)_1 \tag{6.40}$$

当隧道管片厚度为 t 时，则式（6.40）也可以写为

$$(EI)_2=\frac{R}{R-(t/2)}(EI)_1 \tag{6.41}$$

由此可见，当以隧道的外半径作为曲梁模型的计算半径时，曲梁模型的抗弯刚度应在修正均质圆环模型抗弯刚度的基础上进行再次调整，其抗弯刚度调整系数 ζ_{s} 为

$$\zeta_{\mathrm{s}}=\frac{R}{R-(t/2)} \tag{6.42}$$

式中：$(EI)_1$——隧道曲梁模型均质圆环模型的截面抗弯刚度；

$(EI)_2$——隧道曲梁模型以外半径 R 作为计算半径时的截面抗弯刚度；

ζ_s——隧道曲梁模型以外半径 R 作为计算半径时抗弯刚度调整系数。

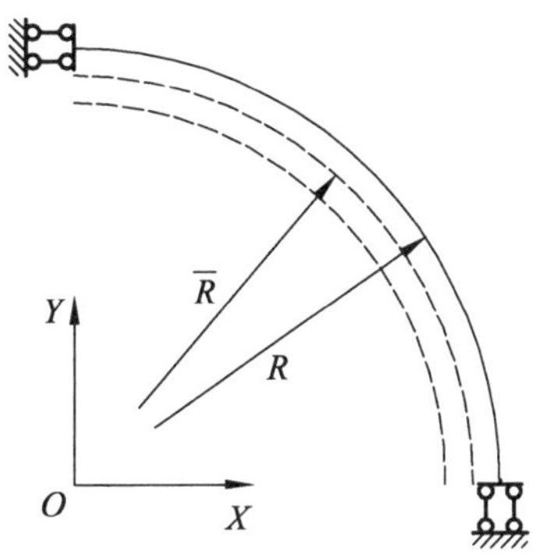

图 6.18　以 R 作为计算半径的曲梁模型

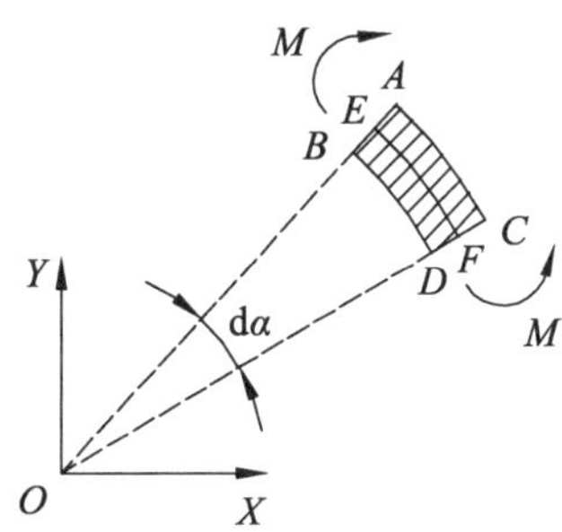

图 6.19　微分曲梁受到弯矩作用示意

从上述两种方案可以看出，当以 $\bar{R}$ 作为曲梁模型的计算半径时，曲梁结构长度合理，但土压力受力面积偏小，因而需要将土压力放大 $R/\bar{R}$ 倍；当以 R 作为曲梁模型的计算半径时，土压力受力面积合理，但曲梁结构长度偏长，从而导致结构整体抗弯刚度偏柔，因而需要将结构抗弯刚度放大 $R/\bar{R}$ 倍。考虑到本书的隧道结构变形计算涉及的土压力较多，在隧道结构变形计算时，以隧道外半径作为隧道结构曲梁模型的计算半径，将修正均质圆环模型的抗弯刚度放大 $R/\bar{R}$ 倍，即将修正均质圆环的抗弯刚度乘以刚度调整系数 ζ_s。

为了对刚度修正的必要性进行说明，以上海通缝拼装的盾构隧道为例，其外半径 R 为 3.1 m，管片厚度 t 为 0.5 m，根据式（6.42），其刚度调整系数 ζ_s 为 1.06。由此可见，若不进行修正时，其误差为 6%，因此有必要对曲梁的刚度进行修正。

6.3.2　隧道结构的变形计算

由第 5 章分析可知，要得到地表超载导致的隧道竖向土压力，需要对隧道结构的变形进行计算。所分析的隧道结构曲梁模型（图 5.21）受到的竖向土压力有 ΔP_{t}、q，受到的水平土压力有 $\lambda\Delta P_{\mathrm{t}}$、$\lambda q$、$P_{\mathrm{k}}$（各符号意义与第 5 章相同）。其中侧土压力系数 λ 的计算公式为

$$\lambda=\frac{\mu}{1-\mu} \tag{6.43}$$

由结构竖向收敛变形 ΔD_{v} 计算式（5.85）可知，计算 ΔD_{v} 时需要计算两个定积分，其被积函数分别为 $M_P\sin\alpha$ 与 M_P，其中 M_P 为地表超载导致的竖向土压力与水平向土压力在变形计算模型的基本结构上产生的弯矩。在以下计算分析中，考虑用定积分计算，角度变量的取值范围均考虑为闭区间。

根据式（5.69）与式（5.70），并结合竖向土压力与水平地层抗力的简化计算方法，得到各部分荷载在基本结构上产生的弯矩 M_P 如下（在以下计算中，M_P 加上相应的下标表示由对应荷载产生的弯矩）：

（1）基本结构上部连杆支座的水平力 N_1 在基本结构上产生的弯矩。

由式（5.65）可知，N_1 等于结构变形计算曲梁模型所受到的全部水平土压力。水平土压力由两部分组成，即侧土压力与水平地层抗力。由竖向土压力 P_{t}（如表 6.4 所示）可得到对应侧土力 P_{t}' 的表达式见表 6.8。

结合土压力的简化计算方法，得到 N_1 的表达式为

$$N_1=\frac{(\pi-2)}{8}kR\Delta D_{\mathrm{v}}\cos54^\circ+\frac{\lambda\beta R}{2}\left[\frac{q}{E_{s2}}R(1-\cos54^\circ)-\frac{1}{2}\Delta D_{\mathrm{v}}\right](1-\cos54^\circ)+\frac{\lambda\beta q}{2E_{s2}}(R\cos54^\circ)^2+\frac{\beta q}{E_{s2}}R^2\cos54^\circ(1-\cos54^\circ)+\lambda qR-\lambda\sigma_{\mathrm{ud}}R \tag{6.44}$$

当 $\alpha\in[0,90^\circ]$ 时：

$$M_{P\text{-}N_1}=-[N_1(R-y)]=-[N_1R(1-\cos\alpha)]=-N_1R+N_1R\cos\alpha \tag{6.45}$$

表 6.8　P_t 对应侧土压力 P_t' 的表达式

竖向相对挤压	挤压量对应的 P_t' 表达式	y 的取值范围
矩形 1	$\lambda\beta\dfrac{q}{E_{s2}}R\cos54°$	$[R\cos54°,R]$
三角形 1	$\lambda\beta\dfrac{q}{E_{s2}}y$	$[0,R\cos54°]$
三角形 3	$\dfrac{\lambda\beta\left[R\dfrac{q}{E_{s2}}(1-\cos54°)-\dfrac{1}{2}\Delta D_{\rm v}\right]}{R(1-\cos54°)}y-\dfrac{\lambda\beta\cos54°}{1-\cos54°}\left[R\dfrac{q}{E_{s2}}(1-\cos54°)-\dfrac{1}{2}\Delta D_{\rm v}\right]$	$[R\cos54°,R]$

（2）竖向土压力在基本结构上产生的弯矩。

将竖向土压 ΔP_t 分解为 P_t 与 $\sigma_{\rm td}\big|_{h=H_0,l=0}$，根据表 6.4 及图 6.9，得到各竖向土压力在基本结构上所产生的弯矩表达式如下：

① 图 6.8 中竖向挤压量三角形 1 产生的竖向挤压力在基本结构上产生的弯矩。

当 $\alpha\in[0,54°]$ 时：

$$M_{P\text{-三角形1}}=0 \tag{6.46}$$

当 $\alpha\in[54°,90°]$ 时：

$$\begin{aligned}
M_{P\text{-三角形1}}&=\int_{R\sin54°}^{x}(x-\xi)\left[\frac{\beta\dfrac{q}{E_{s2}}R\cos54°}{1-\sin54°}-\frac{\beta\dfrac{q}{E_{s2}}\cos54°}{1-\sin54°}\xi\right]{\rm d}\xi\\
&=\left[\frac{\beta\dfrac{q}{E_{s2}}R\cos54°}{2(1-\sin54°)}\right]x^2-\left[\frac{\beta\dfrac{q}{E_{s2}}\cos54°}{6(1-\sin54°)}\right]x^3-\\
&\quad\left[\frac{\beta\dfrac{q}{E_{s2}}R^2\cos54°}{1-\sin54°}\left(\sin54°-\frac{\sin^2 54°}{2}\right)\right]x+\\
&\quad\left[\frac{\beta\dfrac{q}{E_{s2}}R^3\cos54°}{1-\sin54°}\left(\frac{\sin^2 54°}{2}-\frac{\sin^3 54°}{3}\right)\right]
\end{aligned} \tag{6.47}$$

$$=\left[\frac{\beta\frac{q}{E_{s2}}R^3\cos 54°}{2(1-\sin 54°)}\right]\sin^2\alpha-\left[\frac{\beta\frac{q}{E_{s2}}R^3\cos 54°}{6(1-\sin 54°)}\right]\sin^3\alpha-$$
$$\left[\frac{\beta\frac{q}{E_{s2}}R^3\cos 54°}{1-\sin 54°}\left(\sin 54°-\frac{\sin^2 54°}{2}\right)\right]\sin\alpha+$$
$$\left[\frac{\beta\frac{q}{E_{s2}}R^3\cos 54°}{1-\sin 54°}\left(\frac{\sin^2 54°}{2}-\frac{\sin^3 54°}{3}\right)\right] \tag{6.48}$$

② 图 6.8 中竖向挤压量三角形 3 产生的竖向挤压力在基本结构上产生的弯矩。

当 $\alpha\in[0,54°]$ 时：

$$M_{P\text{-三角形3}}=\int_0^x(x-\xi)\left\{\beta\left[R\frac{q}{E_{s2}}(1-\cos 54°)-\frac{1}{2}\Delta D_{\rm v}\right]-\frac{\beta\left[R\frac{q}{E_{s2}}(1-\cos 54°)-\frac{1}{2}\Delta D_{\rm v}\right]}{R\sin 54°}\xi\right\}{\rm d}\xi$$
$$=\frac{\beta}{2}\left[R\frac{q}{E_{s2}}(1-\cos 54°)-\frac{1}{2}\Delta D_{\rm v}\right]x^2-\frac{\beta\left[R\frac{q}{E_{s2}}(1-\cos 54°)-\frac{1}{2}\Delta D_{\rm v}\right]}{6R\sin 54°}x^3$$
$$=\frac{\beta R^2}{2}\left[R\frac{q}{E_{s2}}(1-\cos 54°)-\frac{1}{2}\Delta D_{\rm v}\right]\sin^2\alpha-\frac{\beta R^2\left[R\frac{q}{E_{s2}}(1-\cos 54°)-\frac{1}{2}\Delta D_{\rm v}\right]}{6\sin 54°}\sin^3\alpha \tag{6.49}$$

当 $\alpha\in[54°,90°]$ 时：

$$M_{P\text{-三角形3}}=\frac{\beta R\sin 54°}{2}\left[R\frac{q}{E_{s2}}(1-\cos 54°)-\frac{1}{2}\Delta D_{\rm v}\right]\left(x-\frac{1}{3}R\sin 54°\right)$$
$$=\frac{\beta R\sin 54°}{2}\left[\frac{Rq}{E_{s2}}(1-\cos 54°)-\frac{1}{2}\Delta D_{\rm v}\right]x-$$
$$\frac{\beta R^2\sin^2 54°}{6}\left[\frac{Rq}{E_{s2}}(1-\cos 54°)-\frac{1}{2}\Delta D_{\rm v}\right]$$

$$=\frac{\beta R^2\sin 54°}{2}\left[\frac{Rq}{E_{s2}}(1-\cos 54°)-\frac{\Delta D_{\mathrm{v}}}{2}\right]\sin\alpha-$$

$$\frac{\beta R^2\sin^2 54°}{6}\left[\frac{Rq}{E_{s2}}(1-\cos 54°)-\frac{\Delta D_{\mathrm{v}}}{2}\right] \tag{6.50}$$

③ 图 6.8 中竖向挤压量矩形 1 产生的竖向挤压力在基本结构上产生的弯矩。

当 $\alpha\in[0,54°]$ 时：

$$M_{P\text{-矩形1}}=\int_0^x(x-\xi)\left(\beta\frac{q}{E_{s2}}R\cos 54°\right)\mathrm{d}\xi=\frac{1}{2}\left(\beta\frac{q}{E_{s2}}R\cos 54°\right)x^2$$

$$=\frac{R^3}{2}\left(\beta\frac{q}{E_{s2}}\cos 54°\right)\sin^2\alpha \tag{6.51}$$

当 $\alpha\in[54°,90°]$ 时：

$$M_{P\text{-矩形1}}=\left(\beta\frac{q}{E_{s2}}R\cos 54°\right)R\sin 54°\left(x-\frac{1}{2}R\sin 54°\right)$$

$$=\left(\beta\frac{q}{E_{s2}}R^2\cos 54°\sin 54°\right)x-\frac{1}{2}\left(\beta\frac{q}{E_{s2}}R^3\cos 54°\sin^2 54°\right)$$

$$=-\frac{1}{2}\left(\beta\frac{qR^3}{E_{s2}}\cos 54°\sin^2 54°\right)+\left(\beta\frac{qR^3}{E_{s2}}\cos 54°\sin 54°\right)\sin\alpha \tag{6.52}$$

④ 图 6.9 所示的隧道顶部的 σ_{td} 在基本结构上产生的弯矩。

当 $\alpha\in[0,90°]$ 时：

$$M_{P\text{-}\sigma_{\mathrm{td}}}=\int_0^x(x-\xi)\sigma_{\mathrm{td}}\mathrm{d}\xi=\frac{1}{2}\sigma_{\mathrm{td}}x^2=\frac{1}{2}\sigma_{\mathrm{td}}R^2\sin^2\alpha \tag{6.53}$$

⑤ 不考虑竖向相对挤压时地表超载 q 在基本结构上产生的弯矩。

当 $\alpha\in[0,90°]$ 时：

$$M_{P\text{-}q}=\int_0^x(x-\xi)q\mathrm{d}\xi=\frac{1}{2}qx^2=\frac{1}{2}qR^2\sin^2\alpha \tag{6.54}$$

（3）水平土压力在基本结构上产生的弯矩。

根据水平土压力的组成及其简化计算方法，可以得到水平土压力在基本结构上所产生的弯矩表达式如下。

① 图 6.8 中竖向挤压量三角形 1 产生的侧土压力在基本结构上产生的弯矩。

当 $\alpha \in [0,54°]$ 时：

$$M_{P\text{-}\lambda\text{三角形1}} = 0 \tag{6.55}$$

当 $\alpha \in [54°,90°]$ 时：

$$\begin{aligned}
M_{P\text{-}\lambda\text{三角形1}} &= \int_{y}^{R\cos 54^{\circ}} \lambda\beta \frac{q}{E_{s2}} \psi(\psi - y)\mathrm{d}\psi \\
&= \lambda\beta \frac{q}{E_{s2}} \left[\left(\frac{1}{3} R^3 \cos^3 54° - \frac{1}{2} yR^2 \cos^2 54° \right) - \left(\frac{1}{3} y^3 - \frac{1}{2} y^3 \right) \right] \\
&= \lambda\beta \frac{q}{E_{s2}} \left(\frac{1}{3} R^3 \cos^3 54° - \frac{1}{2} R^2 \cos^2 54° y + \frac{1}{6} y^3 \right) \\
&= \lambda\beta \frac{R^3 q}{E_{s2}} \left(\frac{1}{3} \cos^3 54° - \frac{1}{2} \cos^2 54° \cos\alpha + \frac{1}{6} \cos^3 \alpha \right)
\end{aligned} \tag{6.56}$$

② 图 6.8 中竖向挤压量三角形 3 产生的侧土压力在基本结构上产生的弯矩。

当 $\alpha \in [0,54°]$ 时：

$$\begin{aligned}
M_{P\text{-}\lambda\text{三角形3}} &= \int_{y}^{R} \frac{\lambda\beta \left[R \frac{q}{E_{s2}} (1 - \cos 54°) - \frac{1}{2} \Delta D_{\mathrm{v}} \right]}{1 - \cos 54°} \left(\frac{1}{R} \psi - \cos 54° \right) (\psi - y) \mathrm{d}\psi \\
&= \frac{\lambda\beta \left[R \frac{q}{E_{s2}} (1 - \cos 54°) - \frac{1}{2} \Delta D_{\mathrm{v}} \right]}{1 - \cos 54°} \int_{y}^{R} \left(\frac{1}{R} \psi - \cos 54° \right) (\psi - y) \mathrm{d}\psi
\end{aligned} \tag{6.57}$$

$$M_{P\text{-}\lambda\text{三角形3}} = \frac{\lambda\beta \left[R \frac{q}{E_{s2}} (1 - \cos 54°) - \frac{1}{2} \Delta D_{\mathrm{v}} \right]}{1 - \cos 54°} \frac{1}{6R} y^3 -$$

$$\frac{\lambda\beta\left[R\dfrac{q}{E_{s2}}(1-\cos 54°)-\dfrac{1}{2}\Delta D_{\mathrm{v}}\right]}{1-\cos 54°}\frac{\cos 54°}{2}y^2-$$

$$\frac{\lambda\beta\left[R\dfrac{q}{E_{s2}}(1-\cos 54°)-\dfrac{1}{2}\Delta D_{\mathrm{v}}\right]}{1-\cos 54°}R\left(\frac{1}{2}-\cos 54°\right)y+$$

$$\frac{\lambda\beta\left[R\dfrac{q}{E_{s2}}(1-\cos 54°)-\dfrac{1}{2}\Delta D_{\mathrm{v}}\right]}{1-\cos 54°}R^2\left(\frac{1}{3}-\frac{\cos 54°}{2}\right) \tag{6.58}$$

$$M_{P\text{-}\lambda三角形3}=\frac{\lambda\beta R^2\left[R\dfrac{q}{E_{s2}}(1-\cos 54°)-\dfrac{1}{2}\Delta D_{\mathrm{v}}\right]}{1-\cos 54°}\left(\frac{1}{3}-\frac{\cos 54°}{2}\right)+$$

$$\frac{\lambda\beta R^2\left[R\dfrac{q}{E_{s2}}(1-\cos 54°)-\dfrac{1}{2}\Delta D_{\mathrm{v}}\right]}{6(1-\cos 54°)}\cos^3\alpha-$$

$$\frac{\lambda\beta R^2\cos 54°\left[R\dfrac{q}{E_{s2}}(1-\cos 54°)-\dfrac{1}{2}\Delta D_{\mathrm{v}}\right]}{2(1-\cos 54°)}\cos^2\alpha-$$

$$\frac{\lambda\beta R^2\left[R\dfrac{q}{E_{s2}}(1-\cos 54°)-\dfrac{1}{2}\Delta D_{\mathrm{v}}\right]}{1-\cos 54°}\left(\frac{1}{2}-\cos 54°\right)\cos\alpha \tag{6.59}$$

当 $\alpha\in[54°,90°]$ 时：

$$M_{P\text{-}\lambda三角形3}=\frac{\lambda\beta R}{2}\left[R\frac{q}{E_{s2}}(1-\cos 54°)-\frac{1}{2}\Delta D_{\mathrm{v}}\right](1-\cos 54°)\times$$

$$\left(\frac{2}{3}R+\frac{1}{3}R\cos 54°-y\right)$$

$$=\frac{\lambda\beta R^2}{6}\left[R\frac{q}{E_{s2}}(1-\cos 54°)-\frac{1}{2}\Delta D_{\mathrm{v}}\right](1-\cos 54°)(2+\cos 54°)-$$

$$\frac{\lambda\beta R}{2}\left[R\frac{q}{E_{s2}}(1-\cos 54°)-\frac{1}{2}\Delta D_{\mathrm{v}}\right](1-\cos 54°)\,y$$

$$= \frac{\lambda\beta R^2}{6}\left[R\frac{q}{E_{s2}}(1-\cos 54°)-\frac{1}{2}\Delta D_{\text{v}}\right](1-\cos 54°)(2+\cos 54°)-$$

$$\frac{\lambda\beta R^2}{2}\left[R\frac{q}{E_{s2}}(1-\cos 54°)-\frac{1}{2}\Delta D_{\text{v}}\right](1-\cos 54°)\cos\alpha \tag{6.60}$$

③ 图 6.8 中竖向挤压量矩形 1 产生的侧土压力在基本结构上产生的弯矩。

当 $\alpha\in[0,54°]$ 时：

$$\begin{aligned} M_{P\text{-}\lambda\text{矩形1}} &= \int_y^R \lambda\beta\frac{q}{E_{s2}}R\cos 54°(\psi-y)\mathrm{d}\psi \\ &= \lambda\beta\frac{q}{E_{s2}}R\cos 54°\left[\frac{1}{2}R^2-Ry+\frac{1}{2}y^2\right] \\ &= \frac{1}{2}\lambda\beta\frac{qR^3}{E_{s2}}\cos 54°+\frac{1}{2}\lambda\beta\frac{qR^3}{E_{s2}}\cos 54°\cos^2\alpha- \\ &\quad \lambda\beta\frac{qR^3}{E_{s2}}\cos 54°\cos\alpha \end{aligned} \tag{6.61}$$

当 $\alpha\in[54°,90°]$ 时：

$$\begin{aligned} M_{P\text{-}\lambda\text{矩形1}} &= \lambda\beta\frac{q}{E_{s2}}R^2\cos 54°(1-\cos 54°) \\ &\quad \left[\frac{R}{2}(1-\cos 54°)+(R\cos 54°-y)\right] \\ &= \lambda\beta\frac{q}{E_{s2}}R^2\cos 54°(1-\cos 54°)\left(\frac{R}{2}+\frac{R}{2}\cos 54°-y\right) \\ &= \lambda\beta\frac{qR^3}{E_{s2}}\cos 54°(1-\cos 54°)\left(\frac{1}{2}+\frac{1}{2}\cos 54°-\cos\alpha\right) \end{aligned} \tag{6.62}$$

④ 图 6.9 所示的隧道顶部的 σ_{td} 对应的侧土压力在基本结构上产生的弯矩。

当 $\alpha\in[0,90°]$ 时：

$$M_{P\text{-}\lambda\sigma_{\text{td}}} = \int_y^R \lambda\sigma_{\text{td}}(\psi-y)\mathrm{d}\psi$$

$$
\begin{aligned}
&=\left[\frac{1}{2}\lambda\sigma_{\text{td}}R^2-\lambda\sigma_{\text{td}}Ry\right]-\left[\frac{1}{2}\lambda\sigma_{\text{td}}y^2-\lambda\sigma_{\text{td}}y^2\right]\\
&=\frac{1}{2}\lambda\sigma_{\text{td}}R^2-\lambda\sigma_{\text{td}}Ry+\frac{1}{2}\lambda\sigma_{\text{td}}y^2\\
&=\frac{1}{2}\lambda\sigma_{\text{td}}R^2+\frac{1}{2}\lambda\sigma_{\text{td}}R^2\cos^2\alpha-\lambda\sigma_{\text{td}}R^2\cos\alpha
\end{aligned}
\tag{6.63}
$$

⑤ 不考虑竖向相对挤压时地表超载 q 产生的侧土压力在基本结构上产生的弯矩。

当 $\alpha\in[0,90°]$ 时：

$$
\begin{aligned}
M_{P\text{-}\lambda q}&=\int_y^R\lambda q(\psi-y)\mathrm{d}\psi\\
&=\left[\frac{1}{2}\lambda qR^2-\lambda qRy\right]-\left[\frac{1}{2}\lambda qy^2-\lambda qy^2\right]\\
&=\frac{1}{2}\lambda qR^2-\lambda qRy+\frac{1}{2}\lambda qy^2\\
&=\frac{1}{2}\lambda qR^2+\frac{1}{2}\lambda qR^2\cos^2\alpha-\lambda qR^2\cos\alpha
\end{aligned}
\tag{6.64}
$$

⑥ 水平地层抗力 P_k 在基本结构上产生的弯矩。

当 $\alpha\in[0,54°]$ 时：

$$
M_{P\text{-}P_k}=0 \tag{6.65}
$$

当 $\alpha\in[54°,90°]$ 时：

$$
\begin{aligned}
M_{P\text{-}P_k}&=\int_y^{R\cos 54°}\left[-k\frac{(\pi-2)\Delta D_{\text{v}}}{4R\cos 54°}\psi+k\frac{(\pi-2)\Delta D_{\text{v}}}{4}\right](\psi-y)\mathrm{d}\psi\\
&=\left[-k\frac{(\pi-2)\Delta D_{\text{v}}}{12R\cos 54°}(R\cos 54°)^3+k\frac{(\pi-2)\Delta D_{\text{v}}}{8}(R\cos 54°)^2\right]-\\
&\quad\left[-k\frac{(\pi-2)\Delta D_{\text{v}}}{8R\cos 54°}y(R\cos 54°)^2+k\frac{(\pi-2)\Delta D_{\text{v}}}{4}yR\cos 54°\right]-\\
&\quad\left[-k\frac{(\pi-2)\Delta D_{\text{v}}}{12R\cos 54°}y^3+k\frac{(\pi-2)\Delta D_{\text{v}}}{8}y^2\right]+\\
&\quad\left[-k\frac{(\pi-2)\Delta D_{\text{v}}}{8R\cos 54°}y^3+k\frac{(\pi-2)\Delta D_{\text{v}}}{4}y^2\right]
\end{aligned}
$$

$$=k\frac{(\pi-2)\Delta D_{\mathrm{v}}}{24}(R\cos54°)^2-k\frac{(\pi-2)\Delta D_{\mathrm{v}}}{24R\cos54°}y^3+$$
$$k\frac{(\pi-2)\Delta D_{\mathrm{v}}}{8}y^2-k\frac{(\pi-2)\Delta D_{\mathrm{v}}}{8}(R\cos54°)y$$
$$=k\frac{(\pi-2)R^2\Delta D_{\mathrm{v}}}{24}\cos^2 54°-k\frac{(\pi-2)R^2\Delta D_{\mathrm{v}}}{24\cos54°}\cos^3\alpha+$$
$$k\frac{(\pi-2)R^2\Delta D_{\mathrm{v}}}{8}\cos^2\alpha-k\frac{(\pi-2)R^2\Delta D_{\mathrm{v}}}{8}\cos54°\cos\alpha \quad (6.66)$$

将上述的计算结果适当地进行总结与整理，得到基本结构在土压力作用下的弯矩 M_P 的表达式见表 6.9 所示。

表 6.9 M_P 的表达式

荷载	α 的取值范围	M_P 的表达式
N_1	$[0,90°]$	$-N_1R+N_1R\cos\alpha$ 其中 N_1 为 $\frac{(\pi-2)}{8}kR\Delta D_{\mathrm{v}}\cos54°+\frac{\lambda\beta q}{2E_{s2}}(R\cos54°)^2+\lambda qR-\lambda\sigma_{\mathrm{ud}}R+$ $\frac{\lambda\beta R}{2}\left[\frac{q}{E_{s2}}R(1-\cos54°)-\frac{1}{2}\Delta D_{\mathrm{v}}\right](1-\cos54°)+$ $\frac{\beta q}{E_{s2}}R^2\cos54°(1-\cos54°)$
图 6.8 中竖向挤压量三角形 1 对应的竖向土压力	$[0,54°]$	0
	$[54°,90°]$	$\frac{\beta\frac{q}{E_{s2}}R^3\cos54°}{2(1-\sin54°)}\sin^2\alpha-\frac{\beta\frac{q}{E_{s2}}R^3\cos54°}{6(1-\sin54°)}\sin^3\alpha-$ $\frac{\beta\frac{q}{E_{s2}}R^3\cos54°}{1-\sin54°}\left(\sin54°-\frac{\sin^2 54°}{2}\right)\sin\alpha+$ $\frac{\beta\frac{q}{E_{s2}}R^3\cos54°}{1-\sin54°}\left(\frac{\sin^2 54°}{2}-\frac{\sin^3 54°}{3}\right)$

续表

荷载	α 的取值范围	M_P 的表达式
图 6.8 中竖向挤压量三角形 3 对应的竖向土压力	[0,54°]	$\frac{\beta R^2}{2}\left[R\frac{q}{E_{s2}}(1-\cos 54°)-\frac{1}{2}\Delta D_v\right]\sin^2\alpha-\frac{\beta R^2\left[R\frac{q}{E_{s2}}(1-\cos 54°)-\frac{1}{2}\Delta D_v\right]}{6\sin 54°}\sin^3\alpha$
	[54°,90°]	$\frac{\beta R^2\sin 54°}{2}\left[R\frac{q}{E_{s2}}(1-\cos 54°)-\frac{1}{2}\Delta D_v\right]\sin\alpha-\frac{\beta R^2\sin^2 54°}{6}\left[R\frac{q}{E_{s2}}(1-\cos 54°)-\frac{1}{2}\Delta D_v\right]$
图 6.8 中竖向挤压量矩形 1 对应的竖向土压力	[0,54°]	$\frac{R^3}{2}\left(\beta\frac{q}{E_{s2}}\cos 54°\right)\sin^2\alpha$
	[54°,90°]	$\left(\beta\frac{qR^3}{E_{s2}}\cos 54°\sin 54°\right)\sin\alpha-\left(\beta\frac{qR^3}{2E_{s2}}\cos 54°\sin^2 54°\right)$
隧道顶部 σ_{td}	[0,90°]	$\frac{1}{2}\sigma_{td}R^2\sin^2\alpha$
q	[0,90°]	$\frac{1}{2}qR^2\sin^2\alpha$
图 6.8 中竖向挤压量三角形 1 对应的侧土压力	[0,54°]	0
	[54°,90°]	$\lambda\beta\frac{R^3q}{E_{s2}}\left(\frac{1}{3}\cos^3 54°-\frac{1}{2}\cos^2 54°\cos\alpha+\frac{1}{6}\cos^3\alpha\right)$
图 6.8 中竖向挤压量三角形 3 对应的侧土压力	[0,54°]	$\frac{\lambda\beta R^2}{1-\cos 54°}\left[R\frac{q}{E_{s2}}(1-\cos 54°)-\frac{1}{2}\Delta D_v\right]\left(\frac{1}{3}-\frac{\cos 54°}{2}\right)+\frac{\lambda\beta R^2}{6(1-\cos 54°)}\left[R\frac{q}{E_{s2}}(1-\cos 54°)-\frac{1}{2}\Delta D_v\right]\cos^3\alpha-\frac{\lambda\beta R^2\cos 54°}{2(1-\cos 54°)}\left[R\frac{q}{E_{s2}}(1-\cos 54°)-\frac{1}{2}\Delta D_v\right]\cos^2\alpha-\frac{\lambda\beta R^2}{1-\cos 54°}\left[R\frac{q}{E_{s2}}(1-\cos 54°)-\frac{1}{2}\Delta D_v\right]\left(\frac{1}{2}-\cos 54°\right)\cos\alpha$

续表

荷载	α 的取值范围	M_P 的表达式
图 6.8 中竖向挤压量三角形 3 对应的侧土压力	$[54°,90°]$	$\frac{\lambda\beta R^2}{6}\left[\frac{Rq}{E_{s2}}(1-\cos 54°)-\frac{1}{2}\Delta D_{\mathrm{v}}\right](1-\cos 54°)(2+\cos 54°)-\frac{\lambda\beta R^2}{2}\left[\frac{Rq}{E_{s2}}(1-\cos 54°)-\frac{1}{2}\Delta D_{\mathrm{v}}\right](1-\cos 54°)\cos\alpha$
图 6.8 中竖向挤压量矩形 1 对应的侧土压力	$[0,54°]$	$\lambda\beta\frac{qR^3}{2E_{s2}}\cos 54°\left(1+\cos^2\alpha-2\cos\alpha\right)$
	$[54°,90°]$	$\lambda\beta\frac{qR^3}{E_{s2}}\cos 54°(1-\cos 54°)\left(\frac{1}{2}+\frac{1}{2}\cos 54°-\cos\alpha\right)$
σ_{td} 对应的侧土压力	$[0,90°]$	$\frac{1}{2}\lambda\sigma_{\mathrm{td}}R^2+\frac{1}{2}\lambda\sigma_{\mathrm{td}}R^2\cos^2\alpha-\lambda\sigma_{\mathrm{td}}R^2\cos\alpha$
q 对应的侧土压力	$[0,90°]$	$\frac{1}{2}\lambda qR^2+\frac{1}{2}\lambda qR^2\cos^2\alpha-\lambda qR^2\cos\alpha$
水平地层抗力 P_{k}	$[0,54°]$	0
	$[54°,90°]$	$k\frac{(\pi-2)R^2\Delta D_{\mathrm{v}}}{24}\cos^2 54°-k\frac{(\pi-2)R^2\Delta D_{\mathrm{v}}}{24\cos 54°}\cos^3\alpha+k\frac{(\pi-2)R^2\Delta D_{\mathrm{v}}}{8}\cos^2\alpha-k\frac{(\pi-2)R^2\Delta D_{\mathrm{v}}}{8}\cos 54°\cos\alpha$

为了方便计算，在计算 M_P 与 $M_P\sin\alpha$ 的定积分时，将角度的单位由度换为弧度。M_P 与 $M_P\sin\alpha$ 的积分计算结果分别见表 6.10 与表 6.11。

表 6.10 M_P 的积分结果

荷载	积分区间	$\int_{下限}^{上限} M_P\mathrm{d}\alpha$
N_1	$[0,0.5\pi]$	$N_1R(1-0.5\pi)$ 其中 N_1 为

续表

<table>
<tr><th>荷载</th><th>积分区间</th><th>$\int_{下限}^{上限} M_p \mathrm{d}\alpha$</th></tr>
<tr><td>N_1</td><td>$[0,0.5\pi]$</td><td>$\frac{(\pi-2)}{8}kR\cos 0.3\pi\Delta D_{\mathrm{v}}+$
$\frac{q}{E_{s2}}R^2\cos 0.3\pi(1-\cos 0.3\pi)\beta+$
$\frac{\lambda qR^2}{2E_{s2}}\cos^2 0.3\pi\beta+\frac{\lambda R^2 q}{2E_{s2}}(1-\cos 0.3\pi)^2\beta-$
$\frac{\lambda R}{4}(1-\cos 0.3\pi)\beta\Delta D_{\mathrm{v}}+\lambda Rq-\lambda R\sigma_{\mathrm{ud}}$</td></tr>
<tr><td rowspan="2">图 6.8 中竖向挤压量三角形 1 对应的竖向土压力</td><td>$[0,0.3\pi]$</td><td>0</td></tr>
<tr><td>$[0.3\pi,0.5\pi]$</td><td>$\frac{R^3 q\cos 0.3\pi}{2(1-\sin 0.3\pi)E_{s2}}\left(0.1\pi+\frac{\sin 0.6\pi}{4}\right)\beta-$
$\frac{R^3 q\cos 0.3\pi}{6(1-\sin 0.3\pi)E_{s2}}\left(\cos 0.3\pi-\frac{\cos^3 0.3\pi}{3}\right)\beta-$
$\frac{R^3 q\cos^2 0.3\pi}{(1-\sin 0.3\pi)E_{s2}}\left(\sin 0.3\pi-\frac{\sin^2 0.3\pi}{2}\right)\beta+$
$\frac{0.2\pi R^3 q\cos 0.3\pi}{(1-\sin 0.3\pi)E_{s2}}\left(\frac{\sin^2 0.3\pi}{2}-\frac{\sin^3 0.3\pi}{3}\right)\beta$</td></tr>
<tr><td>图 6.8 中竖向挤压量三角形 3 对应的竖向土压力</td><td>$[0,0.3\pi]$</td><td>$\frac{R^3 q}{2E_{s2}}(1-\cos 0.3\pi)\left(\frac{0.3\pi}{2}-\frac{\sin 0.6\pi}{4}\right)\beta-$
$\frac{R^3 q(1-\cos 0.3\pi)}{6E_{s2}\sin 0.3\pi}\left(\frac{2}{3}-\cos 0.3\pi+\frac{\cos^3 0.3\pi}{3}\right)\beta-$
$\frac{R^2}{4}\left(\frac{0.3\pi}{2}-\frac{\sin 0.6\pi}{4}\right)\beta\Delta D_{\mathrm{v}}+$
$\frac{R^2}{12\sin 0.3\pi}\left(\frac{2}{3}-\cos 0.3\pi+\frac{\cos^3 0.3\pi}{3}\right)\beta\Delta D_{\mathrm{v}}$</td></tr>
</table>

续表

荷载	积分区间	$\int_{下限}^{上限} M_P \mathrm{d}\alpha$
图 6.8 中竖向挤压量三角形 3 对应的竖向土压力	$[0.3\pi, 0.5\pi]$	$\frac{R^3 q \sin 0.3\pi \cos 0.3\pi}{2E_{s2}}(1-\cos 0.3\pi)\beta - \frac{0.2\pi R^3 q \sin^2 0.3\pi}{6E_{s2}}(1-\cos 0.3\pi)\beta - \frac{R^2 \cos 0.3\pi \sin 0.3\pi}{4}\beta\Delta D_{\mathrm{v}} + \frac{0.2\pi R^2 \sin^2 0.3\pi}{12}\beta\Delta D_{\mathrm{v}}$
图 6.8 中竖向挤压量矩形 1 对应的竖向土压力	$[0, 0.3\pi]$	$\frac{R^3 q \cos 0.3\pi}{2E_{s2}}\left(\frac{0.3\pi}{2}-\frac{\sin 0.6\pi}{4}\right)\beta$
	$[0.3\pi, 0.5\pi]$	$\frac{R^3 q \cos 0.3\pi \sin 0.3\pi}{E_{s2}}(\cos 0.3\pi - 0.1\pi \sin 0.3\pi)\beta$
隧道顶部 σ_{td}	$[0, 0.5\pi]$	$\frac{\pi R^2 \sigma_{\mathrm{td}}}{8}$
q	$[0, 0.5\pi]$	$\frac{\pi R^2 q}{8}$
图 6.8 中竖向挤压量三角形 1 对应的侧土压力	$[0, 0.3\pi]$	0
	$[0.3\pi, 0.5\pi]$	$\frac{0.2\pi\lambda R^3 q \cos^3 0.3\pi}{3E_{s2}}\beta - \frac{\lambda R^3 q \cos^2 0.3\pi}{2E_{s2}}(1-\sin 0.3\pi)\beta + \frac{\lambda R^3 q}{6E_{s2}}\left(\frac{2}{3}-\sin 0.3\pi+\frac{1}{3}\sin^3 0.3\pi\right)\beta$

续表

荷载	积分区间	$\int_{下限}^{上限} M_P \mathrm{d}\alpha$
图 6.8 中竖向挤压量三角形 3 对应的侧土压力	$[0, 0.3\pi]$	$\frac{0.3\pi\lambda R^3 q}{E_{s2}}\left(\frac{1}{3}-\frac{\cos 0.3\pi}{2}\right)\beta+$ $\frac{\lambda R^3 q}{6E_{s2}}\left(\sin 0.3\pi-\frac{1}{3}\sin^3 0.3\pi\right)\beta-$ $\frac{\lambda R^3 q\cos 0.3\pi}{2E_{s2}}\left(\frac{0.3\pi}{2}+\frac{\sin 0.6\pi}{4}\right)\beta-$ $\frac{\lambda R^3 q\sin 0.3\pi}{E_{s2}}\left(\frac{1}{2}-\cos 0.3\pi\right)\beta-$ $\frac{0.3\pi\lambda R^2}{2(1-\cos 0.3\pi)}\left(\frac{1}{3}-\frac{\cos 0.3\pi}{2}\right)\beta\Delta D_v-$ $\frac{\lambda R^2}{12(1-\cos 0.3\pi)}\left(\sin 0.3\pi-\frac{1}{3}\sin^3 0.3\pi\right)\beta\Delta D_v+$ $\frac{\lambda R^2\cos 0.3\pi}{4(1-\cos 0.3\pi)}\left(\frac{0.3\pi}{2}+\frac{\sin 0.6\pi}{4}\right)\beta\Delta D_v+$ $\frac{\lambda R^2\sin 0.3\pi}{2(1-\cos 0.3\pi)}\left(\frac{1}{2}-\cos 0.3\pi\right)\beta\Delta D_v$
	$[0.3\pi, 0.5\pi]$	$\frac{0.2\pi\lambda R^3 q}{6E_{s2}}(1-\cos 0.3\pi)^2(2+\cos 0.3\pi)\beta-$ $\frac{\lambda R^3 q}{2E_{s2}}(1-\cos 0.3\pi)^2(1-\sin 0.3\pi)\beta-$ $\frac{0.2\pi\lambda R^2}{12}(1-\cos 0.3\pi)(2+\cos 0.3\pi)\beta\Delta D_v+$ $\frac{\lambda R^2}{4}(1-\cos 0.3\pi)(1-\sin 0.3\pi)\beta\Delta D_v$
图 6.8 中竖向挤压量矩形 1 对应的侧土压力	$[0, 0.3\pi]$	$\frac{\lambda R^3 q\cos 0.3\pi}{E_{s2}}\left(\frac{0.9\pi}{4}+\frac{\sin 0.6\pi}{8}-\sin 0.3\pi\right)\beta$
	$[0.3\pi, 0.5\pi]$	$\frac{0.1\pi\lambda R^3 q\cos 0.3\pi}{E_{s2}}(1-\cos 0.3\pi)(1+\cos 0.3\pi)\beta-$ $\frac{\lambda R^3 q\cos 0.3\pi}{E_{s2}}(1-\cos 0.3\pi)(1-\sin 0.3\pi)\beta$

续表

荷载	积分区间	$\int_{下限}^{上限} M_P \mathrm{d}\alpha$
σ_{td}对应的侧土压力	$[0,0.5\pi]$	$\lambda R^2\sigma_{\mathrm{td}}\left(\frac{3\pi}{8}-1\right)$
q对应的侧土压力	$[0,0.5\pi]$	$\lambda R^2 q\left(\frac{3\pi}{8}-1\right)$
水平地层抗力 P_{k}	$[0,0.3\pi]$	0
	$[0.3\pi,0.5\pi]$	$k\frac{0.2\pi(\pi-2)R^2\cos^2 0.3\pi}{24}\Delta D_{\mathrm{v}}-$ $k\frac{(\pi-2)R^2}{24\cos 0.3\pi}\left(\frac{2}{3}-\sin 0.3\pi+\frac{\sin^3 0.3\pi}{3}\right)\Delta D_v+$ $k\frac{(\pi-2)R^2}{8}\left(0.1\pi-\frac{\sin 0.6\pi}{4}\right)\Delta D_v-$ $k\frac{(\pi-2)R^2}{8}\cos 0.3\pi(1-\sin 0.3\pi)\Delta D_v$

表 6.11 $M_P\sin\alpha$ 的积分结果

荷载	积分区间	$\int_{下限}^{上限} M_P \sin\alpha\mathrm{d}\alpha$
N_1	$[0,0.5\pi]$	$-\frac{N_1 R}{2}$ 其中 N_1 为 $\frac{(\pi-2)}{8}kR\cos 0.3\pi\Delta D_v+\frac{q}{E_{s2}}R^2\cos 0.3\pi(1-\cos 0.3\pi)\beta+$ $\frac{\lambda q R^2}{2E_{s2}}\cos^2 0.3\pi\beta+\frac{\lambda R^2 q}{2E_{s2}}(1-\cos 0.3\pi)^2\beta-$ $\frac{\lambda R}{4}(1-\cos 0.3\pi)\beta\Delta D_{\mathrm{v}}+\lambda Rq-\lambda R\sigma_{\mathrm{ud}}$
图 6.8 中竖向挤压量三角形 1 对应的竖向土压力	$[0,0.3\pi]$	0

续表

荷载	积分区间	$\int_{下限}^{上限} M_P \sin\alpha \mathrm{d}\alpha$
图6.8中竖向挤压量三角形1对应的竖向土压力	$[0.3\pi, 0.5\pi]$	$\frac{R^3 q\cos 0.3\pi}{2E_{s2}(1-\sin 0.3\pi)}\left(\cos 0.3\pi-\frac{\cos^3 0.3\pi}{3}\right)\beta-$ $\frac{R^3 q\cos 0.3\pi}{6E_{s2}(1-\sin 0.3\pi)}\left(\frac{0.6\pi}{8}+\frac{\sin 0.6\pi}{4}-\frac{\sin 1.2\pi}{32}\right)\beta-$ $\frac{R^3 q\cos 0.3\pi}{E_{s2}(1-\sin 0.3\pi)}\left(\sin 0.3\pi-\frac{\sin^2 0.3\pi}{2}\right)\left(0.1\pi+\frac{\sin 0.6\pi}{4}\right)\beta+$ $\frac{R^3 q\cos^2 0.3\pi}{E_{s2}(1-\sin 0.3\pi)}\left(\frac{\sin^2 0.3\pi}{2}-\frac{\sin^3 0.3\pi}{3}\right)\beta$
图6.8中竖向挤压量三角形3对应的竖向土压力	$[0, 0.3\pi]$	$\frac{R^3 q(1-\cos 0.3\pi)}{2E_{s2}}\left(\frac{\cos^3 0.3\pi}{3}-\cos 0.3\pi+\frac{2}{3}\right)\beta-$ $\frac{R^3 q(1-\cos 0.3\pi)}{6E_{s2}\sin 0.3\pi}\left(\frac{0.9\pi}{8}-\frac{\sin 0.6\pi}{4}+\frac{\sin 1.2\pi}{32}\right)\beta-$ $\frac{R^2}{4}\left(\frac{\cos^3 0.3\pi}{3}-\cos 0.3\pi+\frac{2}{3}\right)\beta\Delta D_{\mathrm{v}}+$ $\frac{R^2}{12\sin 0.3\pi}\left(\frac{0.9\pi}{8}-\frac{\sin 0.6\pi}{4}+\frac{\sin 1.2\pi}{32}\right)\beta\Delta D_{\mathrm{v}}$
	$[0.3\pi, 0.5\pi]$	$\frac{R^3 q\sin 0.3\pi}{2E_{s2}}(1-\cos 0.3\pi)\left(0.1\pi+\frac{\sin 0.6\pi}{4}\right)\beta-$ $\frac{R^3 q\sin^2 0.3\pi\cos 0.3\pi}{6E_{s2}}(1-\cos 0.3\pi)\beta-$ $\frac{R^2\sin 0.3\pi}{4}\left(0.1\pi+\frac{\sin 0.6\pi}{4}\right)\beta\Delta D_{\mathrm{v}}+$ $\frac{R^2\sin^2 0.3\pi\cos 0.3\pi}{12}\beta\Delta D_{\mathrm{v}}$
图6.8中竖向挤压量矩形1对应的竖向土压力	$[0, 0.3\pi]$	$\frac{R^3 q\cos 0.3\pi}{2E_{s2}}\left(\frac{\cos^3 0.3\pi}{3}-\cos 0.3\pi+\frac{2}{3}\right)\beta$

续表

荷载	积分区间	$\int_{下限}^{上限} M_P \sin\alpha \mathrm{d}\alpha$
图 6.8 中竖向挤压量矩形 1 对应的竖向土压力	$[0.3\pi, 0.5\pi]$	$\frac{R^3 q\cos0.3\pi\sin0.3\pi}{2E_{s2}}\left(1-\sin^2 0.3\pi-\cos0.3\pi\sin0.3\pi\right)\beta$
隧道顶部 σ_{td}	$[0, 0.5\pi]$	$\frac{1}{3}R^2\sigma_{td}$
q	$[0, 0.5\pi]$	$\frac{1}{3}R^2 q$
图 6.8 中竖向挤压量三角形 1 对应的侧土压力	$[0, 0.3\pi]$	0
	$[0.3\pi, 0.5\pi]$	$\frac{\lambda R^3 q\cos^4 0.3\pi}{8E_{s2}}\beta$
图 6.8 中竖向挤压量三角形 3 对应的侧土压力	$[0, 0.3\pi]$	$\frac{\lambda R^3 q}{E_{s2}}(1-\cos0.3\pi)\left(\frac{1}{3}-\frac{\cos0.3\pi}{2}\right)\beta+$ $\frac{\lambda R^3 q}{24E_{s2}}\left(1-\cos^4 0.3\pi\right)\beta-\frac{\lambda R^3 q\cos0.3\pi}{6E_{s2}}\left(1-\cos^3 0.3\pi\right)\beta-$ $\frac{\lambda R^3 q\sin^2 0.3\pi}{2E_{s2}}\left(\frac{1}{2}-\cos0.3\pi\right)\beta-$ $\frac{\lambda R^2}{12}(2-3\cos0.3\pi)\beta\Delta D_v-$ $\frac{\lambda R^2}{48(1-\cos0.3\pi)}\left(1-\cos^4 0.3\pi\right)\beta\Delta D_v+$ $\frac{\lambda R^2\cos0.3\pi}{12(1-\cos0.3\pi)}\left(1-\cos^3 0.3\pi\right)\beta\Delta D_v+$ $\frac{\lambda R^2\sin^2 0.3\pi}{4(1-\cos0.3\pi)}\left(\frac{1}{2}-\cos0.3\pi\right)\beta\Delta D_v$

续表

荷载	积分区间	$\int_{下限}^{上限} M_P \sin\alpha \mathrm{d}\alpha$
图6.8中竖向挤压量三角形3对应的侧土压力	$[0.3\pi, 0.5\pi]$	$\frac{\lambda R^3 q\cos 0.3\pi}{6E_{s2}}(1-\cos 0.3\pi)^2(2+\cos 0.3\pi)\beta - \frac{\lambda R^3 q\cos^2 0.3\pi}{4E_{s2}}(1-\cos 0.3\pi)^2\beta - \frac{\lambda R^2\cos 0.3\pi}{12}(1-\cos 0.3\pi)(2+\cos 0.3\pi)\beta\Delta D_{\mathrm{v}} + \frac{\lambda R^2\cos^2 0.3\pi}{8}(1-\cos 0.3\pi)\beta\Delta D_{\mathrm{v}}$
图6.8中竖向挤压量矩形1对应的侧土压力	$[0, 0.3\pi]$	$\frac{\lambda R^3 q\cos 0.3\pi}{6E_{s2}}\left(4-3\cos 0.3\pi-3\sin^2 0.3\pi-\cos^3 0.3\pi\right)\beta$
	$[0.3\pi, 0.5\pi]$	$\frac{\lambda R^3 q}{2E_{s2}}\cos^2 0.3\pi(1-\cos 0.3\pi)\beta$
σ_{td}对应的侧土压力	$[0, 0.5\pi]$	$\frac{1}{6}\lambda R^2\sigma_{\mathrm{td}}$
q对应的侧土压力	$[0, 0.5\pi]$	$\frac{1}{6}\lambda R^2 q$
水平地层抗力P_{k}	$[0, 0.3\pi]$	0
	$[0.3\pi, 0.5\pi]$	$\frac{k(\pi-2)R^2\cos^3 0.3\pi}{96}\Delta D_{\mathrm{v}}$

从以上计算结果可以看出，整个分析计算过程中有两个未知数，即β与ΔD_{v}。通过求解方程组（6.67），即可得到未知数β与ΔD_{v}的值。因此，根据所提出的分析理论与计算模型，可得到地表超载作用导致的隧道结构的竖向土压力、隧道结构的收敛变形。

$$\begin{cases}\Delta S_2-\Delta D_{\mathrm{v}}=S_{\mathrm{t}}+S_{\mathrm{b}}\\ \Delta D_{\mathrm{v}}=\dfrac{2R^2}{EI}\left(\int_0^{\frac{\pi}{2}}M_P\sin\alpha\mathrm{d}\alpha-\dfrac{2}{\pi}\int_0^{\frac{\pi}{2}}M_P\mathrm{d}\alpha\right)\end{cases} \tag{6.67}$$

地表超载导致的隧道竖向土压力与隧道结构变形计算流程如图 6.20 所示。

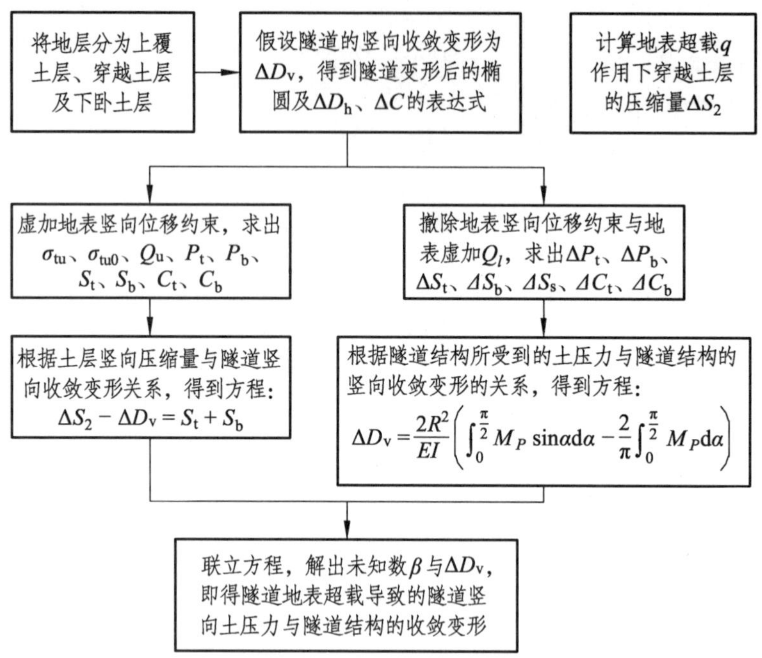

图 6.20 地表超载作用导致的隧道竖向土压力与结构变形计算流程

6.4 软土地区盾构隧道竖向土压力模式分析

6.4.1 地表超载作用下隧道与地层的相互作用状态分析

从隧道结构变形特点与均匀地层的压缩特性可知，地表超载作用下隧道结构的变形与均匀地层中对应的土体（也即第 5 章所述的理想隧道）变形不完全一致。因此，地表超载作用必将导致隧道结构对周围土体形成竖向相对挤压与水平相对挤压。由竖向相对挤压量简化计算方法可知，图 6.8 的三角形 3 与三角形 4 的高度为隧道中心正上方（0°位置）的竖向相对挤压量与 54°位置的竖向相对挤压量的差值。设隧道正上方（0°位置）的竖

向相对挤压量为 $\varDelta_{v0}$，而 54°位置的竖向相对挤压量 $\varDelta_{v54}$，其中 $\varDelta_{v0}$ 与 $\varDelta_{v54}$ 的计算公式分别为

$$\varDelta_{v0}=\frac{Rq}{E_{s2}}-\frac{\Delta D_{v}}{2} \tag{6.68}$$

$$\varDelta_{v54}=\frac{Rq}{E_{s2}}\cos 54^{\circ} \tag{6.69}$$

则图 6.8 中三角形 3 与三角形 4 的高度为

$$\begin{aligned}\varDelta_{v}&=\varDelta_{v0}-\varDelta_{v54}\\&=\left(\frac{qR}{E_{s2}}-\frac{1}{2}\Delta D_{v}\right)-\frac{qR}{E_{s2}}\cos 54^{\circ}\\&=\frac{q}{E_{s2}}R(1-\cos 54^{\circ})-\frac{1}{2}\Delta D_{v}\end{aligned} \tag{6.70}$$

根据 $\varDelta_{v0}$ 与 $\varDelta_{v54}$ 大小关系，对竖向相对挤压状态进行分析，并对所提出的理论计算方法的适用性进行分析[128]。

1. 状态 1（$\varDelta_{v0}\geqslant\varDelta_{v54}$）

变形后的理想隧道与变形后的实际隧道的关系如图 6.21 所示，即隧道 0°位置的竖向相对挤压量大于或等于 54°位置的竖向相对挤压量。为了分析竖向相对挤压量的形式，以外径为 6.2 m 的隧道为例，假设 $q/E_{s2}=0.03$，则图 6.22 与图 6.23 的竖向收敛变形 ΔD_{v} 分别为 30 mm 与 75 mm 状态下的竖向相对挤压量计算结果。将图 6.22 的竖向相对挤压量简化为图 6.24 中阴影部分的矩形与直角三角形时，其误差相差不大。当 $\varDelta_{v0}=\varDelta_{v54}$ 时，图 6.23 对应图 6.24 中的三角形 3 与三角形 4 的面积为 0，即隧道在[306°,360°]及[0°,54°]（其中 360°位置即 0°位置）范围内的竖向相对挤压量简化为矩形，从图 6.23 可以看出，其误差很小。状态 1 时隧道对周围土体产生了竖向相对挤压，因此，所提出的地表超载导致的隧道竖向土压力计算理论适用于状态 1。

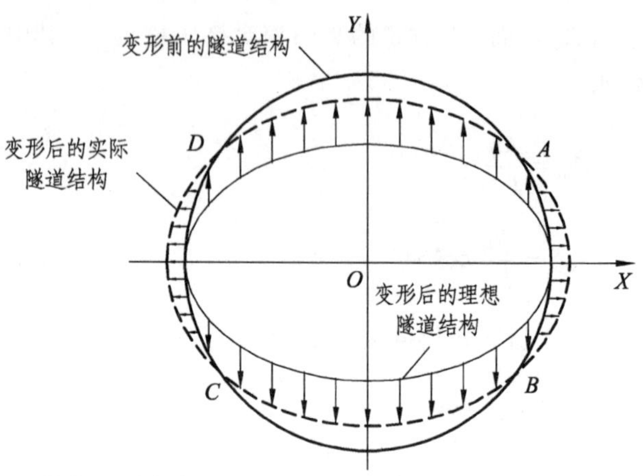

图 6.21 状态 1 对应变形后的理想隧道与变形后的实际隧道的关系

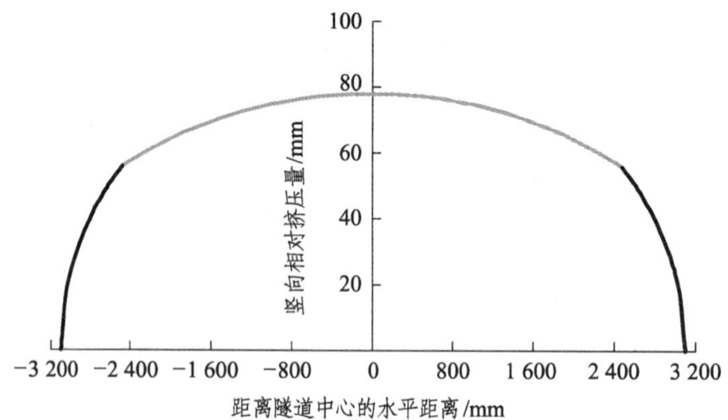

图 6.22 外径为 6.2 m 的隧道在状态 1 下（ $\Delta_{v0} > \Delta_{v54}$ ）的竖向相对挤压量

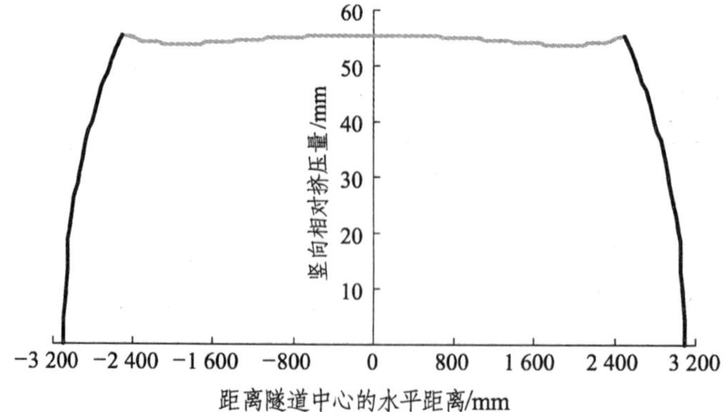

图 6.23 外径为 6.2 m 的隧道在状态 1 下（ $\Delta_{v0} = \Delta_{v54}$ ）的竖向相对挤压量

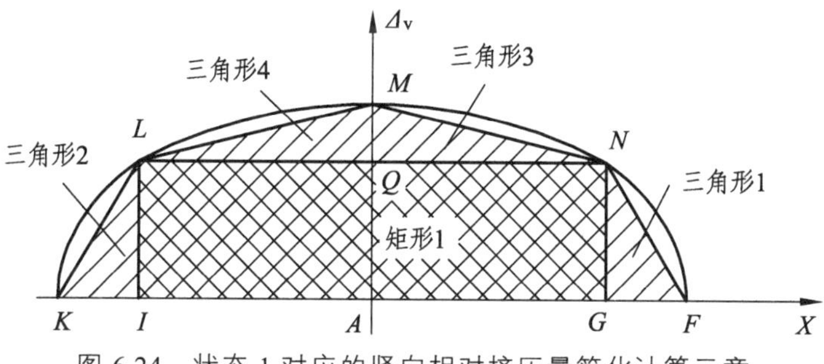

图 6.24 状态 1 对应的竖向相对挤压量简化计算示意

2. 状态 2（$0<\Delta_{v0}<\Delta_{v54}$）

变形后的理想隧道与变形后的实际隧道的关系如图 6.25 所示，图中直线 *HI* 的长度要小于直线 *AL* 的长度，即隧道 0°位置的竖向相对挤压量小于 54°位置的竖向相对挤压量，但隧道 0°位置的竖向相对挤压量为正（实际隧道的竖向收敛变形小于理想隧道的竖向收敛变形）。

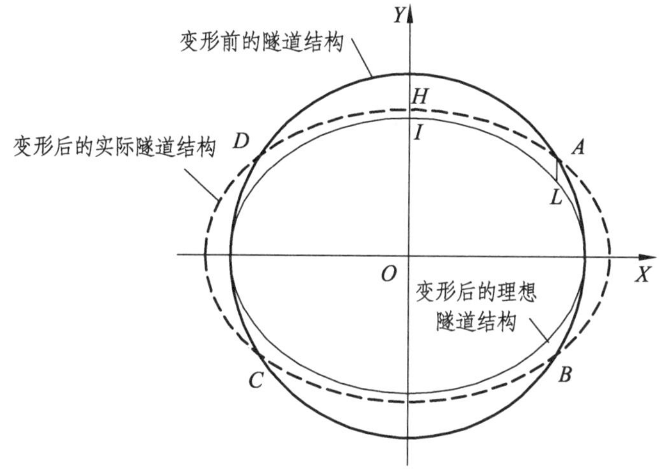

图 6.25 状态 2 对应的变形后的理想隧道与变形后的实际隧道的关系

图 6.26 是外径为 6.2 m 的隧道在竖向收敛变形为 150 mm 时的竖向相对挤压量。对于状态 2，其竖向挤压量简化为图 6.27，即仍由四个直角三角形与一个矩形组成，但三角形 3 与三角形 4 的竖向挤压量为负值，即

$$(\varDelta_{v0}-\varDelta_{v54})=\left[\frac{q}{E_{s2}}R(1-\cos 54°)-\frac{1}{2}\Delta D_v\right]<0 \tag{6.71}$$

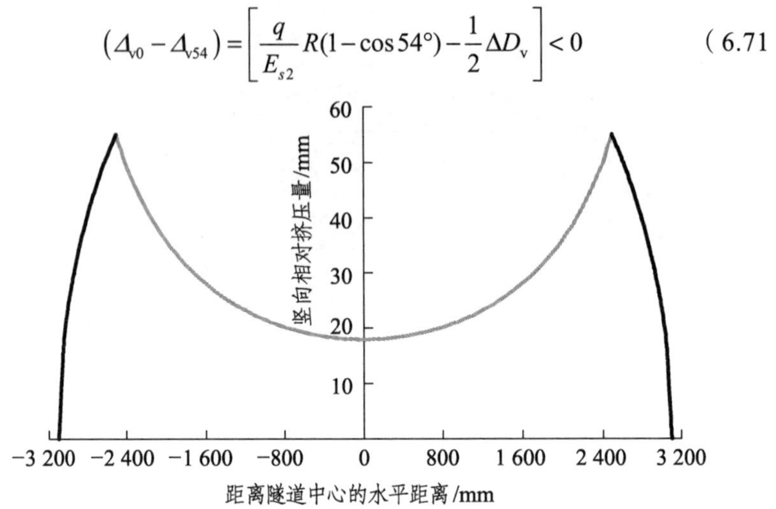

图 6.26　外径为 6.2 m 的隧道在状态 2 下的竖向相对挤压量

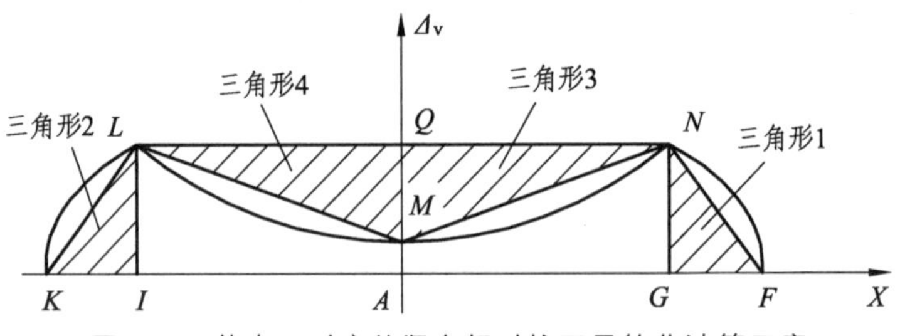

图 6.27　状态 2 对应的竖向相对挤压量简化计算示意

而矩形 *LNGI* 的竖向挤压量为正值。所提出的地表超载作用导致的竖向土压力计算理论适用于状态 2，只是表 6.3 中三角形 3 与三角形 4 的竖向挤压量的高度为负值。

3. 状态 3（$\varDelta_{v0}=0$）

变形后的理想隧道与变形后的实际隧道的关系如图 6.28 所示，此时，理想隧道的竖向收敛变形等于实际隧道的竖向收敛变形，即隧道 0°位置的竖向相对挤压量为 0。

图 6.29 是外径为 6.2 m 的隧道在竖向收敛变形为 186 mm 时的竖向相对挤压量。状态 3 的竖向挤压量简化计算方法如图 6.30 所示，其中表 6.3

中三角形 3 与三角形 4 的竖向挤压量的高度为

$$(\varDelta_{v0}-\varDelta_{v54})=-\frac{Rq}{E_{s2}}\cos 54° \tag{6.72}$$

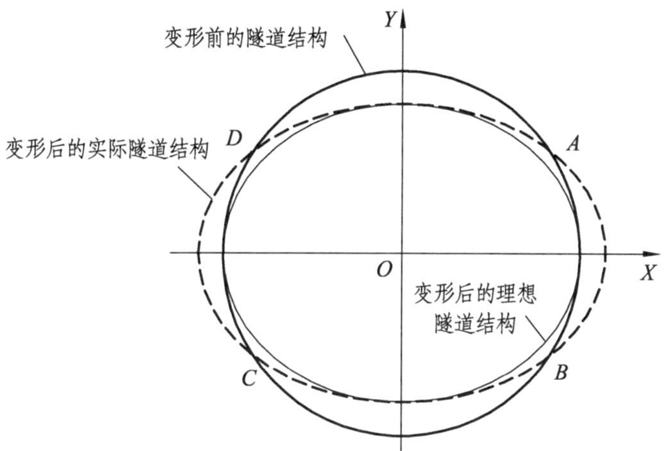

图 6.28　状态 3 对应的变形后的理想隧道与变形后的实际隧道的关系

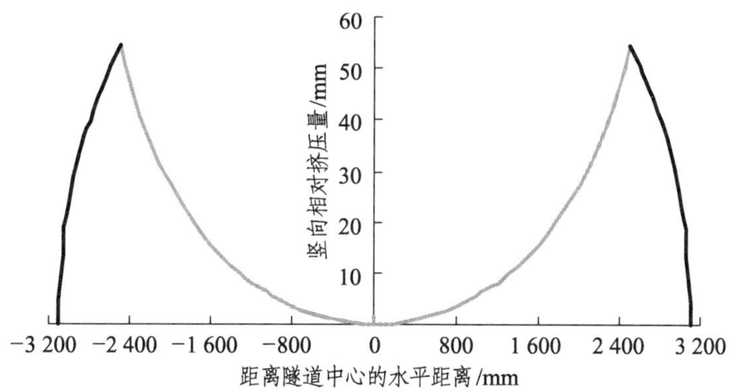

图 6.29　外径为 6.2 m 的隧道在状态 3 下的竖向相对挤压量

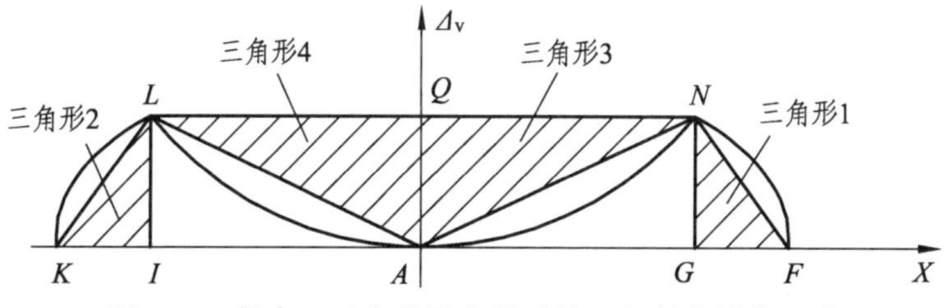

图 6.30　状态 3 对应的竖向相对挤压量简化计算示意

对于状态 3，在地表超载作用下，隧道结构的竖向收敛变形量等于隧道穿越土层的竖向压缩量，因而可以近似地认为隧道中心正上方的土压力增量刚好等于地表超载 q。从图 6.28 可以看出，由隧道结构的变形特点与均匀地层的压缩变形特点不同，导致隧道结构的变形与周围土层并不能完全协调（变形后的理想隧道与变形后的实际隧道不能完全重合），在某些位置竖向相对挤压总是存在的。所提出的地表超载作用导致的竖向土压力计算理论适用于状态 3。

4. 状态 4（$\Delta_{v0}<0$）

变形后的理想隧道与变形后的实际隧道的关系如图 6.31 所示，即理想隧道的竖向收敛变形小于实际隧道的竖向收敛变形。在该状态下，地表超载并没有导致隧道结构的正上方与正下方产生竖向相对挤压，而是产生了“竖向相对回弹”。

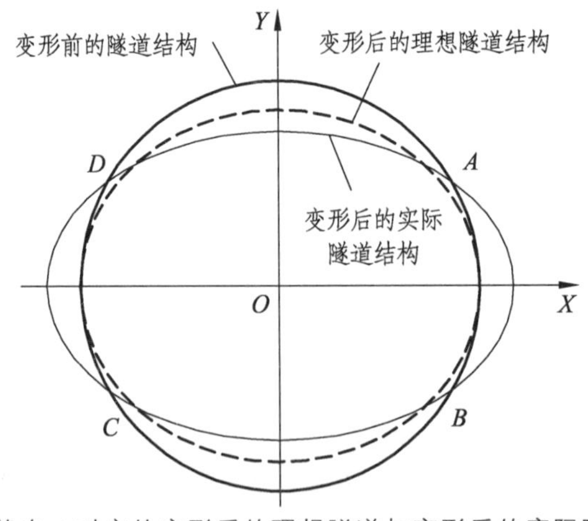

图 6.31 状态 4 对应的变形后的理想隧道与变形后的实际隧道的关系

对于状态 4，在地表均布超载 q 作用导致的隧道结构正上方土压力将小于地表超载 q。但在地表超载 q 作用时，当隧道正上方的实际土压力增大时，说明地表超载后隧道结构正上方土体处于压缩变形，而“竖向相对回弹”是相对发生压缩后的均匀地层状态而言，此时所提出的地表超载作用导致的隧道竖向土压力计算理论仍然适用，图 6.32 是外径为 6.2 m 的隧道在竖向收敛变形为 208 mm 时的竖向相对挤压量与相对回弹量。状态 4 的竖向挤压量与相对回弹量简化计算示意如图 6.33 所示，其简化计算方法如图 6.34 所示。

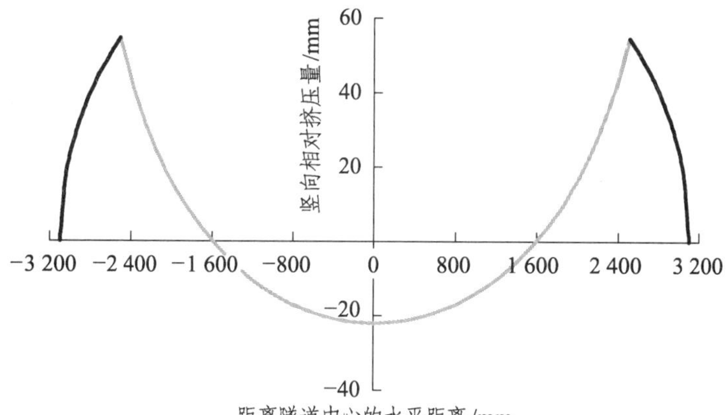

图 6.32　外径为 6.2 m 的隧道在状态 4 下的竖向相对挤压量与相对回弹量

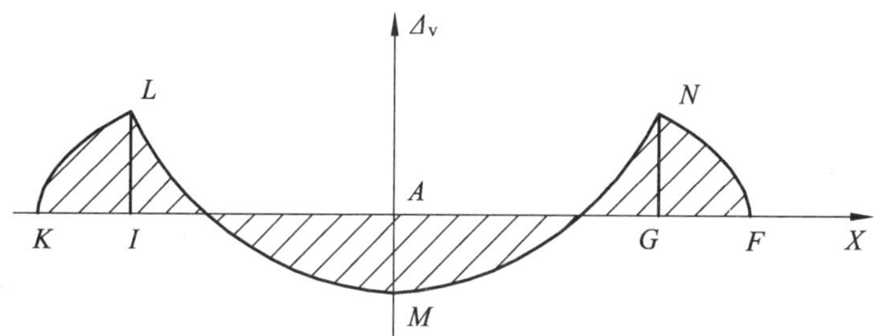

图 6.33　状态 4 对应的竖向相对挤压量与相对回弹量形式

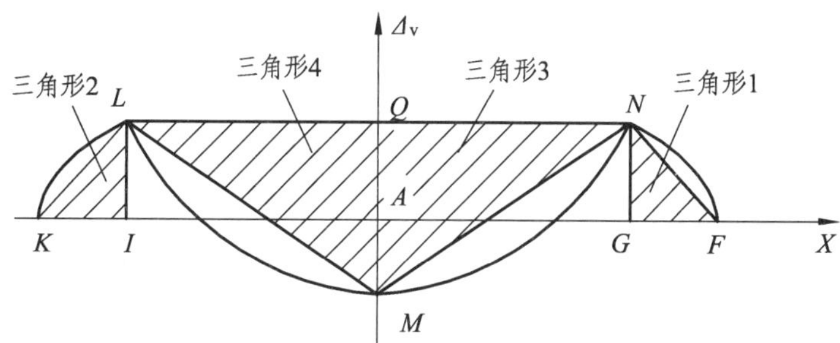

图 6.34　状态 4 对应的竖向相对挤压量与相对回弹量简化计算示意

而在地表超载q作用下，当隧道正上方的实际土压力有所减小时，说明地表超载后隧道结构正上方土体实际发生了“回弹变形”，而实际发生回弹的部位在计算中应取为回弹模量，而实际压缩的部位在计算中应取为压缩模量。因压缩模量与回弹模量相差较大，此时，所提出的地表超载作用导致的隧道竖向土压力计算理论不再适用。

隧道结构正上方的竖向相对挤压量由隧道结构的竖向收敛变形与隧道穿越土层的压缩性能共同决定，而隧道结构的竖向收敛变形还受水平地基系数、隧道结构刚度等影响。因此，要合理评价计算理论的适用与不适用的条件相对较复杂，但计算理论不适用时的特点是：在地表超载作用下，隧道中心正上方的竖向土压力并未增加。考虑到在软土地区出现计算理论不适用实际工程的极少，在此不再深入分析。

6.4.2 软土地区盾构隧道竖向土压力模式

第 2 章分析表明，盾构隧道完成施工后在使用阶段，隧道上覆土层在盾构隧道结构上产生的竖向土压力与盾构隧道完成施工后地表超载在盾构隧道结构上产生的竖向土压力的影响因素完全不同，且两种工况下隧道上覆土层的土体间竖向相对位移状态也完全不同。为此，将软土地区盾构隧道竖向土压力分为两部分，一是正常使用状态下隧道上覆土层导致的竖向土压力，二是完成盾构施工后地表超载导致的竖向土压力。

1. 正常使用状态下隧道竖向土压力

由隧道上覆土层的土体间竖向土压力转移分析表明，当软土地区盾构施工导致地表处于沉降状态时，隧道竖向土压力要小于土柱理论土压力。但因隧道上覆土层与穿越土层的软弱性（尤其是隧道上覆土层的软弱性与蠕变性），导致隧道竖向土压力总体与土柱理论土压力较为接近。

考虑到正常施工状态下的实际隧道竖向土压力影响因素复杂，且从现有土柱理论设计的盾构隧道来看，在盾构施工与正常使用状态下基本可满足设计、施工、验收及使用要求。为此，建议软土地区盾构隧道竖向土压力仍按现有的土柱理论进行计算，则在盾构施工状态下隧道周围的土压力如图 6.35 所示。当隧道位于软弱的淤泥质软土中时，因地层抗力系数极小，甚至无法形成水平地层抗力，因此，图 6.35 中的地层抗力可以忽略。

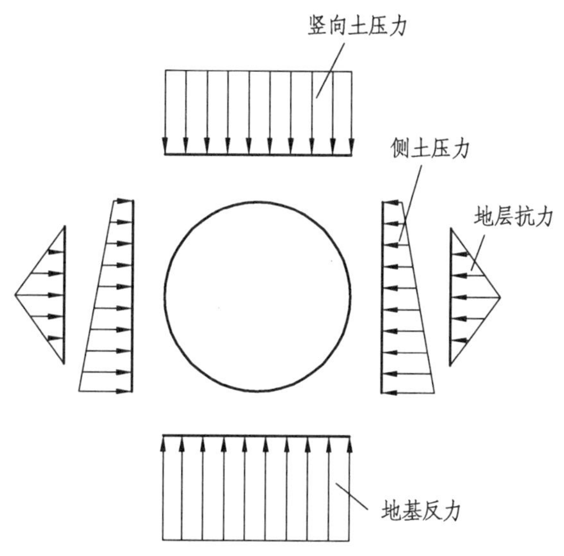

图 6.35　正常使用状态下的土压力模式

2. 地表超载导致的隧道竖向土压力

现有工程调研与分析表明，软土地区盾构隧道完成施工后，在现有计算理论允许的地表超载作用下极易导致结构变形超限，并导致结构破损与渗漏水，无法满足设计使用要求。本书分析表明，在地表超载作用下，当盾构隧道的竖向压缩变形小于隧道穿越土层的竖向压缩量时，隧道对周围土层将形成竖向相对挤压，从而使地表超载导致的隧道竖向土压力大于地表超载。从计算结果分析来看，在软土地区，因盾构隧道穿越土层压缩模量小，地表超载作用下隧道结构与周围土体的相互作用状态属于状态 1（$\Delta_{v0} \geqslant \Delta_{v54}$）。因此，地表超载作用导致的隧道周围土压力模式如图 6.36 所示[112]，图中各符号意义与第 5 章相同。

从图 6.36 可以看出，当考虑竖向相对挤压时，地表超载导致的隧道竖向土压力在隧道正上方要大于地表超载 q，而在接近 90°与 270°位置时则稍

小于地表超载 q，从而导致侧土压力在接近 90°与 270°位置时要稍小于 λq。

在地表超载作用下，因隧道的竖向土压力增量要大于水平向土压力增量，隧道将发生横椭圆变形，从而对隧道侧部土体形成水平向挤压而产生水平向的地层抗力。然而，当隧道位于软弱的淤泥质软土中时，因地层抗力系数极小，甚至无法形成水平地层抗力，因此，图 6.36 中地表超载导致的地层抗力可以忽略。

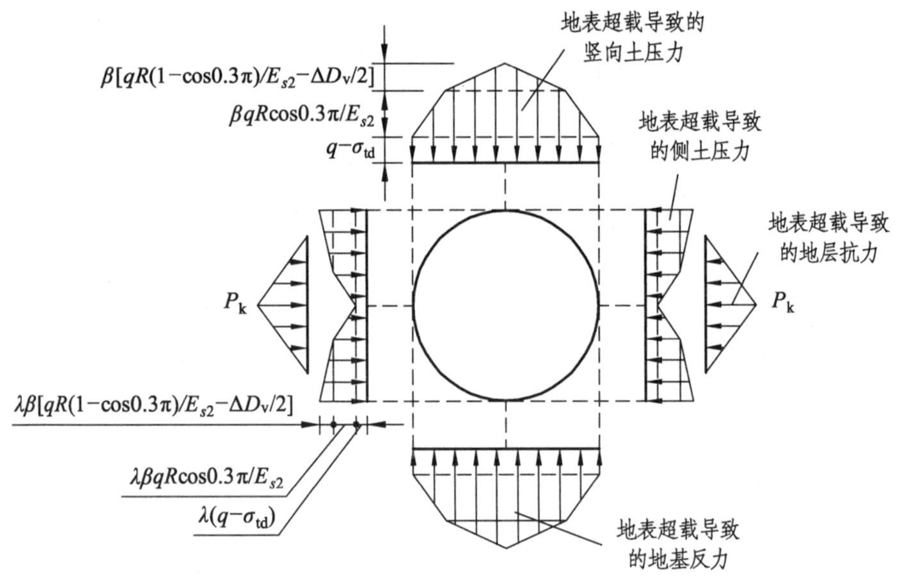

图 6.36 地表超载导致的竖向土压力与水平土压力

现有盾构隧道设计理论普遍认为：对于软土地区盾构隧道，在无地表超载作用下，隧道竖向土压力按土柱理论进行计算，而地表均布超载换算为对应的上覆土层予以考虑。因此，地表均布超载导致的隧道竖向土压力刚好等于地表超载。按照现有的软土地区盾构隧道竖向土压力设计理论，地表超载 q 导致的隧道竖向土压力与水平土压力如图 6.37 所示。

通过图 6.36 与图 6.37 的土压力模式比较，并结合隧道结构变形计算模型图 5.21 可知，在地表超载作用下，考虑竖向相对挤压的土压力模式所导致的隧道结构变形明显要大于现有计算理论的土压力模式所导致的隧道结构变形。由此可见，在软土地区，现有理论计算地表超载导致的盾构隧道竖向土压力偏小。

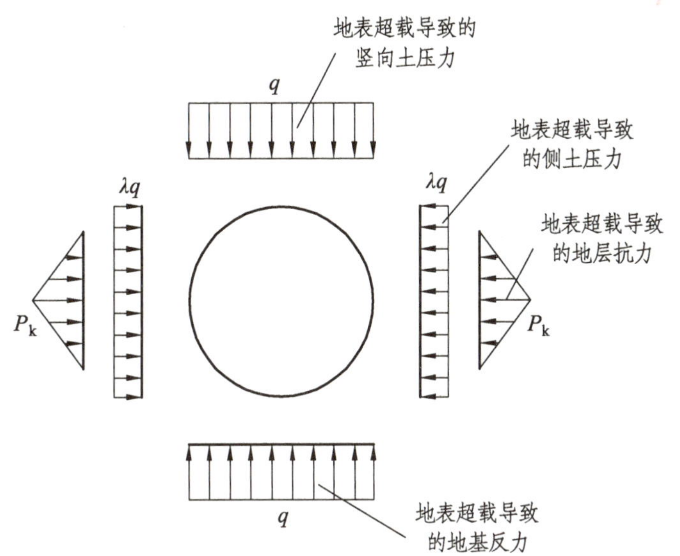

图 6.37　现有计算理论得到的地表超载导致的竖向土压力与水平土压力

由计算分析可知，隧道穿越土层的压缩模量越小，地表超载时的竖向相对挤压量越大，同时其水平抗力系数也越小。因此，盾构隧道穿越土层的压缩模量越小，地表超载导致的隧道结构变形越大，这也是软土地区的盾构隧道在地表超载作用下极易发生变形超限的原因。

6.5　本章小结

（1）对地表超载导致的隧道结构受到的土压力相关计算方法进行了合理简化，主要包括水平地层抗力的取值范围与计算方法、竖向相对挤压量及竖向土压力的形式与计算方法。

（2）考虑到隧道变形计算理论采用修正均质圆环模型更加合理，提出了基于管片纵缝接头刚度的刚度有效率计算方法，并对提出的刚度有效率计算方法的可行性进行了验证分析。

（3）针对隧道结构上的土压力作用半径与隧道结构曲梁截面中心半径不一致问题，对不同计算半径导致的误差进行分析，提出了土压力调整或结构曲梁模型的抗弯刚度调整的计算方法，并分别得到了相应的土压力调整系数与刚度调整系数。

（4）在竖向土压力与水平地层抗力简化计算的基础上，得到了地表超载作用下隧道结构的变形计算公式。根据所提出的计算理论，给出了地表超载作用下隧道竖向土压力与隧道结构变形计算流程。

（5）根据提出的竖向相对挤压概念，对地表超载作用下隧道与地层的相互作用可分为四种状态。分析表明，在地表超载作用下，当隧道结构中心正上方的竖向土压力并未增加时，提出的地表超载导致隧道竖向土压力计算理论并不适用。

（6）将软土地区盾构隧道竖向土压力分为两部分，一是正常使用状态下隧道上覆土层导致的竖向土压力，二是完成盾构施工后地表超载导致的竖向土压力。当考虑隧道结构对周围土体的竖向相对挤压时，地表超载导致的软地区盾构隧道竖向土压力呈近似拱形分布，隧道中心正上方的土压力将要大于地表超载。

【第7章】>>>>
地表超载案例验证分析

为了对所提出的地表超载导致的隧道附加土压力模式与计算方法进行验证，对某软土地区的盾构隧道在地表堆土的工程案例进行计算。通过计算结果与实测结果的比较与分析，对所提出的相关理论与方法的合理性与可行性进行验证分析。

7.1 工程案例概况

某软土地区的区间隧道在正式运营前，上行线 227 ~ 301 环、下行线 131 ~ 210 环上方堆积大量土方，最大的堆土高度为 5 ~ 6 m，堆土范围为线路方向约为 86.4 m，垂直线路方向约为 50 m，其平面示意图如图 7.1 所示。该范围隧道衬砌管片 180 环以后为深埋，堆土引起隧道椭圆度变形较大。经现场查看，区间隧道堆土段上行线新增渗漏点 3 处，无管片碎裂；下行线新增渗漏点 9 处，管片碎裂 4 处。根据隧道监测数据反映，堆土卸载前隧道椭圆度最大变形为下行线 180 环处，累计变化量 103.8 mm，其中受影响的下行线实测椭圆度如图 7.2 所示。从图 7.1 可以看出，并非整个区间均有地表堆土，且地表堆载并非均为 5 ~ 6 m，由于纵向相邻管片环之间的相互影响，管片环的变形由填土段向两侧逐渐减小。

图 7.3 为地表堆土区段的典型地质剖面图，从图中可以看出，堆土区段的盾构隧道穿越土层为高压缩性的第④层淤泥质黏土。根据图 7.3 得到各土层的厚度如表 7.1 所示。根据地质勘察资料，各土层的力学性能参数见表 7.1。

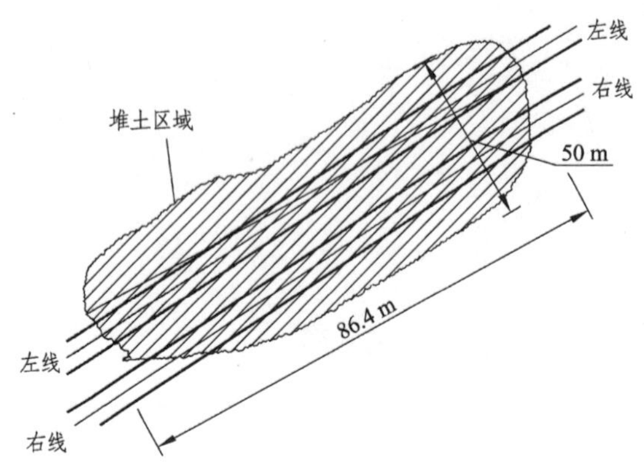

图 7.1 某区间隧道上方堆土平面示意

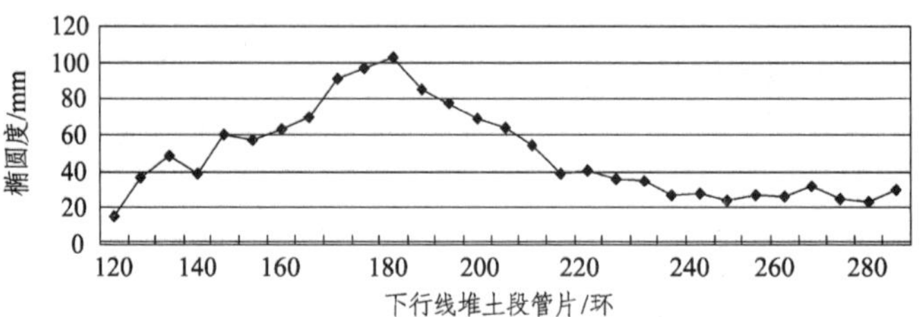

图 7.2 地表超载导致的隧道结构椭圆度

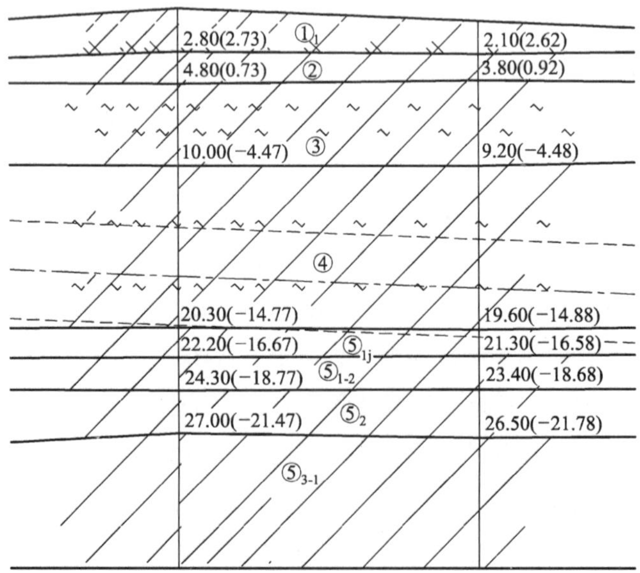

图 7.3 区间上方堆土段地质剖面图

表 7.1 土层力学参数

土层序号	厚度/m	重度/(kN/m³)	压缩模量/MPa	泊松比 μ	黏聚力/kPa	内摩擦角/(°)	备注
①$_1$	2.8	19	4.3	0.28	15	20.2	
②	2	18.4	5.36	0.29	17	21.5	
③	5.2	17.6	3.36	0.26	9	16.5	
④	10.3	16.8	2.27	0.33	13	10.5	
⑤$_1$	4	18.1	4.27	0.31	17	14	
⑤$_2$	2.7	18.5	8.6	0.3	15	15	
⑤$_3$	13.3	18.7	7.3	0.31	21	17	

在地表超载导致竖向土压力增加时，对应的侧土压力也相应地增加，设侧土压力增长量等于竖向土压力增长量乘以侧土压力系数 λ，即

$$\sigma_h = \lambda \sigma_v \tag{7.1}$$

其中侧土压力系数 λ 的取值为

$$\lambda = \frac{\mu}{1-\mu} \tag{7.2}$$

其中抗力系数 k 与侧土压力系数 λ 都只需要隧道穿越土层的即可。在计算地表超载导致的隧道竖向土压力与隧道收敛变形时，其他参数见表 7.2。

表 7.2 工程案例的计算参数

上覆土层厚度 S_1/m	穿越土层厚度 S_2/m	下卧土层计算厚度 S_3/m	水平抗力系数 k/(kN/m³)	侧土压力系数 λ
14.1	6.2	20	3 000	0.49

7.2 结构变形计算简介

在盾构隧道结构变形计算时，将隧道结构简化为曲梁结构模型，因而需要将土压力（面力，单位为 kPa，即为 kN/m²）换算为线荷载（单位

为 kN/m)。为了使作用在隧道结构曲梁模型上的线荷载数值与土压力的数值相等，在盾构隧道结构分析时在盾构隧道纵向上取单位长度（1 m）进行分析。上海通缝拼装的地铁盾构隧道的结构力学参数见表 7.3。实际中隧道结构纵向也可以取为单环管片宽度进行分析，但此时土压力换算为线荷载时需要乘以管片环的宽度。

表 7.3 盾构隧道的几何参数与力学参数

外径/m	内径/m	厚度/m	宽度/m	弹性模量/GPa	泊松比	重度/（kN/m^3）
6.2	5.5	0.35	1.2	35.5	0.17	25

将隧道结构换算为修正均质圆环，根据足尺试验分析结果[108-110]，刚度有效率η取为 0.42。隧道结构曲梁模型计算半径 R 取为 3.1 m，同时考虑到土压力作用边界的外半径与隧道结构曲梁截面中心的半径不一致问题，通过刚度调整系数ζ_s对隧道结构曲梁模型的抗弯刚度进行调整。隧道结构曲梁模型的抗弯刚度 EI 的计算公式如下：

$$EI = \eta\zeta_s E_e \frac{bh^3}{12} \tag{7.3}$$

式中：η——刚度有效率；

ζ_s——曲梁结构模型的刚度调整系数；

E_e——管片材料的弯曲弹性模量；

b——隧道结构曲梁模型的宽度，本次分析时取为 1 m；

h——管片的厚度。

根据式（7.3）可以得到隧道结构曲梁模型的抗弯刚度 EI 为 56.46×10^6 N·m^2。

7.3 计算结果分析

7.3.1 隧道结构变形分析

对于本工程案例，在计算过程中隧道上覆土层与下卧土层并非为单一土层，因此，在计算隧道中心正上方与正下方土层的压缩量时，应该分别取为对应土层的压缩模量。在地表堆土时，其长度与宽度方向上均为隧道埋深的 3.5 ~ 6 倍，为此，将地表堆土产生的荷载考虑为地表均布荷载。

根据隧道变形过程中保持标准椭圆的假设，得到隧道结构的椭圆度 ΔR 的计算公式为

$$\Delta R = \left|\Delta D_{\mathrm{h}}\right| + \left|\Delta D_{\mathrm{v}}\right| = \frac{\pi}{2}\left|\Delta D_{\mathrm{v}}\right| \tag{7.4}$$

式中：ΔR——椭圆度，即圆形隧道管片衬砌拼装成环后最大与最小直径的差值，其数值等于隧道水平收敛变形与竖向收敛变形的绝对值之和。

根据上述的地质条件与计算参数，并假设地表堆土的重度为 18 kN/m^3，则得到地表不同堆土厚度时隧道的椭圆度如图 7.4 所示。从图中可以看出，在地表堆土为 4 ~ 6 m 时，导致隧道的椭圆度变形为 66.4 ~ 99.5 mm。总体与图 7.2 中 145 ~ 190 环之间的数值结果较为接近。

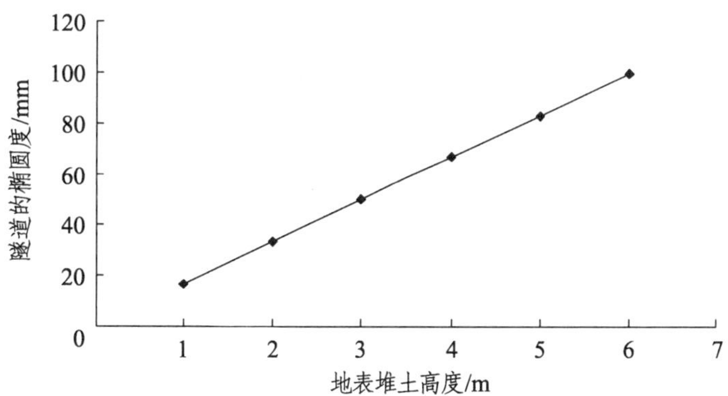

图 7.4　不同地表堆土高度时隧道的椭圆度变形

7.3.2　隧道结构上的竖向土压力分析

在地表堆土高度为 6 m 时（对应的地表超载应力为 108 kPa），地表超

载导致的隧道结构上的竖向土压力（$\Delta P_{t}+q$）如图 7.5 所示（将竖坐标表示的物理量所对应的符号在坐标图的右上方进行了标示，各物理量符号的意义与第 5 章相同，下同）。从图中可以看出，在地表超载为 108 kPa 时，在隧道结构上的竖向土压力呈拱形分布，在隧道正上方（0°位置），108 kPa 的地表均布超载导致的竖向土压力明显要大于 108 kPa，约为 173 kPa；而在两侧（即 90°与 270°位置）则稍小于 108 kPa。由此可见，在地表超载后，因隧道结构对周围土体形成竖向相对挤压，导致隧道上覆土层的土体间发生了竖向土压力转移，地表超载导致隧道结构上的竖向土压力总体要大于地表超载。

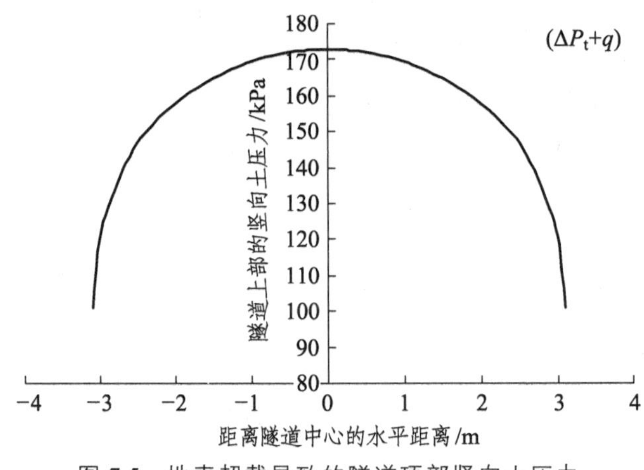

图 7.5　地表超载导致的隧道顶部竖向土压力

图 7.6 为地表竖向位移约束作用下竖向相对挤压导致的竖向土压力 P_{t}，其中曲线为按实际竖向相对挤压量计算得到的竖向土压力，直线为计算隧道上覆土层竖向土压力与隧道结构变形时荷载取值的简化计算结果。从图 7.6 中曲线与水平坐标轴所围面积以及直线与水平坐标轴所围面积可以看出，隧道结构对周围土体的竖向相对挤压量简化为矩形与直角三角形组成时所导致的误差很小。

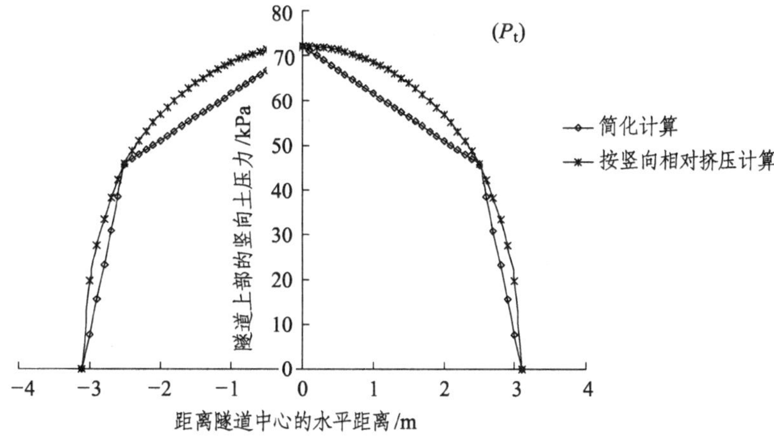

图 7.6　地表竖向位移约束作用时竖向相对挤压导致的土压力

在计算隧道结构上因竖向相对挤压导致的竖向土压力 ΔP_t 时，通过地表竖向位移约束状态下的隧道上部竖向土压力 P_t 减去隧道 0°位置的 σ_{td}。图 7.7 为地表虚加竖向荷载 Q_l 在隧道顶部产生的附加应力 σ_{td}，从图 7.7 可以看出，隧道结构在 90°与 270°位置的 σ_{td} 要稍小于 0°位置的 σ_{td}，但差值很小，本工程案例计算时仅相差约为 0.17 kPa。图 7.8 为地表竖向位移约束撤除后竖向相对挤压导致隧道上部的竖向土压力 ΔP_t，图 7.8 底部近似水平直线为图 7.7 中的 σ_{td}，从图中可知，在计算过程中，隧道结构 90°与 270°位置的 σ_{td} 取为 0°位置的 σ_{td} 是可行的，对竖向土压力的简化计算合理。

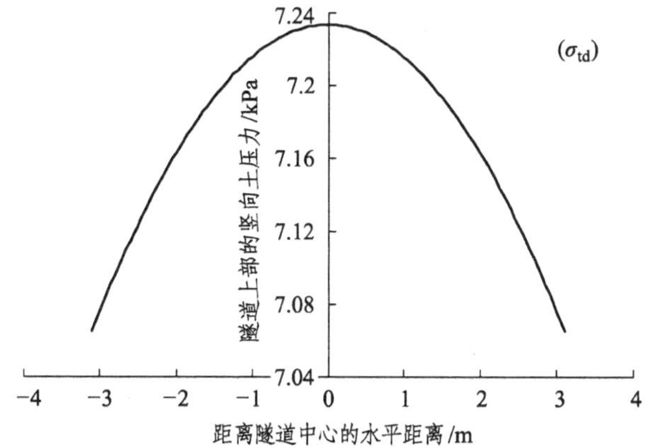

图 7.7　地表虚加竖向荷载 Q_l 在隧道顶部产生的附加应力

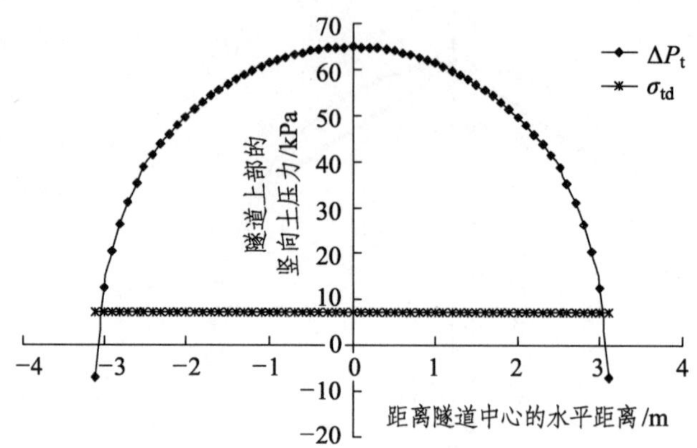

图 7.8 地表竖向位移约束撤除后竖向相对挤压导致隧道顶部的竖向土压力

7.3.3 隧道上覆土层的竖向土压力分析

图 7.9 为地表超载导致的隧道上部土层（在同一水平面上，其高程与隧道 0°位置相同）的竖向土压力。从图 7.9 中可以看出，地表超载为 108 kPa 时，隧道上部位置的竖向土压力大于 108 kPa，而其两侧的稍小于 108 kPa。由此说明，隧道上部竖向土压力大于地表超载是由两侧土体向隧道上部土体发生了竖向土压力转移所导致的。

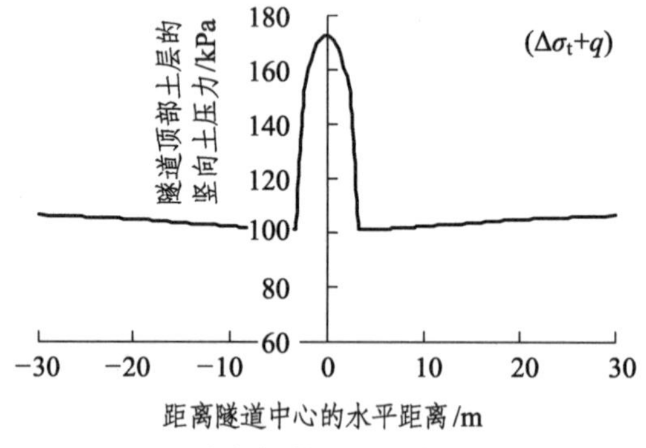

图 7.9 地表超载导致的竖向土压力

由计算理论的推导过程可知，地表超载作用下隧道上覆土层的竖向土压力计算考虑为两种工况的叠加：一是未发生竖向相对挤压时的竖向土压力，此时隧道上覆土层之间不存在竖向相对位移，因而也不存在竖向土压力转移，地表均布超载导致隧道上覆土层的竖向土压力即为地表超载；二是隧道结构对周围土体的竖向相对挤压导致的竖向土压力，竖向相对挤压将导致隧道上覆土层产生竖向相对位移，隧道上覆土层的土体之间将出现竖向土压力转移。因此，竖向相对挤压将导致隧道上部一定范围内的土体的竖向土压力增大,同时其两侧一定范围内土体的竖向土压力减小。图 7.10 即为竖向相对挤压导致的竖向土压力，由图 7.10 可知，因竖向相对挤压导致[−3.05,3.05]范围内竖向土压力增加，而其两侧的竖向土压力减小。将上述两种工况导致隧道上覆土层的竖向土压力进行叠加，即得到地表超载导致隧道顶部土层的竖向土压力，即如图 7.9 所示。

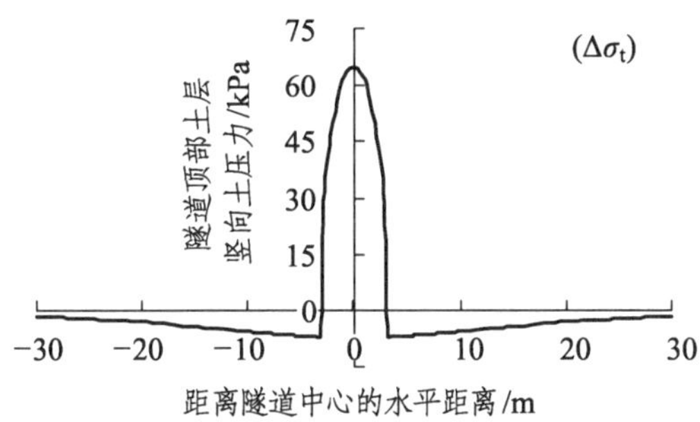

图 7.10　竖向相对挤压导致的竖向土压力

在本工程案例计算时，隧道上覆土层的重度均取为 18 kN/m^3，隧道上覆土层厚度为 14.1 m，即在地表超载前，隧道顶部土层的竖向土压力为 253.8 kPa。地表均布超载为 108 kPa，在不考虑隧道对周围土体的竖向相对挤压时，地表超载后顶部土层的竖向土压力为 361.8 kPa。图 7.11 为地表超载后隧道顶部土层的全部竖向土压力，从图中可以看出，地表超载后隧道顶部土层的竖向土压力出现了明显的分布不均，图 7.11 即为图 7.10 的竖向土压力与均布竖向土压力 361.8 kPa 的叠加结果。从图 7.11 可以看出，在地表超载作用下，当考虑隧道结构对周围土体的竖向相对挤压时，其计算结果与现有计算理论（将地表超载换算为对应的隧道上覆土层）的计算结果明显不同。

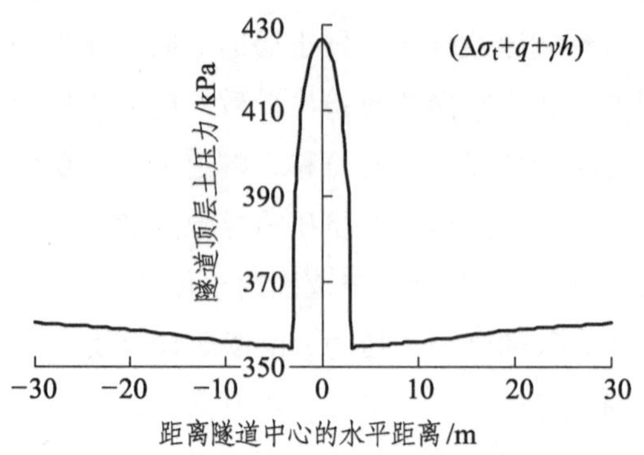

图 7.11　地表超载后隧道顶部土层的竖向土压力

图 7.12 所示为竖向相对挤压导致隧道上覆土层不同深度（10 m、7 m、4 m、1 m）土层中的竖向土压力。从图 7.12 可以看出，在地表超载作用下，隧道结构对周围土体产生竖向相对挤压时，隧道上覆土层的土体间形成竖向相对位移，从而导致土体间发生竖向土压力转移。因此，竖向相对挤压导致隧道上覆土层在隧道上部一定范围的土竖向土压力增大，而其两侧的竖向土压力有不同程度的减小。土层与隧道顶部的距离越远（深度越浅），荷载转移量越少。将图 7.12 与图 7.10 结合分析可知，土层与隧道顶部的距离越远（深度越浅），因竖向相对挤压导致的竖向土压力增大区宽度超大（即图中土压力曲线与水平坐标两个交点的距离越大）。

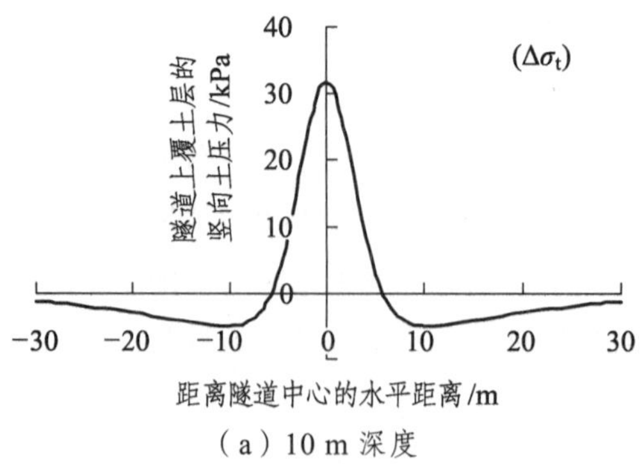

（a）10 m 深度

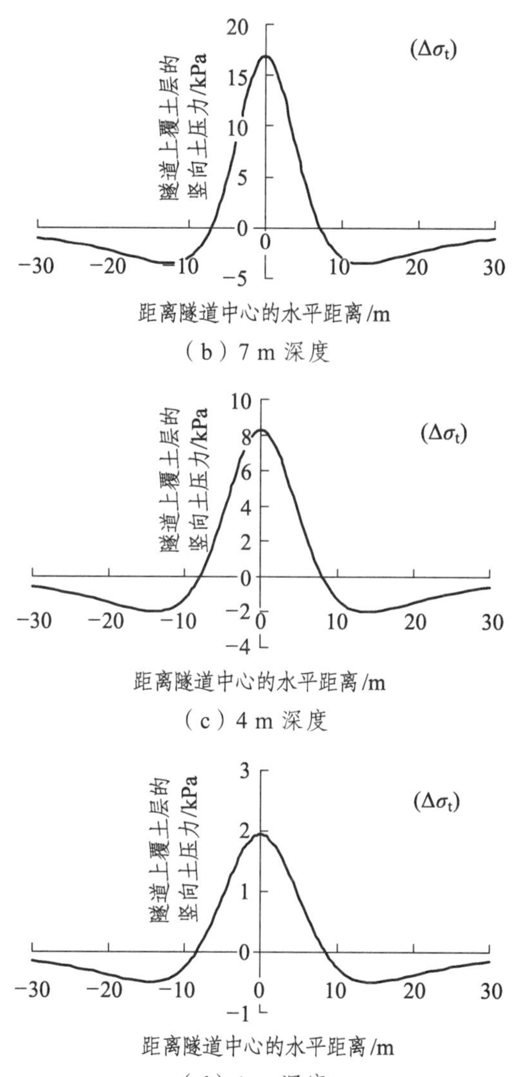

（b）7 m 深度

（c）4 m 深度

（d）1 m 深度

图 7.12 竖向相对挤压导致隧道上覆土层不同深度位置的竖向土压力

从图 7.12 可以看出，在隧道对周围土体形成竖向相对挤压量，竖向相对挤压导致隧道上覆土层的竖向土压力刚好与文献[41,70]的土拱试验实测结果相反，为图 2.8 所示的状态，即呈被动土拱状态。

在隧道上覆土层中取厚度为 h 的土层进行单独分析（在此也可将单独

分析的土层称之为“隔离层”)，当不考虑隧道对周围土体的竖向相对挤压时，隧道上覆土层的土体之间不存在竖向相对位移，因而土体之间也不存在竖向土压力转移，根据竖向平衡关系，“隔离层”的底部竖向土压力如图7.13 所示。

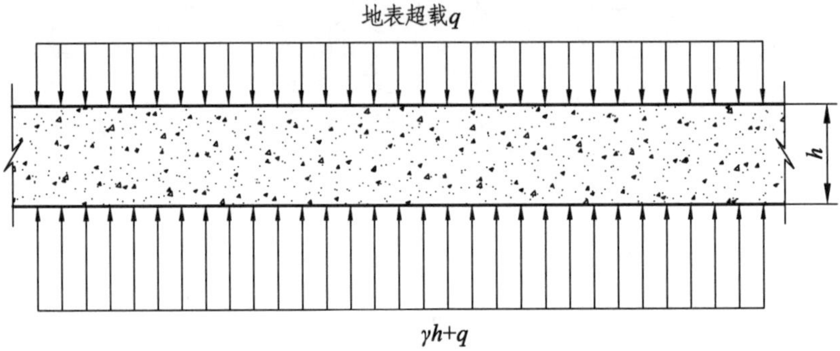

图 7.13 不考虑隧道对周围土体的竖向相对挤压时地层中的土压力

当考虑隧道对周围土体的竖向相对挤压时，隧道上覆土层的土体之间产生竖向相对位移，因而土体之间存在竖向土压力转移，根据竖向平衡关系，“隔离层”的底部竖向土压力如图 7.14 所示。

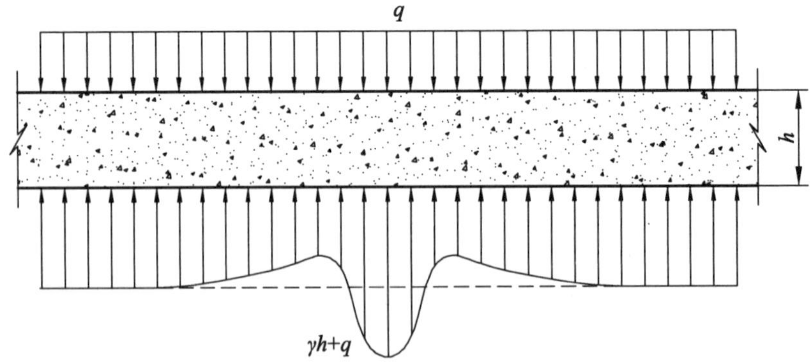

图 7.14 考虑隧道对周围土体的竖向相对挤压时地层中的土压力

理论上，图 7.14 中“隔离层”底部竖向土压力增大部分的总和要等于其两侧竖向土压力减小部分的总和。在图 7.14 中，距离隧道水平距离越远，隧道产生的影响越小，当距离隧道一定距离后，将不再受竖向相对挤压的影响，此时“隔离层”的底部土压力即为 $\gamma h+q$ 。从图 7.12 来看，竖向相对挤压导致的隧道上覆土层不同深度位置的竖向土压力符合上述分析结果，由此可见，本书提出的竖向相对挤压导致隧道上覆土层竖向土压力计算理论与方法合理。

图 7.15 为地表超载导致隧道上覆土层不同深度（10 m、7 m、4 m、1 m）土层的竖向土压力。由计算理论可知，图 7.15 中各土层的竖向土压力即为图 7.12 对应土层的竖向土压力与均匀竖向土压力（108 kPa）相叠加的结果。从图 7.15 可知，土层与隧道顶部的垂直距离越远（深度越浅），地表超载导致隧道上覆土层中荷载分布不均匀现象越不明显。

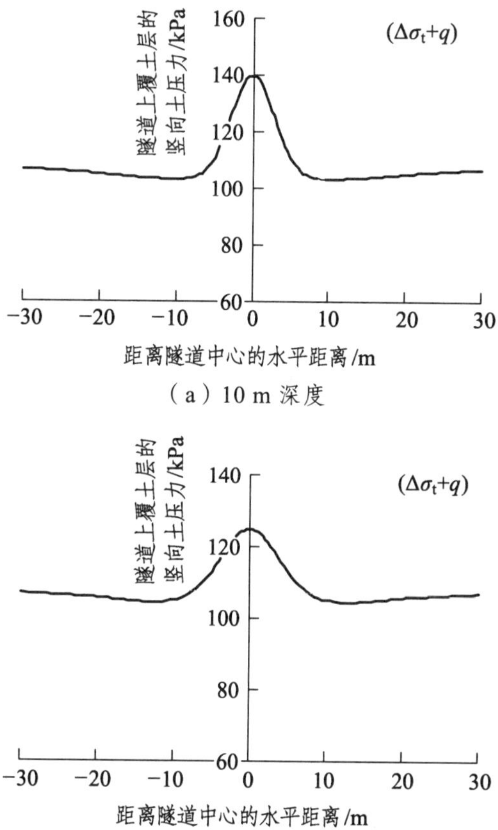

（a）10 m 深度

（b）7 m 深度

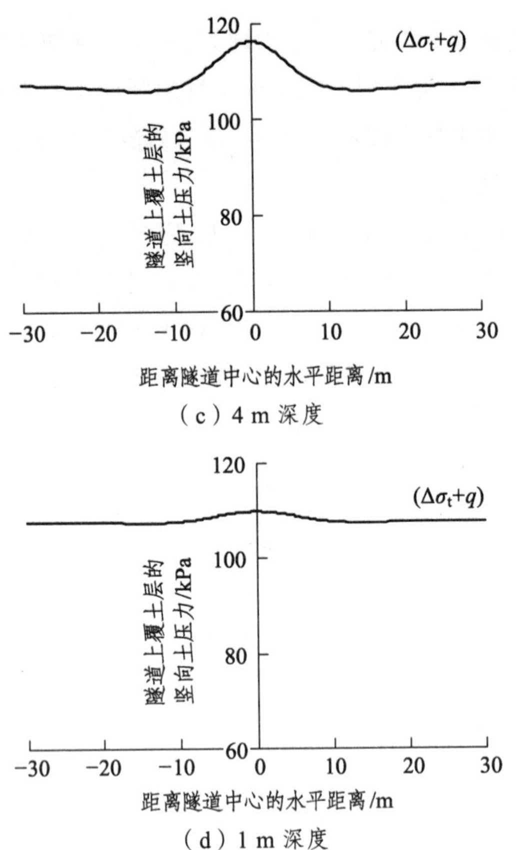

(c) 4 m 深度

(d) 1 m 深度

图 7.15 地表超载导致隧道上覆土层不同深度位置的竖向土压力

图7.16为竖向相对挤压导致的隧道中心正上方土层不同深度位置的竖向土压力$\Delta\sigma_t$，从图中可以看出，距离隧道顶部的垂直距离越远，隧道中心正上方因竖向相对挤压导致的竖向土压力$\Delta\sigma_t$越小。在原地表位置（深度为0），竖向相对挤压导致的竖向土压力$\Delta\sigma_t$为0。

在分析计算时，将地表超载考虑为均布荷载，在$h=0$处（原地表）的边界条件为：地表超载后的竖向应力即为地表超载，即$\Delta\sigma_t+q=q$，因此，$\Delta\sigma_t=0$。从图 7.16 的计算结果可以看出，竖向相对挤压导致隧道上覆土层竖向土压力符合上述边界条件。

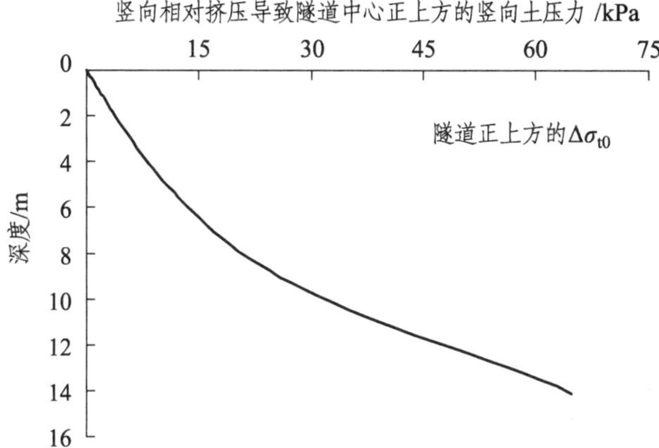

图 7.16 竖向相对挤压导致的隧道中心正上方土层不同深度位置的竖向土压力

图7.17为地表超载导致的隧道中心正上方土层不同深度位置的竖向土压力，从图中可以看出，在地表均布超载（108 kPa）作用下，因隧道上覆土层的土体间发生了竖向土压力转移，导致隧道中心正上方的竖向压力大于地表均布超载。

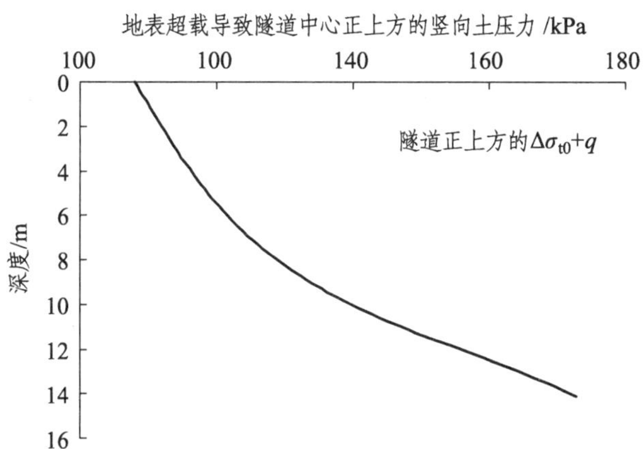

图 7.17 地表超载导致的隧道中心正上方土层不同深度位置的竖向土压力

图7.18为不同工况下隧道中心正上方土层在不同深度位置的竖向土压力，其中γh为地表超载前的竖向土压力；$\gamma h+q$为不考虑竖向相对挤压时的竖向土压力；而$\gamma h+q+\Delta\sigma_{t0}$为考虑竖向相对挤压时竖向土压力。从图

7.18 可知，尽管地表超载时隧道上覆土层的土体间发生了竖向土压力转移，导致隧道中心正上方土层的竖向土压力相对现有理论结果 $\gamma h+q$ 偏差不大，但由本书的理论分析可知，地表超载导致的隧道土压力模式对隧道结构变形较为不利，因此，在软土地区，地表超载作用下盾构隧道极易发生变形超限。

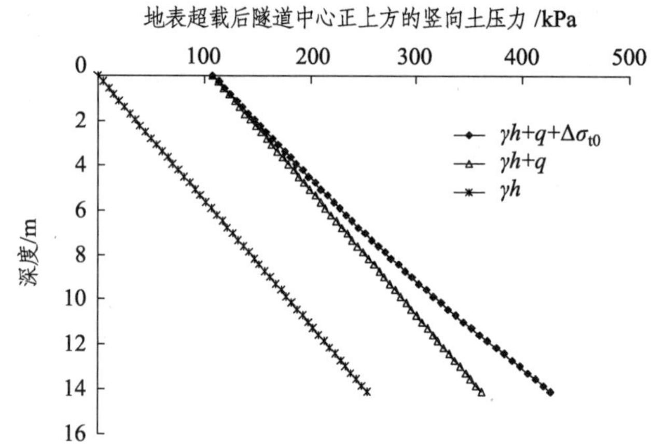

图 7.18 不同工况下隧道中心正上方土层不同深度位置的竖向土压力

7.4 本章小结

（1）利用所提出的地表超载导致的隧道竖向土压力与结构变形计算理论，对盾构隧道在地表堆土作用下的影响进行了计算与分析。从工程案例的现场实测椭圆度与计算得到的椭圆度结果来看，两者吻合较好。

（2）从地表超载导致隧道结构上的竖向土压力结果分析来看，所提出的地表超载作用下的竖向土压力模式与计算方法的简化合理。

（3）对地表超载作用下，隧道上覆层在不同深度位置的竖向土压力以及隧道中心正上方土层不同深度位置的土压力分析可知，所提出的地表超载导致的隧道结构竖向土压力计算方法与实际相符。

（4）对地表超载导致隧道上覆土层不同深度的竖向土压力分析可知，在隧道结构对周围土体产生竖向相对挤压时，因隧道上覆土层发生竖向土压力转移，导致隧道上部一定范围内的竖向土压力大于地表超载；因隧道结构对周围土体的竖向相对挤压导致的竖向土压力增大区的宽度越大，土层与隧道顶部的距离越远（深度越浅）。

（5）分析表明，隧道结构对周围土体产生竖向相对挤压时，竖向相对挤压导致隧道上覆土层呈被动土拱状态的土压力模式。

【第8章】>>>> 地表超载对既有盾构隧道影响控制

8.1 地表超载作用下圆管对周围土体的相对挤压状态分析

圆管在地下结构中应用广泛，如钢筋混凝土管涵、盾构隧道、波纹钢管涵、高分子材料圆管等。实际中所用的圆管横向刚度、直径大小均不同，且周围的填土力学性能各异，因此圆管周围的土压力模式相差较大。在地下圆管结构设计时，需要对圆管与其周围填土的相对刚度进行分析，不合理的刚度关系可能导致圆管发生过大变形，或圆管的内力过大而发生破损，当圆管用作涵洞结构时则可能影响路基表面的平顺性。

侯学渊[5]在长、宽、高分别为 60 cm、30 cm、60 cm 模型槽内埋设不同刚度的铜管、铝管及白铁管（管径均为 10 cm），并分别用砂与黏土模拟不同的地层，将金属管埋在 30 cm 厚的砂下，并在其表面施加不同的荷载，量测圆管周围各个方向的土压力，并随时观察圆管的变形。试验结果分析表明，圆管周围的土压力分布状态与圆管和周围地层二者的刚度比 α_s 关系密切，刚度比越小，圆管周围的土压力分布越均匀。其中刚度比的表示方法为

$$\alpha_s = \frac{EI}{E_s R^4} \tag{8.1}$$

《给水排水工程管道结构设计规范》（GB 50332—2002）[74]针对上埋式圆管给出了管土刚度比 a_s 的计算公式为

$$\alpha_s = \frac{E}{E_s}\left(\frac{t}{R}\right)^3 \tag{8.2}$$

《公路涵洞设计规范》（JTG/T 3365-02—2020）[130]、《公路桥涵设计手册—涵洞》[131]指出，当圆管涵满足式（8.3）条件时，可认为其为刚性管涵；而当圆管涵满足式（8.4）时，则为柔性管涵。

$$\frac{E}{E_s}\left(\frac{t}{R}\right)^3 \geqslant 1 \tag{8.3}$$

$$\frac{E}{E_s}\left(\frac{t}{R}\right)^3 < 1 \tag{8.4}$$

式中：E——圆管材料的弹性模量；

E_s——圆管侧部填土的压缩模量；

t——圆管壁厚；

R——圆管的平均半径，即内径与外径的平均值；

a_s——管土刚度比；

I——圆管环的截面惯性矩，$I = bt^3/12$，其中 b 为圆管环的环宽，取单位长度（1 m）。

式（8.1）与式（8.2）表达圆管与土体的刚度比的公式相似，均与圆管材料的弹性模量 E 成正比，与回填土的压缩模量 E_s 成反比。但两式表达的管土刚度比也稍有不同，由 I 的表达式可知，式（8.1）的管土刚度比与圆管壁厚 t 的三次方成正比，与圆管平均半径 R 的四次方成反比；而式（8.2）的管土刚度比与圆管壁厚 t 的三次方成正比，与圆管平均半径 R 的三次方成反比。式（8.3）即为式（8.2）的刚度系数大于或等于 1。

由此可见，圆管与周围土的相对刚度关系到圆管周围的土压力分布大小，但地下圆管如何判定为刚性管还是柔性管，国内外暂无统一的评判方法。此外，上述研究中并未给出刚性管与柔性管判定依据，而是直接给出的相关公式。由现有研究可知，圆管的刚度（材料弹性模量或壁厚）达到一定程度时则称之为刚性圆管，然而，刚性管与柔性管的分界点对应的度暂无相关表述。本书从地下圆管结构与地层的相互作用出发，提出了刚性管与柔性管的判定准则，并给出管土“刚度匹配”状态下的参数关系。

地层中的圆管在平面应变条件下为封闭的曲梁结构，结构的变形一般只考虑弯曲变形（由弯矩导致的变形），在上部逐层堆载作用下，因圆管受到的竖向土压力增量要大于其水平土压力增量，圆管发生横椭圆变形（水平直径增大、竖向直径减小，所以在此称之为横椭圆变形）。

假设圆管不存在，圆管的位置为其侧部相同的土体（在此称之为虚拟土体）所填充，在上部逐层堆载作用下，虚拟土体将发生一维压缩。在此假设条件下，上部逐层堆载过程中虚拟土体上部的土层将发生均匀沉降，虚拟土体上部的竖向土压力也称为均布土压力。

若实际的圆管横断面变形与虚拟土体的外边界变形相同，上部逐层堆载过程中圆管上部的土层沉降、圆管上部的竖向土压力分布模式与虚拟土体条件下是完全相同的[111]。由此可见，圆管上部的土层出现不均匀沉降，以及圆管上部出现不均匀竖向土压力均与圆管的横断面变形与虚拟土体外边界的变形不协调有关。

在上部逐层堆载作用下，根据圆管横断面变形特性及虚拟土体的变形特性，可得到两者的三种关系，即：圆管最大竖向压缩变形小于虚拟土体的最大竖向压缩量、圆管最大竖向压缩变形等于虚拟土体的最大竖向压缩量、圆管最大竖向压缩变形大于虚拟土体的最大竖向压缩量，对应图 8.1 中的（a）、（b）、（c）。其中虚拟土体的最大竖向压缩量即为圆管侧部同厚度土层的竖向压缩变形。对于工况（a），圆管对周围土体产向竖向相对挤压，因此圆管上覆土的竖向土压力将大于土柱土理论土压力，即刚性管对应的特征；对于工况（c），圆管对周围土体产生负向相对挤压，因此圆管上覆土的竖向土压力将小于土柱土理论土压力，即柔性管对应的特征。然而，对于工况（b），圆管仍然对土体产生了一定的竖向相对挤压；对于工况（c），除了负相对挤压，圆管对土体还存在一定的竖向相对挤压。此外，无论哪种工况，圆管水平直径增大后，对圆管侧部土体产生水平相对挤压而形成水平地层抗力。图 8.1（b）、（c）因部分相对挤压面积过小，未用箭头表示出相对挤压导致的附加土压力。

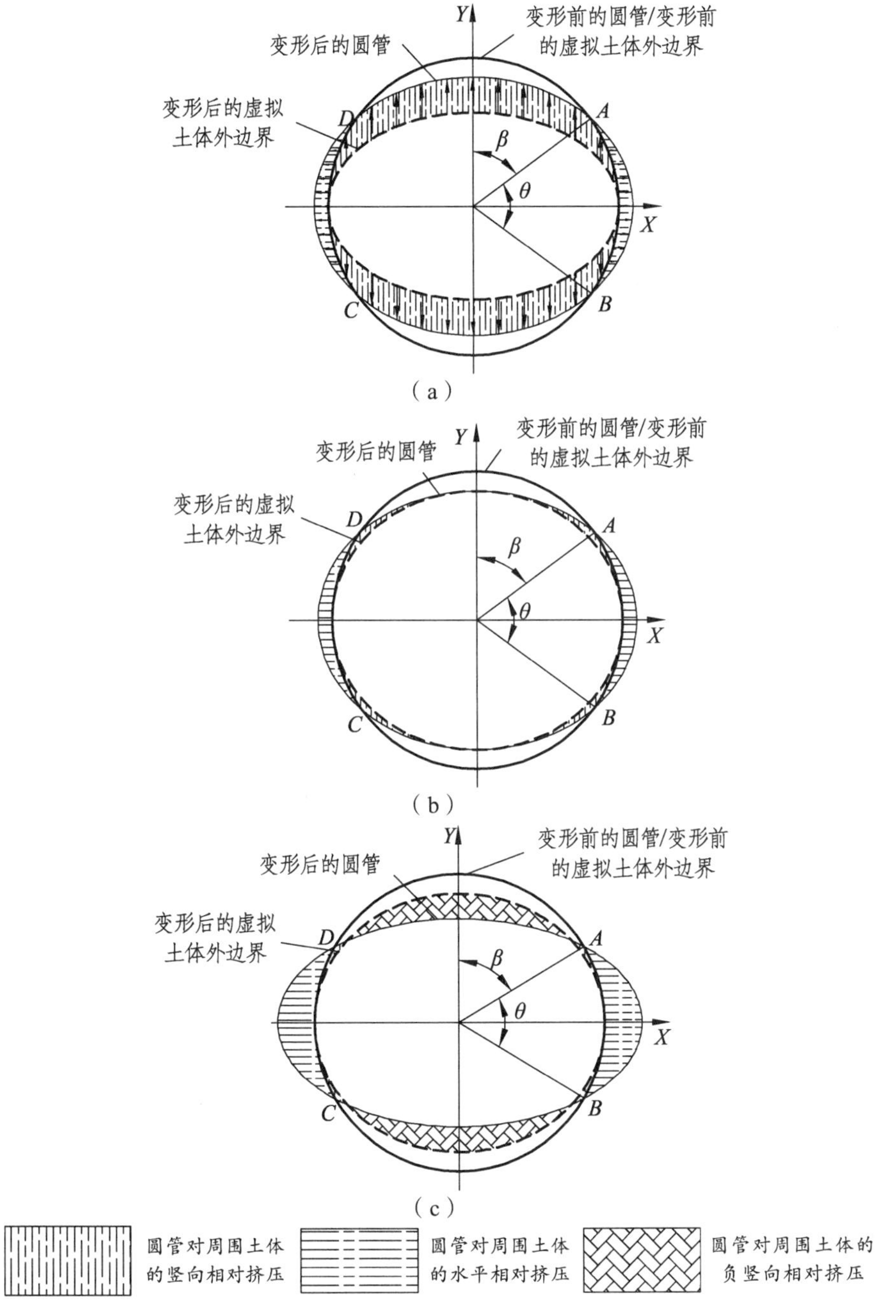

Y
变形前的圆管/变形前的虚拟土体外边界
变形后的圆管
变形后的虚拟土体外边界
D A β θ X C B

（a）

Y
变形前的圆管/变形前的虚拟土体外边界
变形后的圆管
变形后的虚拟土体外边界
D A β θ X C B

（b）

Y
变形前的圆管/变形前的虚拟土体外边界
变形后的圆管
变形后的虚拟土体外边界
D A β θ X C B

（c）

圆管对周围土体的竖向相对挤压

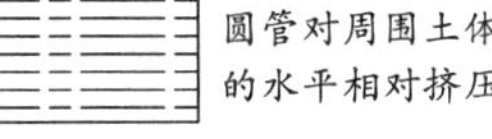
圆管对周围土体的水平相对挤压

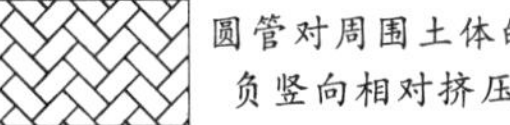
圆管对周围土体的负竖向相对挤压

图 8.1　圆管上与虚拟土体的变形关系

由以上分析可知，在上部堆载作用下，由于圆管的横断面变形特性，圆管周围的土压力始终有别于均匀地层状态下的土压力，为了界定刚性管与柔性管，在此将工况（b）作为刚性管与柔性管分界点，即在上部逐层填土过程中，圆管的最大竖向变形等于其侧部同厚度土层的竖向压缩变形，因此有

$$\Delta D_{\mathrm{v}} = \frac{q}{E_{\mathrm{s}}} D \tag{8.5}$$

式中：q——圆管上部任意层填土导致的附加竖向土压力，或最上部的均布堆载导致的附加竖向土压力；

D——圆管外直径；

ΔD_{v}——均布堆载导致圆管的竖向最大压缩变形（即竖直径变化值）。

8.2 地表超载作用下圆管与地层“刚度匹配”分析

由以上关于圆管与周围地层的相对挤压状态分析可知，在上部逐层堆载作用下，圆形曲梁结构与虚拟的圆形土体的变形特性不同，因此竖向上必然存在一定的相对挤压，图 8.1（b）工况认为竖向相对挤压最小，为此，近似地认为上部均布堆载导致圆管上部的附加应力等于上部均布堆载，圆管上覆土未发生不均匀沉降，此时认为圆管与地层满足“刚度匹配”。当圆管与地层满足“刚度匹配”时，上部堆载作用下不会因为圆管的存在而导致不平顺。为了分析满足“刚度匹配”条件下的力学参数关系，在此做以下假设：

（1）不考虑圆管结构自重。圆管作为地下结构时，其承受周围的土压力远大于其自重，在此为了方便分析计算，不考虑圆管自重。

（2）填土至圆管顶部时，只考虑圆管受到的水平土压力，对应的土压力模式如图 8.2（a）所示，此时圆管上部凌空，因此不考虑圆管对土体的竖向相对挤压。

（3）圆管上部采用逐层填土，因圆管与地层满足“刚度匹配”关系，因此任意层填土导致圆管受到的附加竖土压力为 q，圆管上部任意层填土导致的附加土压力如图 8.2（b）所示。

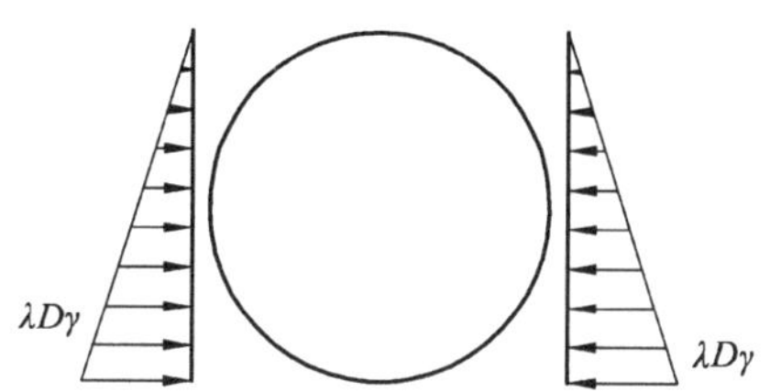

（a）圆管侧部填土导致的水平土压力

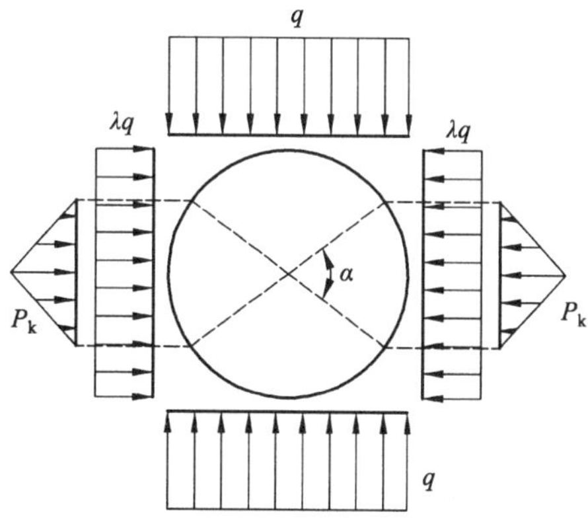

（b）圆管上部堆载导致的附加土压力

γ—填土重度；λ—侧土压力系数；P_k—最大水平地层抗力；D—圆管外直径；
q—圆管上部均布堆载导致的附加竖向土压力；α—水平地层抗力的分布角。

图 8.2　圆管周围的土压力

8.2.1　附加荷载作用下圆管结构竖向变形

考虑到图 8.2（b）中结构与荷载的对称性，圆管变形计算时只取 1/4 结构，因在顶部与侧部位置的角位移为零，简化后的结构及其受到的荷载如图 8.3 所示，1/4 圆弧的两端的角位移为零。

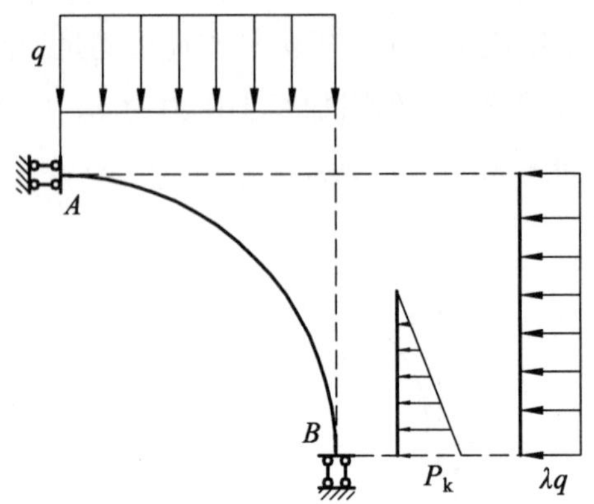

图 8.3　1/4 圆管曲梁及荷载

1. 竖向均布荷载导致的位移

对于竖向均布荷载 q，其基本体系如图 8.4 所示。在 A 支座位置施加顺时针方向的单位弯矩（注：弯矩以内侧受拉为正），即

$$\bar{M}_1 = 1 \tag{8.6}$$

$$M_P = -\frac{1}{2} q R^2 \sin^2 \theta \tag{8.7}$$

在平面应变上分析时，圆管结构为曲梁结构，结构的变形主要由弯矩作用导致。为此，在分析圆管结构的变形时，仅考虑弯矩作用。超静定结构的力法方程为

$$\varDelta_A = \varDelta_{11} + \varDelta_{1P} \tag{8.8}$$

在线性变形体系中，转角位移 $\varDelta_{11}$ 与 M_A 成正比，可表示为

$$\varDelta_{11} = \delta_{11} M_A \tag{8.9}$$

由式（8.8）、式（8.9）得到超静定结构的力法方程如下：

$$\delta_{11} M_A + \varDelta_{1P} = 0 \tag{8.10}$$

则基本结构在荷载作用下及在单位弯矩作用下产生的转角位移 $\varDelta_{1P}$ 与 δ_{11} 分别为

$$\delta_{11} = \int_0^{\frac{\pi}{2}} \frac{\bar{M}_1 \bar{M}_1}{EI} R \mathrm{d}\theta = \frac{\pi R}{2EI} \tag{8.11}$$

$$\varDelta_{\mathrm{P}}=\int_0^{\frac{\pi}{2}}\frac{\bar{M}_1 M_P}{EI}R\mathrm{d}\theta=-\frac{\pi qR^3}{8EI} \tag{8.12}$$

得到 M_A 的表达式为

$$M_A=\frac{-\varDelta_{\mathrm{P}}}{\delta_{11}}=\frac{qR^2}{4} \tag{8.13}$$

式中：$\bar{M}_1$——A 支座位置施加顺时针方向的单位弯矩时在基本结构中相应截面上所产生的弯矩；

M_P——竖向均布荷载在基本结构中相应截面上所产生的弯矩；

M_A——基本体系上部连杆支座上的未知弯矩；

$\varDelta_A$——基本体系在上部连杆支座上的转角位移；

$\varDelta_1$——基本结构在未知弯矩 M_A 单独作用时上部连杆支座上的转角位移；

$\varDelta_{\mathrm{P}}$——基本结构在荷载单独作用时上部连杆支座上的转角位移；

δ_{11}——系数，即基本结构在单位弯矩单独作用下绕上部连杆支座产生的转角位移。

为了求出在竖向均布荷载作用下的竖向位移与水平位移，分别在 A 支座与 B 支座上施加竖向单位集中力与水平单位集中力，如图 8.5、图 8.6 所示，对应的弯矩表达式分别为

$$\bar{M}_{\mathrm{v}}=-R\sin\theta \tag{8.14}$$

$$\bar{M}_{\mathrm{h}}=-R(1-\cos\theta) \tag{8.15}$$

由此可得到在竖向均布荷载作用下导致的 A 支座的竖向位移 $\varDelta_{\mathrm{v1}}$ 与 B 支座的水平位移 $\varDelta_{\mathrm{h1}}$ 分别为

$$\begin{aligned}\varDelta_{\mathrm{v1}}&=\int_0^{\frac{\pi}{2}}\frac{M_A\bar{M}_{\mathrm{v}}}{EI}R\mathrm{d}\theta+\int_0^{\frac{\pi}{2}}\frac{M_P\bar{M}_{\mathrm{v}}}{EI}R\mathrm{d}\theta\\&=-\frac{qR^4}{4EI}\int_0^{\frac{\pi}{2}}\sin\theta\mathrm{d}\theta+\frac{qR^4}{2EI}\int_0^{\frac{\pi}{2}}\sin^3\theta\mathrm{d}\theta\\&=-\frac{qR^4}{4EI}+\frac{qR^4}{3EI}\\&=\frac{qR^4}{12EI}\end{aligned} \tag{8.16}$$

$$
\begin{aligned}
\Delta_{h1} &= \int_0^{\frac{\pi}{2}} \frac{M_A \bar{M}_h}{EI} R\mathrm{d}\theta + \int_0^{\frac{\pi}{2}} \frac{M_P \bar{M}_h}{EI} R\mathrm{d}\theta \\
&= -\frac{qR^4}{4EI}\int_0^{\frac{\pi}{2}}(1-\cos\theta)\mathrm{d}\theta + \frac{qR^4}{2EI}\int_0^{\frac{\pi}{2}}\sin^2\theta(1-\cos\theta)\mathrm{d}\theta \\
&= -\frac{qR^4}{4EI}\left(\frac{\pi}{2}-1\right) + \frac{qR^4}{2EI}\left(\frac{\pi}{4}-\frac{1}{3}\right) \\
&= \frac{qR^4}{12EI}
\end{aligned} \tag{8.17}
$$

其中，Δ_{v1} 的方向向下，Δ_{h1} 的方向向右。

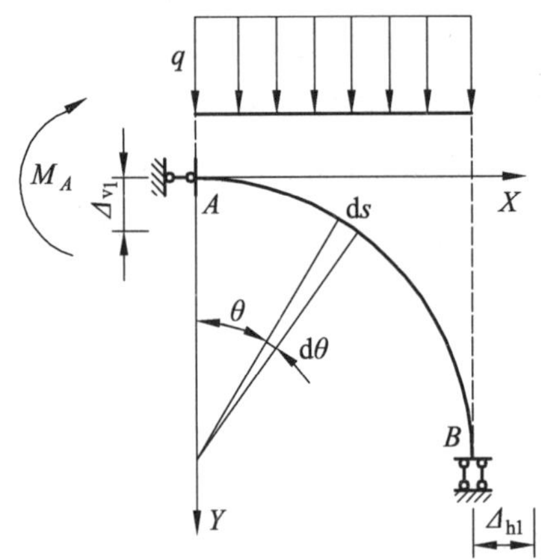

图 8.4 竖向荷载作用下的基本体系

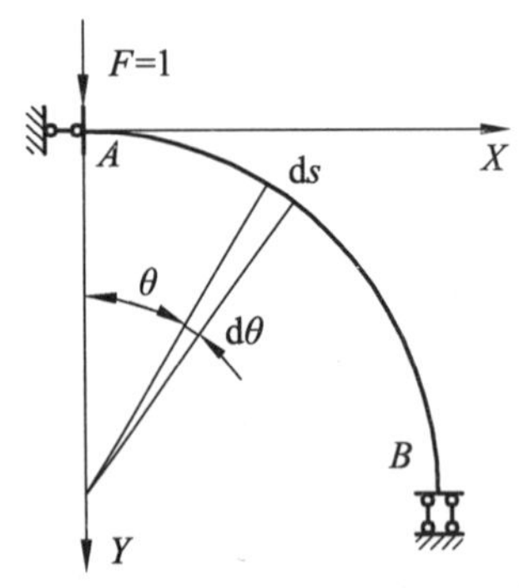

图 8.5 基本结构受到单位竖向荷载

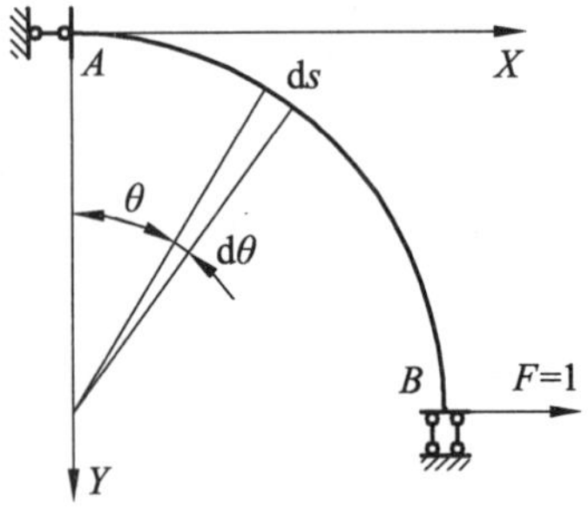

图 8.6 基本结构受到单位水平荷载

2. 水平均布荷载导致的位移

为了方便计算，将水平均布荷载的基本体系简化为图 8.7，根据其与竖向均布荷载的大小与方向关系，同理可得到水平均布荷载作用下导致的 A 支座的竖向位移 Δ_{v2} 与 B 支座的水平位移 Δ_{h2} 分别为

$$\Delta_{v2} = -\lambda \frac{qR^4}{12EI} \tag{8.18}$$

$$\Delta_{h2} = -\lambda \frac{qR^4}{12EI} \tag{8.19}$$

其中，Δ_{v2} 的方向向上，Δ_{h2} 的方向向左。

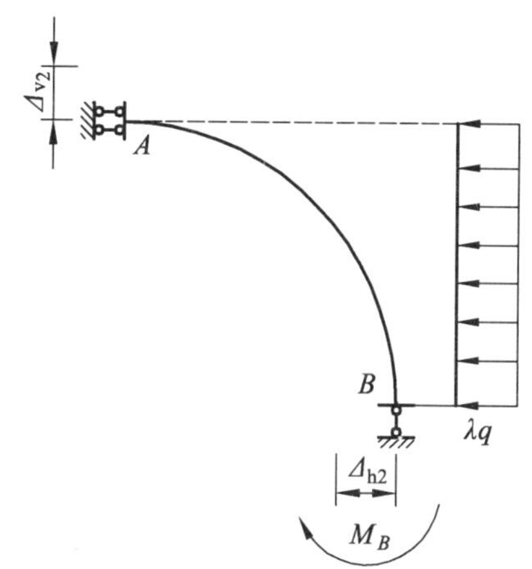

图 8.7 附加侧土压力导致的变形分析

3. 三角形水平荷载导致的位移

三角形水平荷载作用下基本体系如图 8.8 所示。

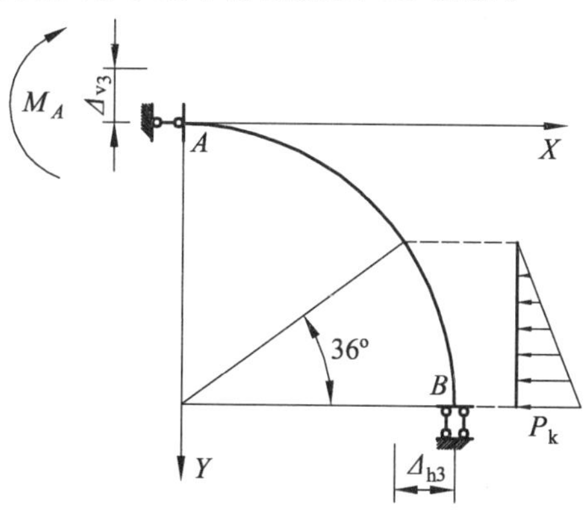

图 8.8 附加地层抗力导致的变形分析

根据文献[110]分析，水平地层抗力的范围取为 72°，图 8.8 对应的抗力范围取为 36°。根据水平方向受力平衡，即 $\sum X=0$，得到 A 支座的水平反力 F_A 为

$$F_A=\frac{1}{2}P_{\rm k}R\sin 36° \tag{8.20}$$

基本结构在荷载作用下的表达式：

当 $0°\leqslant\theta\leqslant 54°$ 时：

$$M_{P1}=F_AR(1-\cos\theta) \tag{8.21}$$

当 $54°<\theta\leqslant 90°$ 时：

$$M_{P2}=F_AR(1-\cos\theta)-\frac{P_{\rm k}R^2(\sin 36°-\cos\theta)^3}{6\sin 36°} \tag{8.22}$$

$$\begin{aligned}\varDelta_{1P}&=\int_0^{54°}\frac{\bar{M}_1M_{P1}}{EI}R\mathrm{d}\theta+\int_{54°}^{90°}\frac{\bar{M}_1M_{P2}}{EI}R\mathrm{d}\theta\\&=\frac{P_{\rm k}R^3\sin 36°}{2EI}\int_0^{54°}(1-\cos\theta)\mathrm{d}\theta-\\&\quad\frac{P_{\rm k}R^3}{EI}\int_{54°}^{90°}\frac{(\sin 36°-\cos\theta)^3}{6\sin 36°}R\mathrm{d}\theta\\&=0.159\,187\,9\frac{P_{\rm k}R^3}{EI}\end{aligned} \tag{8.23}$$

从而得到图 8.8 中的多余未知力矩 M_A 为

$$M_A=\frac{-\varDelta_{1P}}{\delta_{11}}=0.101\,342\,2P_{\rm k}R^2 \tag{8.24}$$

分别在支座 A 与支座 B 位置施加竖向与水平单位荷载，对应的弯矩表达式为式（8.14）、（8.15）。得到多余未知力 M_A 在支座 A 处的竖向位移与支座 B 处的水平位移分别为

$$\varDelta_{\rm v3\text{-}1}=\int_0^{\frac{\pi}{2}}\frac{M_A\bar{M}_{\rm v}}{EI}R\mathrm{d}\theta=0.101\,342\,2\frac{P_{\rm k}R^4}{EI} \tag{8.25}$$

$$\varDelta_{\rm h3\text{-}1}=\int_0^{\frac{\pi}{2}}\frac{M_A\bar{M}_{\rm h}}{EI}R\mathrm{d}\theta=0.057\,845\,7\frac{P_{\rm k}R^4}{EI} \tag{8.26}$$

在 $0°\leqslant\theta\leqslant 54°$ 范围内，荷载作用导致支座 A 处的竖向位移与支座 B 处

的水平位移分别为

$$\begin{aligned}\Delta_{v3\text{-}2} &= \int_{0^\circ}^{54^\circ} \frac{\bar{M}_v M_{P1}}{EI} R\mathrm{d}\theta \\ &= \frac{P_k R^4 \sin 36^\circ}{2EI} \int_{0^\circ}^{54^\circ} (1-\cos\theta)\sin\theta \mathrm{d}\theta \\ &= -0.024\,969\,3 \frac{P_k R^4}{EI}\end{aligned} \tag{8.27}$$

$$\begin{aligned}\Delta_{h3\text{-}2} &= \int_{0^\circ}^{54^\circ} \frac{\bar{M}_h M_{P1}}{EI} R\mathrm{d}\theta \\ &= \frac{P_k R^4 \sin 36^\circ}{2EI} \int_{0^\circ}^{54^\circ} (1-\cos\theta)^2 \mathrm{d}\theta \\ &= -0.009\,829\,8 \frac{P_k R^4}{EI}\end{aligned} \tag{8.28}$$

在 $54^\circ < \theta \leqslant 90^\circ$ 范围内，荷载作用导致支座 A 处的竖向位移与支座 B 处的水平位移分别为

$$\begin{aligned}\Delta_{v3\text{-}3} &= \int_{54^\circ}^{90^\circ} \frac{\bar{M}_v M_{P2}}{EI} R\mathrm{d}\theta \\ &= \frac{P_k R^4}{EI} \int_{54^\circ}^{90^\circ} \frac{(\sin 36^\circ - \cos\theta)^3}{6\sin 36^\circ} \sin\theta \mathrm{d}\theta - \\ &\quad \frac{P_k R^4 \sin 36^\circ}{2EI} \int_{54^\circ}^{90^\circ} (1-\cos\theta)\sin\theta \mathrm{d}\theta \\ &= -0.113\,515\,6 \frac{P_k R^4}{EI}\end{aligned} \tag{8.29}$$

$$\begin{aligned}\Delta_{h3\text{-}3} &= \int_{54^\circ}^{90^\circ} \frac{\bar{M}_h M_{P2}}{EI} R\mathrm{d}\theta \\ &= \frac{P_k R^4}{EI} \int_{54^\circ}^{90^\circ} \frac{(\sin 36^\circ - \cos\theta)^3}{6\sin 36^\circ} (1-\cos\theta) \mathrm{d}\theta - \\ &\quad \frac{P_k R^4 \sin 36^\circ}{2EI} \int_{54^\circ}^{90^\circ} (1-\cos\theta)^2 \mathrm{d}\theta \\ &= -0.087\,309\,5 \frac{P_k R^4}{EI}\end{aligned} \tag{8.30}$$

由此可得到在三角形水平荷载作用下导致的 A 支座的竖向位移 Δ_{v3} 与 B 支座的水平位移 Δ_{h3} 分别为

$$\begin{aligned}\varDelta_{v3}&=\varDelta_{v3\text{-}1}+\varDelta_{v3\text{-}2}+\varDelta_{v3\text{-}3}\\&=0.101\,342\,2\frac{P_kR^4}{EI}-0.024\,969\,3\frac{P_kR^4}{EI}-0.113\,515\,6\frac{P_kR^4}{EI}\\&=0.037\,142\,7\frac{P_kR^4}{EI}\end{aligned}\tag{8.31}$$

$$\begin{aligned}\varDelta_{h3}&=\varDelta_{h3\text{-}1}+\varDelta_{h3\text{-}2}+\varDelta_{h3\text{-}3}\\&=0.057\,845\,7\frac{P_kR^4}{EI}-0.009\,829\,8\frac{P_kR^4}{EI}-0.087\,309\,5-\frac{P_kR^4}{EI}\\&=0.039\,293\,6\frac{P_kR^4}{EI}\end{aligned}\tag{8.32}$$

其中，$\varDelta_{v3}$ 的方向向上，$\varDelta_{h3}$ 的方向向左。

4. 圆管结构的变形

最终可得到在竖向均布荷载、水平均布荷载及三角形水平荷载共同作用下导致的 A 支座的竖向位移 $\varDelta_v$ 与 B 支座的水平位移 $\varDelta_h$ 分别为

$$\begin{aligned}\varDelta_v&=\varDelta_{v1}+\varDelta_{v2}+\varDelta_{v3}\\&=(1-\lambda)\frac{qR^4}{12EI}-0.037\,142\,7\frac{P_kR^4}{EI}\end{aligned}\tag{8.33}$$

$$\begin{aligned}\varDelta_h&=\varDelta_{h1}+\varDelta_{h2}+\varDelta_{h3}\\&=(1-\lambda)\frac{qR^4}{12EI}-0.039\,293\,6\frac{P_kR^4}{EI}\end{aligned}\tag{8.34}$$

其中，$\varDelta_v$ 的方向向下，$\varDelta_h$ 的方向向右。

8.2.2 “刚度匹配”状态下圆管与管侧土体关系分析

以上推导是假设圆管与周围土体满足“刚度匹配”时对应的附加土压力导致的附加变形，而要满足“刚度匹配”，圆管的最大竖向变形等于其侧部同厚度土层的竖向压缩变形，即满足式（8.6）。以上结构变形计算时取圆管横断面的四分之一结构，因此有

$$\Delta D_v=2\varDelta_v=\frac{q}{E_s}D\tag{8.35}$$

将最大水平地层抗力 P_k 表示为圆管水平变形与地层抗力系数 k 的乘积，即

$$P_k = k\Delta_h \tag{8.36}$$

将式（8.34）代入式（8.36），再将式（8.36）代入式（8.33），最后将式（8.33）代入式（8.35），从而得到管侧填土的压缩模量在满足管土“刚度匹配”时应满足如下关系：

$$E_s = \frac{72DEI^2 - 2.829\,139\,2kDR^4EI}{0.025\,818(1-\lambda)kR^8 + 12(1-\lambda)EIR^4} \tag{8.37}$$

由上部堆载作用下圆管与填土的变形关系可知，刚性管对应的关系如式（8.38）所示，反之则为柔性管。

$$E_s < \frac{72DEI^2 - 2.829\,139\,2kDR^4EI}{0.025\,818(1-\lambda)kR^8 + 12(1-\lambda)EIR^4} \tag{8.38}$$

由上式（8.38）可以看出，所提出的刚性管判定公式是基于上部填土作用下圆管上部土压力与沉降变形所得到，在公式推导过程中考虑了上部填土荷载作用下圆管结构与周围土体相互作用，因此关系式与侧土压力系数 λ、抗力系数 k 有关，而式（8.1）、（8.2）的管土刚度比起式（8.3）、（8.4）刚性管判别式均不含侧土压力系数 λ、抗力系数 k。因此，采用所提出的刚性管判定方法更有依据，在设计时更加可靠。

在地表超载作用下对既有盾构隧道的影响分析时，可以将既有盾构隧道视为圆管结构，采用式（8.38）判断盾构隧道是否为刚性管。当为刚性管时，地表超载作用下将发生竖向土压力集中，应采取相应的措施防止盾构隧道发生过大的横椭圆变形。

8.3 地表超载作用对既有隧道影响控制技术

盾构隧道完成施工后，当铁路或公路上跨盾构隧道、盾构隧道上部场地平整时填土、上部堆载等工程活动时，将在盾构隧道上部形成超载。由

以上分析可知，当盾构隧道的竖向压缩变形小于同深度位置的地层土体压缩量时，将导致盾构隧道上部形成竖向土压力集中。基于地表超载对盾构隧道的影响机理可知，若采用桩基将上部荷载传至盾构隧道底部，将可避免地表超载的影响。然而，当地铁隧道近距离进行钻孔桩施工时，孔壁坍塌或缩径极易导致地铁盾构隧道侧部卸载,从而导致隧道发生位移与变形，进而影响行车安全，并增加地铁养护维修费用。因此，地铁隧道近距离钻孔桩微扰动施工已成为地铁城市进一步开发建设所面临的问题。为此结合沪杭城际铁路上跨上海轨道交通 9 号线的桩板梁路基工程，对既有地铁隧道近距离钢管护壁钻孔灌注桩微扰动施工进行分析。

沪杭城际铁路在 DK5+344.8 ~ DK5+374.8 从上海轨道交通 9 号线的中春路站—九亭站区间盾构隧道上部通过，工程平面图如图 8.9 所示（该工程由中铁二十四局集团有限公司施工）[132]。

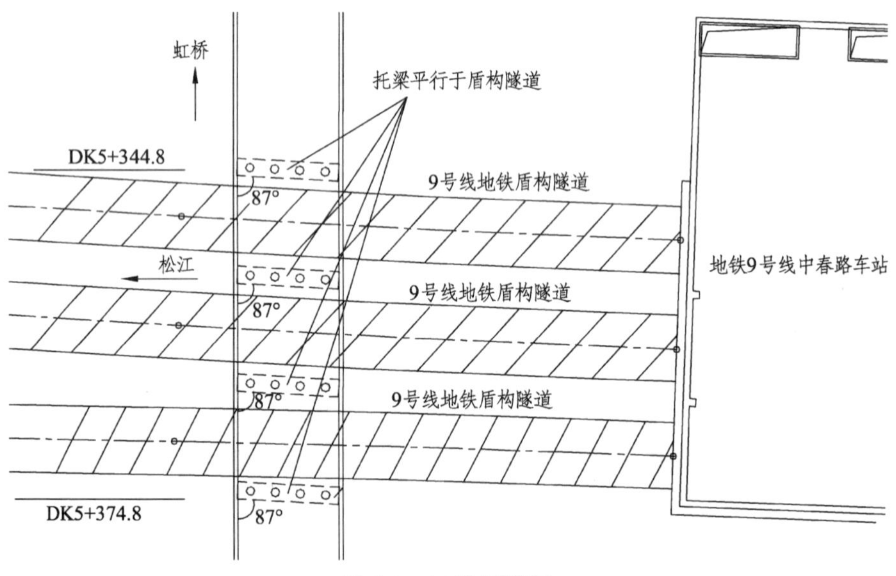

图 8.9　工程平面图

由于虹桥机场净空要求及线路纵坡限制等，设计时采用桩板梁路基跨越方案，其中桩的形式为钻孔灌注桩，桩长约 40 m，桩径为 800 mm，钻孔灌注桩与地铁隧道的净距为 1.5 m，地铁隧道的顶部埋深约为 8.2 m，工程剖面图如图 8.10 所示，施工范围内的地质情况见表 8.1。钻孔灌注桩施工对地铁隧道的影响控制是本次施工的重点与难点。

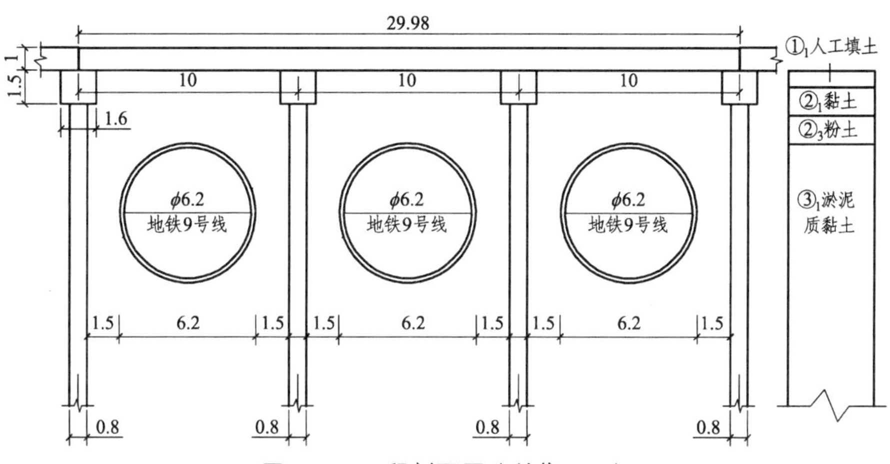

图 8.10　工程剖面图（单位：m）

表 8.1　钻孔灌注桩施工范围内土体参数

土层	厚度 /m	重度 /（kN/m³）	含水率 /%	黏聚力 /kPa	内摩擦角 /（°）	压缩模量 /MPa
①1 人工填土	1.1 ~ 1.8					
②1 黏土	1.7 ~ 3.1	19.5	27.77	28.56	10.11	4.89
②3 粉土、粉砂	2.3 ~ 2.9	19.4	27.65	9.21	20.77	8.90
③1 淤泥质黏土	10.7 ~ 11.8	17.9	41.06	9.11	6.66	3.12
④淤泥质黏土	6.7 ~ 7.6	18.0	39.31	9.70	7.13	3.18
⑥1 粉质黏土	6.1 ~ 8.3	19.9	24.61	18.04	14.06	6.86
⑦1 粉土	4.5 ~ 5.4	19.5	25.55	12.59	17.04	6.36

8.4　钻孔灌注桩钢管护壁微扰动施工方案

为了防止钻孔灌注桩成孔时孔壁坍塌与缩径对近距离地铁隧道造成影响，可采用预钻孔与埋设钢套管进行护壁，钢套管深度超出隧道底部约为

2 m[133]。但当采用预钻孔再埋设钢套管进行钻孔灌注桩施工时，施工效率低，施工成本高，尤其是在钻孔灌注桩与地铁隧道间设置搅拌隔离桩时。此外，预钻孔孔径应稍大于钢套管外径，由此导致一定的地层损失，加大对既有地铁隧道的影响。当钻孔灌注桩成孔时用钢套管进行护壁，也可采用钢套管边跟进边取土的工法进行施工，如贝诺特工法[134]、旋挖套管工法及双动力头套管长螺旋钻工法[135]。以上 3 种工法的钢套管在钻孔灌注桩的混凝土浇筑时再次拔出，用于既有地铁隧道近距离钻孔灌注桩施工时将对地铁隧道造成二次影响，若钢套管不再拔出，施工成本将大幅度增加。以上 3 种工法的钢套管跟进深度与钻孔灌注桩深度相同，相比隧道底部一定深度以下采用泥浆护壁正循环工法进行钻孔灌注桩施工方案而言，施工成本更高。此外，贝诺特工法与旋挖套管工法用冲抓法取出钢套管内的土体，用于既有地铁隧道近距离钻孔灌注桩施工时冲击力振动对地铁隧道影响大。

由以上对既有类似工程的调研与分析可知，为了减小近距离钻孔灌注桩施工对既有地铁隧道的影响，在钻孔时采用钢筒进行护壁是一种行之有效的方法。该工程的钻孔灌注桩与地铁隧道净距仅为 1.5 m，如果采用预先钻孔再进行钢护筒埋设，成孔过程由于周围土体应力释放导致一定的地层损失，对近距离地铁隧道影响较大；如果采用水泥搅拌桩预加固，加固过程对既有隧道有一定影响，而且施工过程复杂，施工成本高。经对以往类似工程的借鉴，并进行综合分析与多次论证，最后确定采用套管钻孔灌注桩施工，即在成孔前将钢套管压入土中，从而减小地层损失。钢套管的压入深度超出地铁隧道底部一定距离即可，钢套管以下部分采用泥浆护壁正循环工法取土。

为减小对既有盾构隧道的影响，成孔时若无套管进行护壁，难以达到微扰动的目的，因此旋挖钻机工法与反循环钻机工法对本工程适用性差；而贝诺特工法与旋挖套管工法由于套管内取土为冲抓取土，冲击力对周围土体会产生影响，且影响较大；双动力头套管长螺旋钻工法在既有地铁隧道近距离钻孔灌注桩施工时影响较小，对本工程具有一定的适用性，但由于施工后钢管一般要拔出，虽会对既有地铁隧道造成二次影响，但若不拔出工程造价会大幅提高。此外，贝诺特工法、旋挖套管工法及双动力头套管长螺旋钻工法的钢套管跟进深度与钻孔灌注桩的深度相同，相比钢套管只做部分跟进时经济性较差。既有的钻孔灌注桩施工方法对本工程的适用情况见表 8.2。

表 8.2 现有钻孔灌注桩施工方法

施工方法	套管	取土方式	对近距离钻孔灌注桩施工的适用情况
旋挖钻机工法	无	抓取	无钢套管护壁，对既有地铁隧道影响大
反循环钻机工法	无	泥浆循环取土	无钢套管护壁，对既有地铁隧道影响大
贝诺特工法	有	冲抓取土	冲抓斗冲击取土时振动影响大，施工成本高
旋挖套管工法	有	冲抓取土	冲抓斗冲击取土时振动影响大，施工成本高
双动力头套管长螺旋钻工法	有	螺旋钻取土	施工成本高，对桩径的适应性差

综合考虑并借鉴已有类似工程的施工方法，同时结合软土地区的地质特点，可通过工厂定制钢套管作为本次施工的护壁钢套管，并采用套管旋压机械将其压入土中，最后采用泥浆循环的方式将管内的土体取出，不但能达到对既有地铁隧道微扰动的目的，而且能节约成本。

综合对已有施工方法的研究与应用成果，提出了钻孔灌注桩施工预先将护壁钢套管旋压进入土体，再进行取土成孔，且钢套管不再拔出的施工方法。为减小取出护壁钢套管内土体时的振动对隧道造成影响，达到微扰动施工的目的，本次施工采用泥浆循环的方式取出钢套管内的土体。因在钢套管旋压过程中不方便取土，只能在钢套管旋压到位后再进行取土。钢套管旋入深度较大时，有可能出现钢套管内土体堵塞管口的现象[135]，从而造成对近距离地铁隧道的影响。因此，为了尽量避免钢套管底口发生堵塞，钢套管的旋入深度不宜过大。

由已有施工案例可知[136]，护壁钢套的跟进深度只需超出隧道底部一定距离，以下部分采用常规的泥浆护壁钻孔灌注桩工法。为了确定护壁钢套管的合理跟进深度，分析时建立了长度与宽度均为 70 m 的有限元模型进行分析，各土层参数参照表 8.1 进行取值。在钢套管护壁部分采用固定约束，取土成孔的其他部分采用泥浆压力，其中泥浆压力的计算公式为

$$P = \rho g h \tag{8.39}$$

式中：P——泥浆液面以下深度 h 处的泥浆压力；

ρ——泥浆的密度，取为 1.18 g/cm^3；

g——重力加速度，取为 10 m/s^2。

图 8.11 所示为钢套管旋入深度分析模型。图 8.12 所示为取土孔成孔后的位移矢量图。从图中可以看出，钢套管护壁范围内未发生地层损失，在采用泥浆护壁部分，土体向取土方向发生了位移，同时地铁隧道也向成孔方向及向下发生了位移。

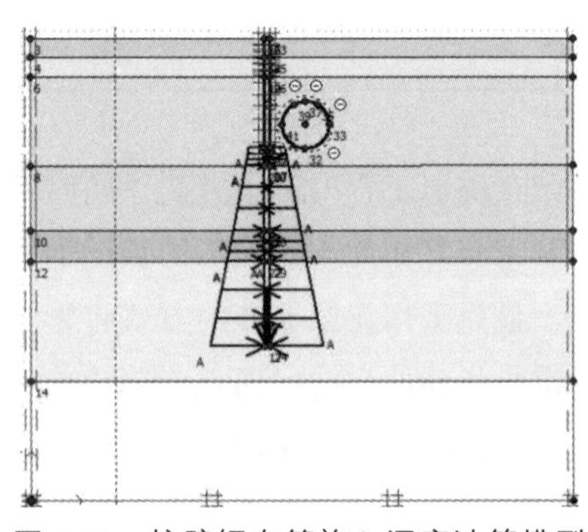

图 8.11　护壁钢套管旋入深度计算模型

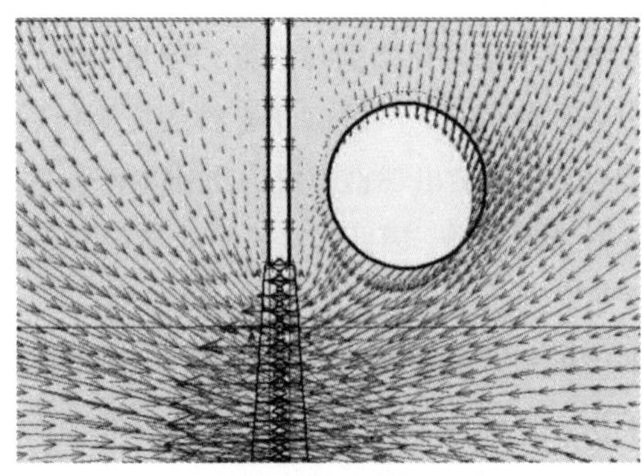

图 8.12　取土成孔后位移矢量图

图 8.13 所示为护壁钢套管超出隧道底部不同距离时的隧道位移，从图中可以看出，在护壁钢套管旋入深度超出隧道底部小于 3 m 时，随着护壁钢套管旋入深度的增加，隧道影响明显减小；当护壁钢套管旋入深度超出隧道底部大于 3 m 后，继续增加钢套管的旋入深度对减小地铁隧道的影响效果较差，在旋入深度超出隧道底部 3 m 时隧道的水平与垂直位移都小于 2 mm，为此，本次施工中钢套管旋入深度为超出隧道底部约 3 m。

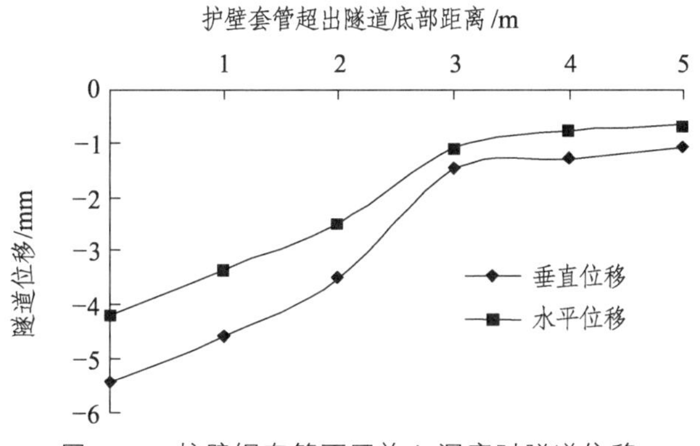

图 8.13　护壁钢套管不同旋入深度时隧道位移

从图 8.13 还可看出，护壁钢套管跟进深度只到达隧道底部时，只考虑单桩施工对隧道影响，隧道最大位移就已达到约 5.5 mm。因此当不设置钢套管进行护壁时，地层损失将导致地铁隧道的位移较大，不能满足微扰动施工的要求。

因护壁钢套管采用一次旋压到位方案，钢套管进行全长加工。考虑到钢套管为一次性使用，且施工地区为软土地质，为了节约施工成本，本次所用的护壁钢套管为普通工厂定制。钢套管的壁厚为 14 mm，图 8.14（a）所示为工厂定制的钢套管，图 8.14（b）所示为钢套管旋压施工。

为了减小对既有地铁隧道的影响，本次采用先旋入钢套管再进行取土成孔，钢套管能起到护壁作用。但在旋压钢套管时，钢套管内土体较多时，有可能出现土体堵住钢套管的现象，从而使钢套管底部土体不能顺利进入钢套管内，此时近似压入一实体桩，对地铁隧道的影响将大大增加。

（a）钢套筒

（b）钢套筒旋压施工

图 8.14 护壁钢套管及其旋压施工

因此为了避免出现套管内土体堵住钢套管的现象，此时应该取出套管内的土体，但是当采用钢套管一边旋压一边取土时，取土较难操作，且钢套管必须采用分段接长，由此将带来以下不足：

（1）钢套管旋压过程中停工时间较长，难以保证在一次列车停运期间完成钢套管旋进施工。

（2）停工后管壁周围孔隙水压力消散，周围土体与钢套有效应力增加，因此其摩擦力也增加，再次启动困难，甚至土体黏结在套管壁上，导致出现类似盾构施工时的“背土现象”，由此加大对隧道的影响。

（3）钢套管现场焊接接长时钢套管的垂直度及焊接质量不易保证。

因此必须对钢套管旋入过程的受力进行分析，研究其产生的挤土机理[133]，确定钢套管旋入过程中的挤土程度及对既有地铁隧道的影响。当影响较小时，尽量采用钢套管一次旋压到位的施工方案；当对地铁隧道影响较大时，则应该采用钢套管边旋压边取土施工方案，在挤土影响较小时，争取采用一次旋压到位。为了确保施工顺利，经分析发现挤土影响可接受，同时在隧道与钢套管之间距钢套管边缘约 0.5 m 处埋设了测斜管，用于实测监测钢套管旋压过程中的挤土效应。

8.5 钢套管护壁钻孔灌注桩施工实施及效果

在套管旋入土体后，如果在混凝土灌注过程中，采用类似贝诺特工法，将钢套管再次拔出，由于孔隙水压力消散，土体与钢套管的有效应力增加，套管周围土体对套管产生了比旋压时更大的黏结力，隧道面临着二次扰动，再加上混凝土对隧道的影响，由此加大的隧道位移与变形，将危及行车安全，加大了施工风险。为此在施工中所用的钢套管不再拔出，即每根桩的套管一次性使用。为节省施工成本，同时保证施工的安全与顺利进行，本次施工采用针对本工程设计的钢套管。

套管采用厚度为 14 mm、长度为 3 m、宽度为 2.52 m 的钢板加工成的短钢管拼接而成，即钢管的高度为 3 m，内径约为 800 mm，在两截短钢管的连接处的外部采用宽度为 40 cm、厚度为 14 mm 的钢板做成的加劲肋，这样能确保套管的连接质量。工厂订制的钢套管在其底部焊上如图 8.15 所示的刀头，当采用套旋压进入土体时，套管旋转过程中，刀头能提前把钢管底部一圈的土体结构破坏，有利于套管的压入。

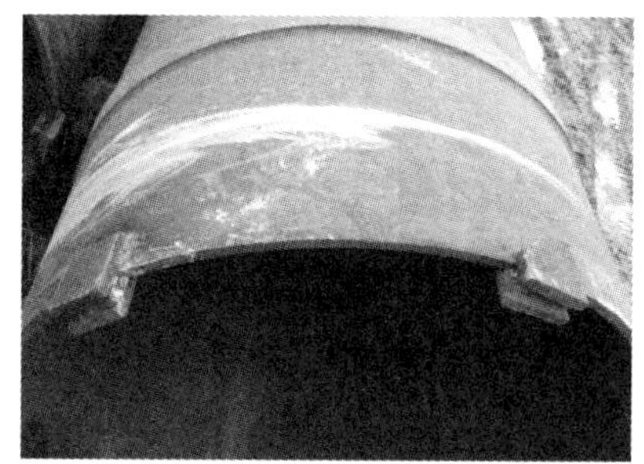

图 8.15 钢套管底部刀头加工

由于钢套管旋入的深度较小，护壁钢套管应一次性旋进，中间不用因为套管的接长而停工。若不能一次性旋进将带来如下问题：①中途停工进行钢套管接长，增加了套管的旋进时间，难以保证在一次列车停运期间完成钢套管旋进施工。②停工后套管周围的超孔隙水压力消散，土与管壁间的摩擦力逐渐增大，当再次启动时面临无法转动套管的可能。③采用边旋进边接长的方法时，套管的垂直度不易保证。④现场进行钢套管对接操作时，增加连接难度，同时质量难以保证。

通过施工前的分析，并进行实践，既有地铁近距离采用部分套管钻孔能大大减小对既有地铁隧道的影响。施工中采用了自行设计并进行工厂定制的钢套管，同时采用了适用于软土地区的套管底部刀头，不但取得了很好的工程实施效果，而且为工程节约了大量的成本。施工过程中采用套管一次旋压到位，最后采用了泥浆循环取出套管内的土体，相比传统的冲抓取土而言，大大减小了对既有地铁隧道的影响，达到了微扰动的目的。现场主要施工过程如图 8.16 ~ 图 8.23 所示，上部混凝土板浇筑完毕后如图 8.24 所示。由此也提出了部分钢套管旋压钻孔灌注桩微扰动施工工法，施工流程如图 8.25 所示。

图 8.16 破除混凝土设孔

图 8.17 定位护筒埋设

图 8.18 套管旋压机底座安放

图 8.19 套管旋压机底座定位

图 8.20　套管旋压机安装

图 8.21　钢套管的安放

图 8.22　套管旋压

图 8.23　钻孔灌注桩施工

图 8.24 混凝土板浇筑完毕

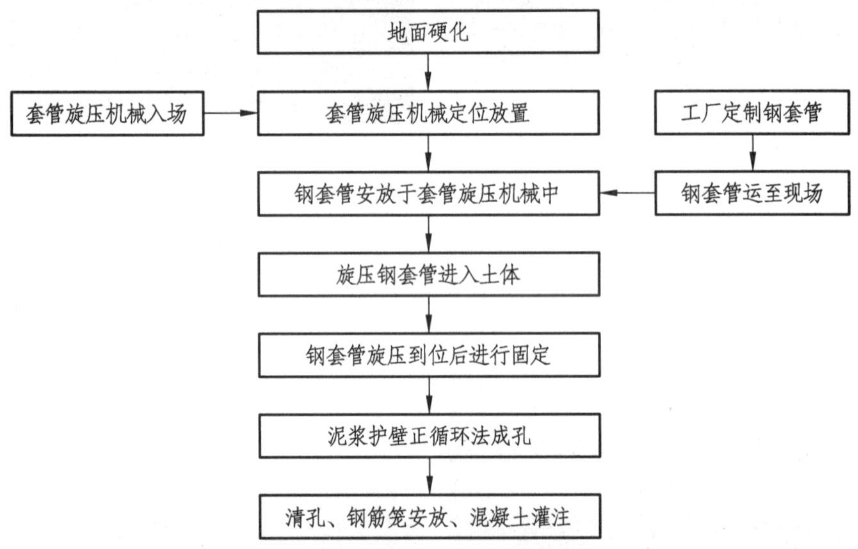

图 8.25 部分套管旋压钻孔灌注桩施工工艺流程

为了监测套管钻孔灌注桩施工时周围土体的挤压情况，在隧道与钢套管之间距钢套管边缘约 0.5 m 处埋设了测斜管。图 8.26 所示为套管钻孔灌注桩施工完后测斜管不同深度处的位移（钢套管的旋入深度约为 17.4 m），图中的隧道为示意其埋深所设。从图 8.26 可以看出，在约 13 m 以上，测斜管的位移较小（测斜管以远离钢套管移动为正，向钢套管方向移动为负），该部分土体挤压主要由钢套管旋压时其本身体积及管壁外侧黏结土体向下运移对周围土体挤压所致。在 10 ~ 14 m 间测斜管位移曲线出现凹曲，从隧道的埋深可以看出，凹曲线的出现主要与该位置盾构隧道存在有关，盾构隧道阻挡了钢套管侧面土体向远离钢套管的方向发生位移。在 13 ~ 17 m 间，测斜管的水平位移迅速增大，由此可见，在该段钢套管旋入过程中产生了较严重的土体挤压，在该段出现的管内土体堵塞管口的现象，如果仅是钢套管本身体积对土体的挤压，则测斜管的位移应与上部接近。

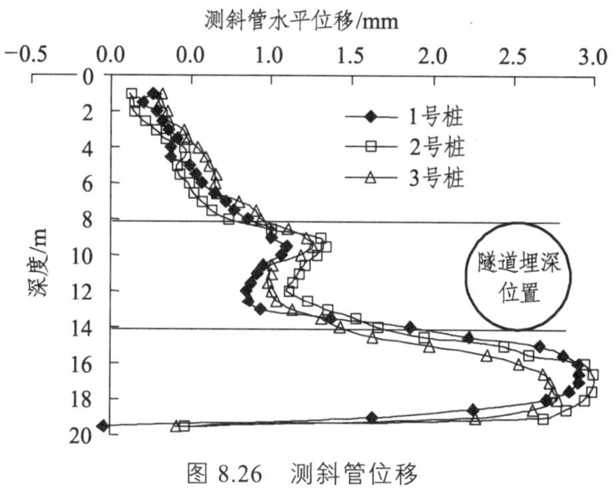

图 8.26 测斜管位移

在钢套管护壁的范围内，从套管钻孔灌注桩取土过程中测斜管的位移来看，测斜管的位移几乎不变。由此可见，采用预先旋入钢套管再取土成孔方案时，几乎不存在地层损失。从 1 号桩钢套管以下的测斜管的位移还可看出，在采用泥浆护壁正循环工法取土成孔时，测斜管向钻孔方向发生了位移，由此可见，采用泥浆护壁成孔时造成了地层损失，这也说明采用钢套管护壁减小地层损失具有良好的效果。由图 8.26 还可以看出，在钢套管旋压过程中，随着套管内土柱高度的增长，管内土柱堵塞越来越严重，当钢套管底部土体不能顺利进入钢套管内时，底部土体被挤出。为了减小钢套管旋入过程中对周围土体挤压而对既有地铁隧道造成的影响，在钢套管压入深度较大且条件允许时，建议在钢套管旋压同时取出钢套管内土体。

从对钻孔灌注群桩施工时钢套管旋入过程中挤土效应对既有地铁隧道影响的仿真结果来看，当采用合理的施工顺序时，钢套管采用一次旋压到位对地铁隧道的影响能控制在允许范围内。不同施工顺序对隧道的影响主要是先施工的桩要阻挡后施工桩土体挤压时的位移。先中间后两边时有利于挤压土体向侧面发生位移，因此在地铁隧道的纵向采用从中间向两边的施工顺序；采用从中间向两边时挤压土体易导致隧道发生水平位移，经权衡水平位移与垂直位移出现的最大值，在地铁隧道的横向采用跳跃间隔的施工顺序对地铁隧道的影响最小。在地铁隧道纵向，四根桩的施工顺序应该从中间向两边进行施工，使得在两隧道之间的挤压土体能向两端挤出，减小对地铁隧道的影响。因此最后确定沪杭客运专线上跨上海轨道交通 9 号线部分套管钻孔灌注桩的合理施工顺序如图 8.27 所示。

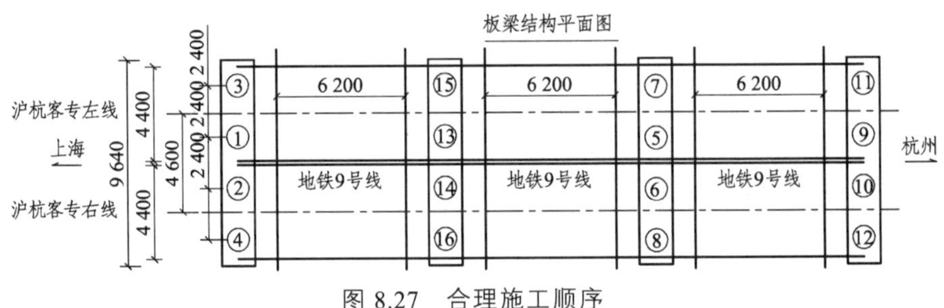

图 8.27 合理施工顺序

为了及时收集、反馈和分析地铁隧道结构在本工程施工中的变形信息，实现信息化施工，确保地铁隧道的绝对安全。综合委托单位提供的资料、地铁车站、隧道与上部结构施工区域的相互关系及地铁监护单位对施工监测的要求，确定本工程监测设置以下几方面内容：

（1）地铁结构（上、下行线及出入场线）垂直位移变形监测。

（2）地铁结构（上、下行线及出入场线）收敛变形监测。

（3）地铁结构（上、下行线及出入场线）平面位移变形监测。

综合委托单位提供的资料、区间隧道与桩基施工区域的距离关系及地铁监护单位对施工监测的要求，确定本工程监测范围为待建建筑物在上、下行线及出入场线隧道的平面投影位置向两侧各延伸 20 m。

监测内容如下：

（1）地铁隧道结构垂直位移监测。

在上行线隧道道床上布设 16 个监测点，编号为 SCJ01-SCJ16。

在下行线隧道道床上布设 16 个监测点，编号为 XCJ01-XCJ16。

在出入场线隧道道床上布设 16 个监测点，编号为 TCJ01-TCJ16。

（2）地铁隧道结构收敛监测。

在上行线隧道管片上布设 16 个收敛监测断面，编号为 SSL01-SSL16。

在下行线隧道管片上布设 16 个收敛监测断面，编号为 XSL01-XSL16。

在出入场线隧道管片上布设 16 个收敛监测断面，编号为 TSL01-TSL16。

（3）地铁隧道结构平面位移监测。

在上行线隧道道床上布设 16 个监测点，编号为 SWY01-SWY16。

在下行线隧道道床上布设 16 个监测点，编号为 XWY01-XWY16。

在出入场线隧道道床上布设 16 个监测点，编号为 TWY01-TWY16。

监测点统计见表 8.3。

表 8.3　监测点统计表

监测项目	监测点位性质	位置	合计
地铁隧道结构垂直位移	垂直监测点	上行线	16 点
		下行线	16 点
		出入场线	16 点
地铁隧道结构收敛	收敛监测点	上行线	16 断面
		下行线	16 断面
		出入场线	16 断面
地铁隧道结构平面位移	位移监测点	上行线	16 点
		下行线	16 点
		出入场线	16 点

监测点的埋设如下：

（1）地铁隧道结构垂直位移监测。

地铁车站及区间隧道结构垂直位移监测点的埋设为直接在轨道道床上用电锤钻孔，埋进顶面为半圆形的不锈钢测量标志并用快干水泥固定或利用原有隧道长期沉降监测点。

（2）地铁隧道结构收敛监测（图 8.28）。

A—*A*′布设：在隧道左右两侧中心位置沿腰部接缝上沿（隧道标准块与邻接块接缝上沿）画“十”字标记确定 *A* 和 *A*′位置，并粘贴反射片。

B—*B*′布设：标准部分的地铁圆形隧道的每环隧道管片由 6 块管片拼装而成。其中，接缝宽度约为 1 cm。按圆形隧道拼装理论计算，自腰部接缝下沿（隧道标准块与邻接块接缝下沿）向下量弦长 0.803 m，端点即为圆形隧道水平向直径的端点。因此，测量圆形隧道直径的关键在于确定所测直径两端点的位置，按上述方法，参照隧道腰部拼装缝位置。可以比较准确地确定直径端点位置。测量时，为方便实施，采用有机玻璃材质加工专用工字构件，其具体尺寸见图 8.29。实际施工过程中，将构件上边沿与隧道腰部接缝对齐，构件紧贴隧道内壁，则下边沿即为隧道直径所在直线。定线后，用油性笔画出直线，再在隧道左右两侧中心位置画“十”字标记确定隧道直径的两个端点（*B* 和 *B*′）并粘贴全站仪反射贴片。

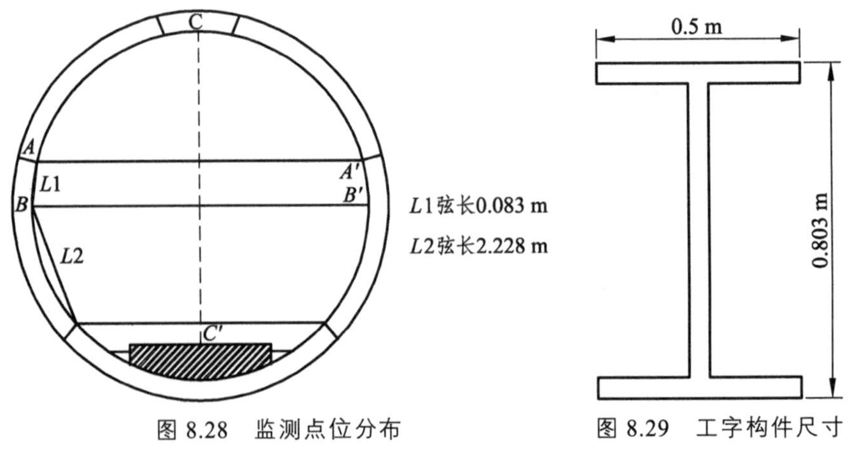

图 8.28　监测点位分布

图 8.29　工字构件尺寸

（3）地铁隧道结构平面位移监测。

在设计位置处（地铁隧道结构平面位移监测点与沉降监测点同环）的隧道道床上画上清晰且细的“十”字。

监测的控制标准及警戒值见表 8.4，监测点平面布置如图 8.30 所示。

表 8.4　监测控制标准及警戒值

限值	警戒值
地铁结构绝对沉降、平面位移或收敛量 ≤10 mm	地铁结构绝对沉降、平面位移或收敛 ≥5 mm
地铁结构沉降、平面位移或收敛日变化量 ≥1.0 mm	地铁结构沉降、平面位移或收敛日变化量 ≥0.5 mm

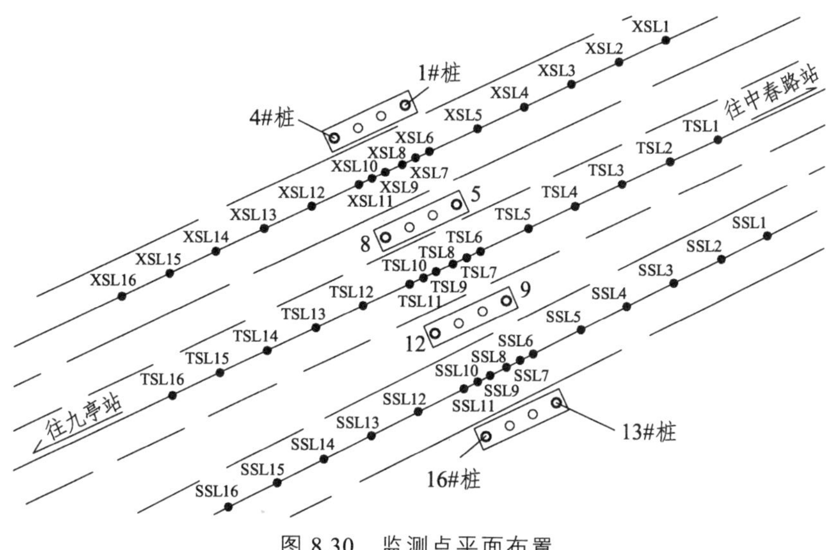

图 8.30　监测点平面布置

图 8.31 ~ 图 8.33 所示为钻孔灌注桩在施工完毕的前后隧道的位移与变形监测结果（最后一根钻孔灌注桩在 3 月 20 日完成施工），其中测点 6 ~ 测点 11 位于拟建的桩板梁路基正下方，其他测点位于两侧，隧道的垂直位移与水平位移测点在道床中心，垂直位移以隧道向上移动为正，向下移动为负；横向收敛变形以隧道发生“横椭圆”变形为正，发生“竖椭圆”变形为负。隧道累积位移与变形的警戒值为 5 mm，限值为 10 mm。

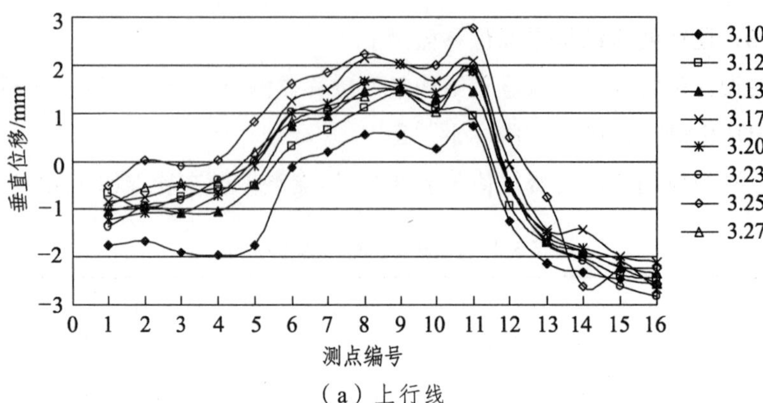

（a）上行线

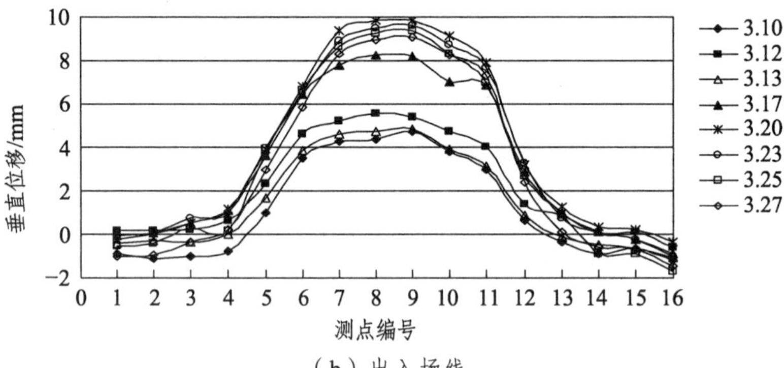

（b）出入场线

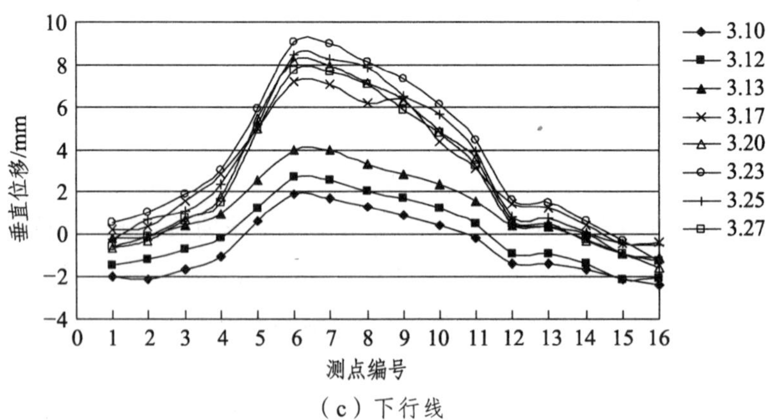

（c）下行线

图 8.31 隧道垂直位移

从图 8.31 可以看出，上线的最大垂直位移约为 2.75 mm，出入场线的最大垂直位移约为 9.8 mm，下线的最大垂直位移约为 9.1 mm，三线的垂直位移都为正，且都未超过限值。从现场监测结果来看，隧道的位移与变形主要发生在护壁钢套管旋入过程中，套管以下采用泥浆护壁正循环工法成孔及混凝土灌注时隧道的位移与变形都很小。由此可见，钢套管在旋入时主要在接近隧道轴线中心以下部分时发生土体挤压,由此导致隧道上浮。上线隧道的上浮量较小主要与施工过程中隧道旁边打设了应力释放孔有关，其他隧道旁边均未打设应力释放孔。

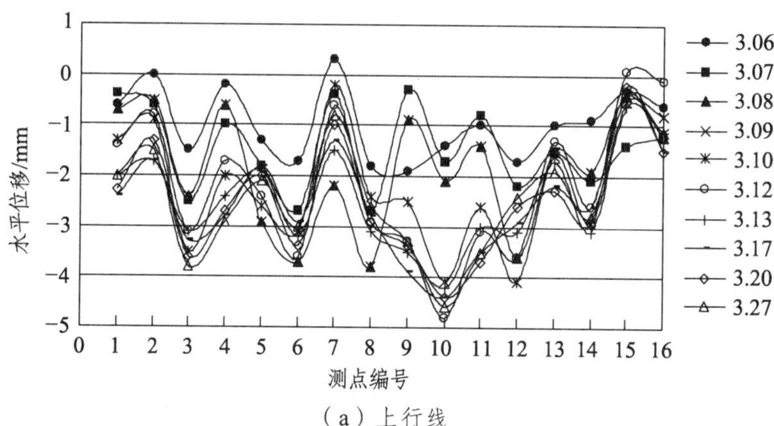

（a）上行线

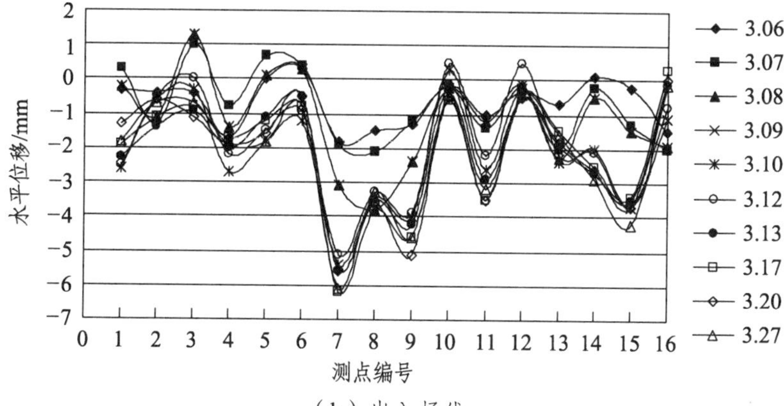

（b）出入场线

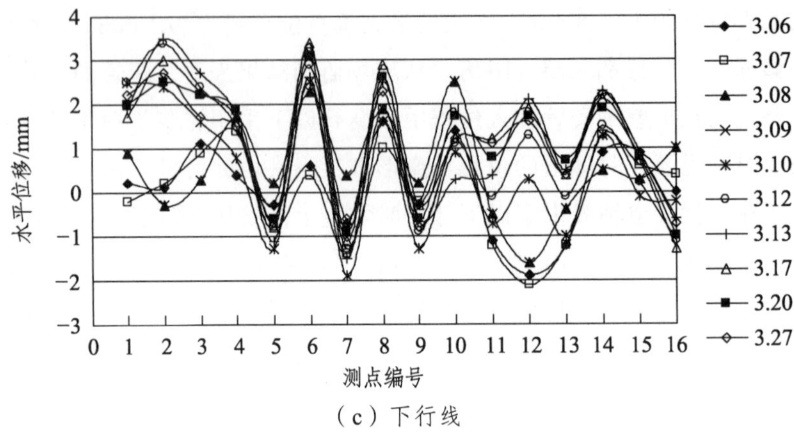

（c）下行线

图 8.32 隧道水平位移

从图 8.32 可以看出，上线出现的最大水平位移约为 4.75 mm，出入场线出现的最大水平位移约为 6.25 mm，下线出现的最大水平位移约为 3.5 mm，因此只有渡线的水平位移超过了警戒值（5 mm），三线均未超过限值（10 mm）。由于隧道两侧都有钢套管旋入，隧道不至于只向单侧发生水平位移，因此隧道的水平位移较垂直位移小。

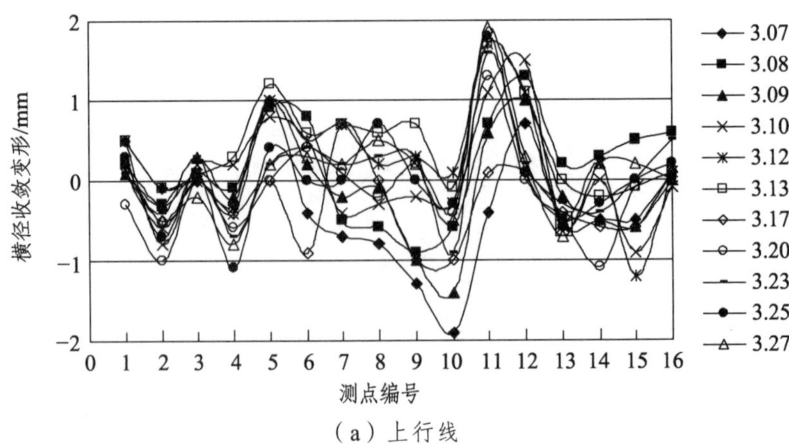

（a）上行线

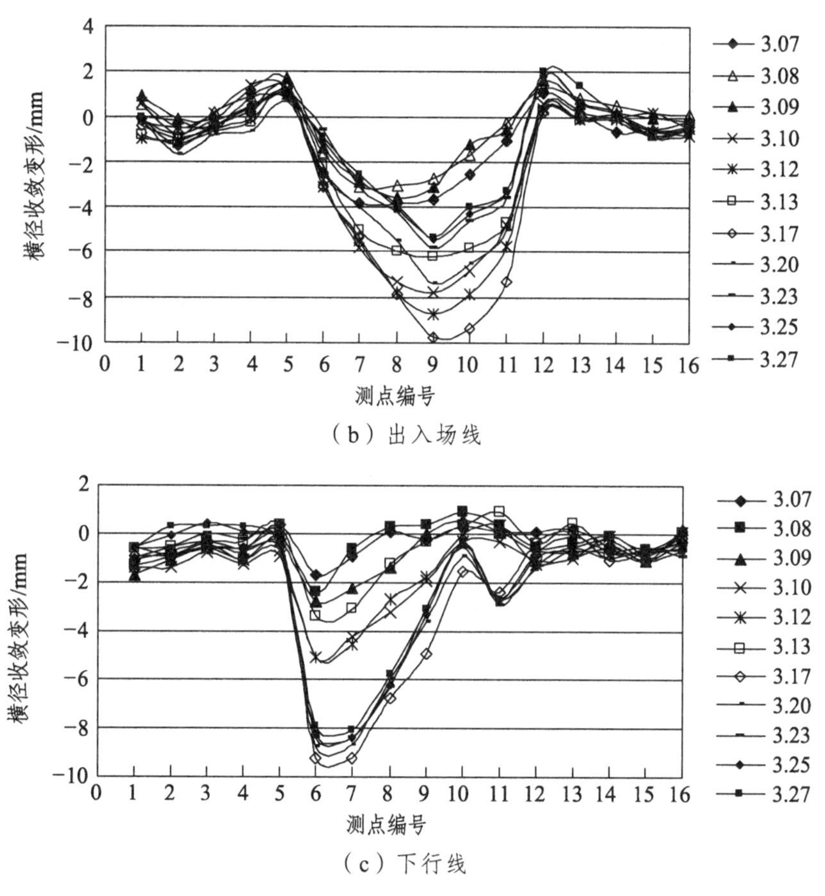

（b）出入场线

（c）下行线

图 8.33　隧道横径收敛变形

从图 8.33 可以看出，上线的最大收敛变形约为 1.95 mm，渡线的最大收敛变形约为 9.95 mm，下线的最大收敛变形约为 9.4 mm，三线的收敛变形都在限值（10 mm）以内。三个隧道的收敛变形基本为负值，即隧道横径变小，隧道发生了“竖椭圆”变形，但上行线隧道中也出现了横径反而增大的现象，主要与上行线隧道旁边打设了应力释放孔有关。从图 8.31（a）也可以看出，上线隧道在本次施工过程中的上浮量也较其他两条隧道小很多，由此可见，上线隧道在本次施工中由于旁边打设应力释放孔，上行线隧道受到的挤压较小。

从图 8.31 ~ 图 8.33 还可以看出，在出现位移或变形最大值后，在接下来的继续监测中，隧道的位移与变形都有所减小，其主要原因是当土体受到挤压后产生了超孔隙水压力。随着时间的增长，孔隙水压力消散，挤压程度将有所减小，因此位移与变形也将有所减小。

8.6 本章小结

（1）对地表超载作用下圆管结构与周围土体的变形协调关系进行了分析，并给出了圆管与周围土体的竖向相对挤压状态。

（2）从地表超载作用下圆管结构与周围土体的变形协调角度提出了刚性管与柔性管的判断准则，即刚性管在上部均布超载作用下，圆管上部的附加竖向土压力大于地表均布超载，反之亦然。

（3）提出了圆管与周围土体的“刚度匹配”条件，即在地表均布超载作用下圆管的最大竖向变形与其同深度位置均匀土层的竖向变形相等，最后理论推导了圆管与周围土体在满足“刚度匹配”条件下的力学参数关系。

（4）提出的刚性管判定公式是基于上部填土作用下圆管上部土压力与沉降变形所得到的，在公式推导过程中考虑了上部填土荷载作用下圆管结构与周围土体的相互作用，因此关系式与侧土压力系数 λ、抗力系数 k 有关。

（5）针对地表超载易导致盾构隧道发生横断面变形超限的问题，在上部修筑路基时提出采用桩板路基结构，而为了避免桩基施工对紧邻盾构隧道的影响，采用钢管护壁钻孔灌注桩施工，护壁钢管旋压入土。

（6）从测斜管的监测结果来看，当不发生挤土效应时，钢套管自身厚度对土体的挤压作用很小；钢套管旋进过程中对地铁隧道的影响主要发生在挤土效应发生后。

（7）预先将护壁钢套管一次旋压到位，钢套管经济合理的跟进深度为超出隧道底部约 3 m，并用泥浆循环的方式取出钢套管内的土体，施工监测结果表明，以此方案进行钻孔灌注桩微扰动施工效果良好。

（8）从测斜管的水平位移、隧道的垂直位移及横径收敛变形来看，在钢套管旋压至隧道轴线以下部分时发生了较大程度的土体挤压，因此隧道产生了“上浮”位移与“竖椭圆”变形。

参考文献

[1] 北京市规划委员会. 地铁设计规范：GB 50157—2013[S]. 北京：中国建筑工业出版社，2014.

[2] 黄大维，周顺华，赖国泉，等. 地表超载作用下盾构隧道劣化机理与特性[J]. 岩土工程学报，2017，39（7）：1173-1181.

[3] 中华人民共和国住房和城乡建设部. 盾构法隧道施工与验收规范：GB 50446-2017. 北京：中国建筑工业出版社，2017.

[4] 刘建航，侯学渊. 盾构法隧道[M]. 北京：科学出版社，1991.

[5] 侯学渊. 隧道设计模型、理论与试验[J]. 岩土工程学报，1984，6（3）：36-44.

[6] 小泉淳. 盾构隧道管片设计——从容许应力设计法到极限状态设计法[M]. 官林星，译.北京：中国建筑工业出版社，2012.

[7] 张厚美. 盾构隧道的理论研究与施工实践[M]. 北京：中国建筑工业出版社，2010.

[8] KOYOMA Y，NISHIMURA T. The design of lining segment of shield tunnel using a beam-spring model[J]. Quarterly Report of RTRI，1998，39（1）：23-27.

[9] ARNAU O，MOLINS C. Theoretical and numerical analysis of the three-dimensional response of segmental tunnel linings subjected to localized loads[J]. Tunnelling and Underground Space Technology，2015，49：384-399.

[10] BLOM C B M. Design philosophy of concrete lining for tunnel in soft soils[D]. Netherlands：Delft University，2002.

[11] El-NAHHAS F，El-KADIAND F，AHMED A. Interaction of tunnel

linings and soft ground[J]. Tunneling and Underground Space Technology. 1992,（7）: 33-44.

[12] NO W G, International Tunnelling Association. Guidelines for the design of shield tunnel lining[J]. Tunnelling and Underground Space Technology, 2000, 15（3）: 303-331.

[13] 钟小春. 盾构隧道管片土压力的研究[D]. 南京：河海大学，2005.

[14] 姜安龙. 大直径越江盾构隧道管片结构理论分析及其工程应用研究：[D]. 上海：同济大学，2005.

[15] 周小文. 盾构隧道土压力离心模型试验及理论研究：[D]. 北京：清华大学，1999.

[16] 周小文，濮家骝，包承钢. 砂土中隧洞开挖稳定机理及松动土压力研究[J]. 长江科学院院报，1999，16（4）：9-14.

[17] BEZUIJEN A, BRASSINGA H. Modelling the grouting process around a tunnel lining in a geotechnical centrifuge[J]. Proceedings of 15th Int Cont on Soil Mechanics and Geotechnical Engineering, 2001,（23）: 1455-1458.

[18] BEZUIJEN A, TALMON A M. Grout pressures around a tunnel lining, influence of grout consolidation and loading on lining[J]. Tunnelling. A Decade of Progress. GeoDelft 1995—2005, 2004: 109-114.

[19] HASHIMOTO T, BRINKMAN J, KONDA T, et al. Simultaneous backfill grouting, pressure development in construction phase and in the long-term[J]. Tunnelling. A Decade of Progress GeoDelft 1995—2005, 2005: 101-107.

[20] 钟小春，朱伟. 盾构衬砌管片土压力反分析研究[J]. 岩土力学，2006，27（10）：1743-1748.

[21] 杨秀仁. 北京地铁盾构隧道设计施工要点[J]. 都市快轨交通，2004，6（17）：32-37.

[22] EISENSTEIN Z，El-NAHHAS F，THOMSON S. Pressure-displacement relation in two systems of tunnel lining[J]. Soft Ground Tunneling，Rotterdam，1981：85-94.

[23] 孙钧，侯学渊. 上海地区圆形隧道设计的理论与实践[J]. 土木工程学报，1984，17（3）：35-47.

[24] 周济民，何川，方勇，等. 黄土地层盾构隧道受力监测与荷载作用模式的反演分析[J]. 岩土力学，2011，32（1）：165-171.

[25] LEE K M，HOU X Y，GE X W，et al. An analytical solution for a jointed shield-driven tunnel lining[J]. International journal for numerical and analytical methods in Geomechanics，2001，25（4）：365-390.

[26] MASHIMO H，ISHIMURA T. Evaluation of the load on shield tunnel lining in gravel[J]. Tunnelling and Underground Space Technology，2003，18：233-241.

[27] 田文铎. 地下管垂直土压力计算探讨[J]. 水利水电技术，1994，（3）：9-14.

[28] 顾安全. 上埋式管道及洞室垂直土压力的研究[J]. 岩土工程学报，1981，3（1）：3-12.

[29] 龚晓南，孙中菊，俞建霖. 地面超载引起邻近埋地管道的位移分析[J]. 岩土力学，2015，36（6）：305-310.

[30] 金浏，李鸿晶，姚保华. 埋地管线-土体相互作用分析计算区域的选取[J]. 南京工业大学学报，2009，31（3）：37-41.

[31] 吴庆. 地面堆载对既有盾构隧道结构的影响研究[D]. 上海：上海交通大学，2012.

[32] 吴庆，杜守继. 地面堆载对既有盾构隧道结构影响的试验研究[J]. 地下空间与工程学报，2014，10（1）：57-66.

[33] 王如路，张冬梅. 超载作用下软土盾构隧道横向变形机理及控制指标研究[J]. 岩土工程 学报，2013，35（6）：1092-1101.

[34] ZHANG Z，HUANG M. Geotechnical influence on existing subway tunnels induced by multiline tunneling in Shanghai soft soil[J]. Computers and Geotechnics，2014，56：121-132.

[35] ARNAU O，MOLINS C. Experimental and analytical study of the structural response of segmental tunnel linings based on an in situ loading test. Part 2：Numerical simulation[J]. Tunnelling and Underground Space Technology，2011，26（6）：778-788.

[36] ZHANG D，HUANG H，HU Q，et al. Influence of multi-layered soil formation on shield tunnel lining behavior[J]. Tunnelling and Underground Space Technology，2015，47：123-135.

[37] KASPER T，MESCHKE G. A numerical study of the effect of soil and grout material properties and cover depth in shield tunnelling[J]. Computers and Geotechnics，2006，33（4-5）：234-247.

[38] 周顺华. 城市轨道交通结构设计与施工[M].北京：人民交通出版社，2011.

[39] TERZA GHI K. Theoretical soil mechanics[M]. Newyork：John Wiley and Sons，1943.

[40] 周小文，濮家骝，包承钢. 砂土中隧洞开挖稳定机理及松动土压力研究[J]. 长江科学院院报，1999，16（4）：9-14.

[41] 加瑞. 盾构隧道垂直土压力松动效应的研究[D]. 南京：河海大学，2007.

[42] 张云，殷宗泽. 埋管隧道竖向地层压力的研究[J]. 岩土力学，2001，22（2）：184-188

[43] 陈若曦，朱斌，陈云敏，等. 于主应力轴旋转理论的修正 Terzaghi 松动土压力[J]. 岩土力学，2010，31（5）：1402-1406.

[44] ADACHI T，KIMURA M，Kishida K. Experimental study on the distribution of earth pressure and surface settlement through three-dimensional trapdoor tests[J]. Tunnelling and Underground

Space Technology，2003，18：171-183.

[45] MARSTON A. The theory of external loads on closed conduits in the light of the latest experiments[C]//Highway research board proceedings. 1930，9.

[46] HANDY R L. The arch in soil arching[J]. Journal of Geotechnical Engineering，1985，111（3）：302-318.

[47] 黎春林. 盾构隧道施工松动土压力计算方法研究[J]. 岩土工程学报，2014，36（9）：1714-1720.

[48] 朱伟，钟小春，加瑞. 盾构隧道垂直土压力松动效应的颗粒流模拟[J]. 岩土工程学报，2008，30（5）：750-754.

[49] 孙文昊. 土质地层中盾构隧道垂直荷载计算方法探讨[J]. 铁道工程学报，2009（10）：69-73.

[50] 张君禄，段峰虎，廖文来，等. 湛江湾跨海盾构隧道管片现场监测试验研究[J]. 岩石力学与工程学报，2014，33（S1）：2878-2884.

[51] 代仁平. 盾构掘进超挖引起的施工期地表沉降的计算方法[D]. 上海：同济大学，2011.

[52] 周文波. 盾构法隧道施工技术及应用[M]. 北京：中国建筑工业出版社，2004.

[53] 张凤祥，朱合华，傅德明.盾构隧道[M]. 北京：人民交通出版社，2004.

[54] 刘联伟. 复合地层盾构法建设地铁地表沉降规律研究[D]. 北京：中国矿业大学，2009.

[55] 柳厚美.地铁隧道盾构施工诱发地层移动机理分析与控制研究[D]. 西安：西安理工大学，2008.

[56] 张海波. 地铁隧道盾构法施工对周围环境影响的数值模拟[D]. 南京：河海大学博士论文，2005.

[57] 洪开荣. 高速铁路水下盾构隧道结构力学特征及掘进与对接技术研究[D]. 北京：北京交通大学，2011.

[58] 段光杰. 地铁隧道施工扰动对地表沉降和管线变形影响的理论和方法研究[D]. 北京：中国地质大学，2002.

[59] 叶飞. 软土盾构隧道施工期上浮机理分析及控制研究[D]. 上海：同济大学，2007.

[60] 姜忻良，赵志民. 隧道施工引起土体位移与应力的镜像理论研究以及回归方法的应用[D]. 天津：天津大学，2004.

[61] 齐静静. 盾构隧道的环境效应及结构性能研究[D]. 杭州：浙江大学，2007.

[62] 林存刚. 盾构掘进地面隆陷及潮汐作用江底盾构隧道性状研究[D]. 杭州：浙江大学，2014.

[63] 侯学渊. 地下圆形结构弹塑性理论[J]. 同济大学学报（自然科学版），1982，(4).

[64] 郭玉海. 大直径土压平衡盾构引起的地表变形及掘进控制技术研究[D]. 北京：北京交通大学，2014.

[65] 魏纲，周洋，魏新江. 盾构隧道施工引起的工后地面沉降研究[J]. 岩石力学与工程学报，2013，32（S1）：2891-2896.

[66] 李雪，周顺华，王培鑫，等. 盾构隧道实测土压力分布规律及影响因素研究[J]. 岩土力学，2014，35（S2）：453-459.

[67] BEZUIJEN A，TALMON A M，KAALBERG F J，et al. Field measurement of grout pressures during tunneling of the Sophia rail tunnel[J]. Soil and Foundations，2004，44（1）：39-48.

[68] MASHIMO H，ISHIMURO T. Evaluation of the load on shield tunnel lining in gravel[J]. Tunnelling and Underground Space Technology，2003，18（23）：233-241.

[69] 杜军. 盾构隧道壁后注浆探测图像识别及沉降控制研究[D]. 上海：同济大学，2006.

[70] EVANS C H. An examination of arching in granular soils[D]. Massachusetts institute of technology，1984.

[71] 周海鹰. 盾构隧道衬砌管片结构的力学性能试验及理论研究[D]. 大连：大连理工大学，2011.

[72] KOYAMA Y，KONISHI S，et al. Study for influence of influence of upper surcharge on substructure and its evaluation[J]. RTRI Report，1997，(7)：25-30.

[73] 陈仲颐，周景星，王洪瑾. 土力学[M]. 北京：清华大学出版社，1994.

[74] 北京市市政工程设计研究总院. 给水排水工程管道结构设计规范：GB 50332—2002[S]. 北京：中国建筑工业出版社，2002.

[75] 龚晓南，孙中菊，俞建霖. 地面超载引起邻近埋地管道的位移分析[J]. 岩土力学，2015，36(6)：305-310.

[76] 孙中菊. 地面堆载作用下埋地管道的力学性状分析[D]. 杭州：浙江大学，2014.

[77] 金浏，李鸿晶，姚保华. 埋地管线-土体相互作用分析计算区域的选取[J]. 南京工业大学学报，2009，31(3)：37-41.

[78] 张迪，李晓昭，张西平，等. 水平基床系数的影响因素分析[J]. 桂林工学院学报，2003，23(3)：284-287.

[79] 顾安全. 上埋式管道及洞室垂直土压力的研究[J]. 岩土工程学报，1981，3(1)：3-12.

[80] 徐挺. 相似理论与模型试验[M]. 北京：中国农业机械出版社，1982.

[81] 杨俊杰. 相似理论与结构模型试验[M]. 武汉：武汉理工大学出版社，1999.

[82] 袁文忠. 相似理论与静力学模型试验[M]. 成都：西南交通大学出版社，1998.

[83] MOLINS C，ARNAU O. Experimental and analytical study of the structural response of segmental tunnel linings based on an in situ loading test：Part 1：Test configuration and execution[J]. Tunnelling and Underground Space Technology，2011，26(6)：764-777.

[84] 黄大维，周顺华，冯青松，等. 盾构隧道与地层相互作用的模型试

验设计[J]. 铁道学报，2018，40（6）：127-135.

[85] TEACHAVORASINSKUN S，CHUB-UPPAKARN T. Experimental verification of joint effects on segmental tunnel lining[J]. Electronic Journal of Geotechnical Engineering，2008，14：1-8.

[86] KOYAMA Y. Present status and technology of shield tunneling method in Japan[J]. Tunnelling and Underground Space Technology，2003，18（2-3）：145-159.

[87] ZHONG X，ZHU W，HUANG Z，et al. Effect of joint structure on joint stiffness for shield tunnel lining[J]. Tunnelling and Underground Space Technology，2006，21（3-4）：406-407.

[88] TEACHAVORASINSKUN S，CHUB-Uppakarn T. Influence of segmental joints on tunnel lining[J]. Tunnelling and Underground Space Technology，2010，25（4）：490-494.

[89] GONG W，WANG L，JUANG C H，et al. Robust geotechnical design of shield-driven tunnels[J]. Computers and Geotechnics，2014，56：191-201.

[90] 黄宏伟，徐凌，严佳梁，等. 盾构隧道横向刚度有效率研究[J]. 岩土工程学报，2006，28（1）：11-18.

[91] 封坤，何川，夏松林. 大断面盾构隧道结构横向刚度有效率的原型试验研究[J]. 岩土工程学报，2011，33（11）：1750-1758.

[92] 董新平. 盾构衬砌整环破坏机理研究[J]. 岩土工程学报，2014，36（3）：417-426.

[93] KASHIMA Y，KONDO N，INOUE M. Development and application of the DPLEX shield method：Results of experiments using shield and segment models and application of the method in tunnel construction[J]. Tunnelling and Underground Space Technology，1996，11（1）：45-50.

[94] 唐志成，何川，林刚. 地铁盾构隧道管片结构力学行为模型试验研

究[J]. 岩土工程学报，2005，27（1）：85-89.

[95] 何川，张建刚，苏宗贤. 大断面水下盾构隧道结构力学特性[M]. 北京：科学出版社，2010.

[96] ZHANG D，HUANG H，HU Q，et al. Influence of multi-layered soil formation on shield tunnel lining behavior[J]. Tunnelling and Underground Space Technology，2015，47：123-135.

[97] 黄大维，周顺华，王秀志，等. 模型盾构隧道管片纵缝接头设计方法[J]. 岩土工程学报，2015，37（6）：1068-1076.

[98] 蒋洪胜，侯学渊. 盾构法隧道管片接头转动刚度的理论研究[J]. 岩石力学与工程学报，2004，23（9）：1574-1577.

[99] KOYOMA Y，NISHIMURA T. The design of lining segment of shield tunnel using a beam-spring model[J]. Railway Technical Research Institute，Quarterly Reports，1998，39（1）.

[100] MASHIMO H，ISHIMURA T. Evaluation of the load on shield tunnel lining in gravel[J]. Tunnelling and Underground Space Technology，2003，18：233-241.

[101] BLOM C B M，VAN Der HORST E J，JOVANOVIC P S. Three-dimensional structural analyses of the shield-driven "Green Heart" tunnel of the high-speed line south[J]. Tunnelling and Underground Space Technology，1999，1（2）：217-224.

[102] HUDOBA I. Contribution to static analysis of load-bearing concrete tunnel lining built by shield-driven technology[J].Tunneling and Underground Space Technology，1997，12（1）：55-58.

[103] MAYER M H，GAUL L. Segment-to-segment contact elements for modelling joint interfaces in finite element analysis[J]. Mechanical Systems and Signal Processing，2007,21：724-734.

[104] 葛世平，谢东武，丁文其，等. 盾构管片接头简化数值模拟方法[J]. 岩土工程学报，2013，35（9）：1600-1605.

[105] 侯公羽，杨悦，刘波. 盾构管片接头模型的改进及管片内力的数值计算[J]. 岩石力学与工程学报，2007，26（S2）：4284-4291.

[106] ARNAU O，MOLINS C. Experimental and analytical study of the structural response of segmental tunnel linings based on an in situ loading test. Part 2：Numerical simulation[J]. Tunnelling and Underground Space Technology，2011，26（6）：778-788.

[107] 毕湘利，柳献，王秀志，等. 通过缝拼装盾构隧道结构极限承载力的足尺试验研究[J]. 土木工程学报，2014，47（10）：117-127.

[108] 鲁亮，孙越峰，柳献，等. 地铁盾构隧道足尺整环结构极限承载能力试验研究[J]. 结构工程师，2012，28（6）：134-139.

[109] 柳献，张浩立，鲁亮，等. 超载工况下盾构隧道结构承载能力的试验研究[J]. 地下空间与隧道，2013，（4）：10-15.

[110] 黄大维，周顺华，冯青松，等. 地表均布超载作用下软土地区既有盾构隧道对地层相对挤压量的计算方法[J]. 中国铁道科学，2018，39（4）：93-100.

[111] YE F，GOU C，SUN H，et al. Model test study on effective ratio of segment transverse bending rigidity of shield tunnel[J]. Tunnelling and Underground Space Technology，2014，41：193-205.

[112] 黄大维，周顺华，冯青松，等. 地表均布超载作用下软土地区既有盾构隧道周围附加土压力与变形计算方法[J]. 中国铁道科学，2018，39（6）：52-60.

[113] 毕湘利，柳献，王秀志，等. 内张钢圈加固盾构隧道结构极限承载力的足尺试验研究[J]. 土木工程学报，2014，47（11）：128-137.

[114] 黄正荣. 基于壳-弹簧模型的盾构衬砌管片受力特性研究[D]. 南京：河海大学，2007.

[115] 封坤，刘四进，邱月，等. 盾构隧道地层抗力系数的修正计算方法研究[J]. 铁道工程学报，2014，（6）：62-67.

[116] MOLLER S. Tunnel Induced Settlements and Structural Forces in

Linings[D]. Stuttgart：University of Stuttgart，2006.

[117] SCHMIDT B. Tunnel Lining Design-Do the Theories Work[J]. Proceedings of the 4th Australia-New Zealand Conference on Geomechanics， 1984.

[118] HE C，WANG B. Research progress and development trends of highway tunnels in China[J]. Journal of Modern Transportation，2013，21：209-223.

[119] WOOD A M M. The circular tunnel in elastic ground[J]. Geotechnique，1975，25（1）：115-127.

[120] PLIZZARI G A，TIBERTI G. Steel fibers as reinforcement for precast tunnel segments[J]. Tunnelling and Underground Space Technology，2006，21（3）：438-439.

[121] LEE K M，HOU X Y，GE X W，et al. An analytical solution for a jointed shield-driven tunnel lining[J]. International journal for numerical and analytical methods in Geomechanics，2001，25（4）：365-390.

[122] 涂忠仁. 大跨海底隧道围岩抗力系数理论与试验分析及其设计应用研究[D]. 上海：同济大学，2006.

[123] 徐凌. 软土盾构隧道纵向沉降研究[D]. 上海：同济大学，2005.

[124] 曾东洋，何川. 地铁盾构隧道管片接头刚度影响因素研究[J]. 铁道学报，2005，27（4）：90-95.

[125] 彭益成，丁文其，闫治国，等. 修正惯用法中弯曲刚度有效率的影响因素分析及计算方法[J]. 岩土工程学报，2013，35（S1）：495-500.

[126] 黄大维，周顺华，冯青松，等. 通缝拼装盾构隧道横向刚度有效率计算方法及其影响因素[J]. 中国铁道科学，2017，38（3）：47-54.

[127] 黄大维，冯青松，唐柏赞，等. 圆形盾构隧道水土压力表示与计算半径取值分析[J]. 地下空间与工程学报，2020，16（1）：57-63.

[128] 黄大维，周顺华，冯青松，等. 地表超载作用下软土地区既有盾构

隧道与地层的相互作用分析[J]. 铁道学报，2018，40（10）：95-102.

[129] 河北省交通规划设计院. 公路涵洞设计规范：JTG/T 3365-02—2020[S]. 北京：人民交通出版社股份有限公司，2020.

[130] 顾克明，苏清洪，赵嘉行，等. 公路桥涵设计手册—涵洞[M]. 北京：人民交通出版社，1991.

[131] 黄大维，周顺华，刘重庆，等. 护壁套管钻孔灌注桩微扰动施工分析[J]. 岩土力学：2013，34（4）1103-1108.

[132] 黄大维，周顺华，宫全美，等. 钢管压入土体施工挤土机制与案例分析[J]. 岩石力学与工程学报：2013，32（1）176-183.

[133] 刘富华，沈保汉. MZ 系列摇动式全套管钻机及工程应用[J]. 地基基础工程，2001，11（2）：21-28.

[134] 谈妙泉，张录林，黄勇，等. 旋挖桩机和旋挖桩工艺市场发展初探[J]. 资源环境与工程，2007，21（5）：537-539.

[135] 李镜培，李雨浓，张述涛. 成层地基中静压单桩挤土效应试验[J]. 同济大学学报（自然科学版），2011，39（6）：824-829.

[136] 丁竞炜. 地铁盾构隧道旁高架桥桩基施工控制技术[J]. 城市轨道交通研究，2009（4）：46-49.